수필로 만나는 고사성어

수필로 만나는
고사성어

차판암 수필집

수필과비평사

| 펴내는 글 |

고사성어에 대한 두 번째 수필집에 부쳐

　최근 고사성어를 테마로 하는 수필에 천착穿鑿하고 있다. 그에 따른 아람들을 정리하여 출간했던 《수필로 읽는 고사성어》에 이어지는 또 하나의 결실이다.
　지난해 봄에 《수필로 읽는 고사성어》로 펴낼 원고를 탈고했던 무렵이었다. 월간 《수필과비평》의 주간이신 유인실 박사의 연락을 받았다. 우리 사회는 한 다리 건너면 서로 얽히고설킨다지만 《수필과비평》과는 아무런 인연이 없을 뿐 아니라 관계자들과 일면식도 없었다. 그런 까닭에 나에 대해 아는 바가 전혀 없었을 터이다. 익숙한 관계가 아님에도 불구하고 '고사성어로 읽는 오늘의 삶과 문화'라는 이름으로 연재를 하면 어떻겠느냐고 제의를 했다. 얘기를 나누다 보니 합이 잘 맞아 좌고우면하지 않고 즉석에서 흔쾌히 응하기로 했다.
　갑진년甲辰年 5월호(통권 271호)부터 연재가 시작되었다. 처음 몇 차례는 기존에 써놨던 작품을 때가 되면 하나씩 골라서 기고하는 것으로 의무를 다했다고 생각했다. 하지만 한두 달 지나면서 기성 제품을 잔뜩 찍어 놓고 주문 들어오면 손에 닿는 대로 하나씩 건네는 식의 대응이 마음에 걸렸다. 매대賣臺에 진열된 기성제품을 판매하듯이 무성의한 기고는 필자로서 도리가 아니며 원고를 청탁한 취지에 부합하지 않는다는 자책이 마음을 무겁게 짓눌렀다.

　연재를 제의한 뜻에 부응하도록 정성을 다해야겠다는 다짐에서 관련되는 수필을 다시 쓰기 시작했다. 그런 배경에서 탄생한 작품을 매월 하나씩 선정해 원고 마감에 맞춰 송고해 왔다. 긍정적인 선제적 대처는 자존감을 가질 수 있었고 글을 써야 할 명확한 이유가 생겨 스스로 다독이며 독려할 수 있어 금상첨화였다. 한편 적극적인 자세로 열성을 다해 임하다 보니 어느 결에 이를 테마로 하는 두 번째 수필집을 펴낼 상황에 이르렀다. 결국 연재 제의는 내게 글을 쓰는 자극제가 되었을 뿐 아니라 글쓰기 자세를 가다듬을 소중한 동기를 부여해 주어 이를 데 없이 감사하다.

　연이어지는 테마 수필집이라는 의미에서 첫 번째 책 이름을 연상시키는 '수필로 만나는 고사성어'로 정했다. 수록되는 작품은 모두 72편이다. 대상 작품의 이름을 가나다순으로 줄을 세워 여섯 장章으로 나누어 편집하기로 방침을 세워서 각 장에 12개 작품을 배정했다. 한편 각 장의 이름은 해당 장에 포함된 작품 중에서 하나를 임의로 선정했다. 처음부터 차례로 낙필점승, 득어망전, 마중지봉, 애옥급오, 장광설, 철면피 등이 그들의 면면이다. 한편 인명·사건명·국명·책명 등은 정확을 기하기 위해 기본적으로 한자漢字를 병기했다. 이것이 부담스러울 경우에는 무시하고 넘겨도 문제가 없다고 생각된다.

하찮은 무녀리 꼴일지라도 글쓰기를 시작한 이후에 펴내는 스물한 번째의 결실이다. 그리고 수록되는 내용은 어떤 기준이나 원칙에 따라 선정하지 않았다. 제재가 필요할 때마다 떠오르는 것을 대상으로 썼기 때문에 특정 분야 혹은 취향을 강하게 드러내는 내용으로 치우치는 폐단은 없다.

자유분방한 생각을 바탕으로 제재를 골랐던 관계로 어쩔 수 없이 중구난방을 피하기 어려운데다 뚜렷한 개성이 없는 밋밋한 못난이 꼴이지 싶어 걱정이다. 그렇지만 생활 속에서 만날 법한 그들이라는 사실을 받아들여 주신다면 마음이 편하겠다.

끝으로 사계斯界에 높은 식견을 지닌 분들의 눈에는 설익어 시고 떫어 성에 차지 않을지라도 필부의 좁은 소견은 나이가 들어도 저 모양이라고 다독이며 어여삐 봐주시기를 간원한다. 또한 못난 아람들의 키재기 꼴일지라도 누군가 애정을 가지고 살피며 응원해 주신다면 더할 수 없는 영광이며 글을 열심히 쓰라는 덕담과 격려로 알고 더 높은 경지를 향해 비상飛翔을 꿈꿀 것이다.

을사乙巳 성하盛夏

한판암

---

* 이 책은 신곡문학상 운영위원장이신 신아출판사 서정환 회장님의 전적인 지원으로 출간되었다. 이에 깊이 머리 숙여 감사드립니다.

차례

펴내는 글 | 고사성어에 대한 두 번째 수필집에 부쳐   4

Ⅰ. 낙필점승

가정맹어호	16
간뇌도지	21
간담상조	25
견리사의	29
고분지통	33
과하지욕	37
광풍제월	41
국사무쌍	45
군맹무상	50
금의야행	54
기우	58
낙필점승	62

II. 득어망전

난형난제	68
남가일몽	72
남상	76
논공행상	80
능서불택필	85
다다익선	89
대기만성	93
도탄지고	97
두주불사	101
득어망전	105
등용문	110
마이동풍	114

III. 마중지봉

마중지봉	120
명수잔도, 암도진창	124
문전성시	128
반골	133
배수진	137
배중사영	142
백문불여일견	147
백아절현	152
복룡봉추	156
부화뇌동	161
불치하문	165
사면초가	169

IV. 애옥급오

사무사	176
사족	180
소이부답	184
송양지인	188
수서양단	193
수신제가	198
수어지교	202
수주대토	206
애옥급오	210
양상군자	214
양패구상	218
양호유환	222

V. 장광설

오십보백보	228
완벽	233
유지경성	237
이목지신	241
이이제이	245
일거수일투족	249
일망타진	253
일신우일신	257
일자천금	261
입립신고	266
자포자기	271
장광설	275

VI. 철면피

점입가경	280
중과부적	284
중구난방	288
중석몰촉	293
천고마비	296
천리안과 좌시천리	300
철면피	305
충신불사이군	310
칠종칠금	315
퇴고	320
쾌도난마	325
형설지공	329

Ⅰ. 낙필점승

가정맹어호
간뇌도지
간담상조
견리사의
고분지통
과하지욕
광풍제월
국사무쌍
군맹무상
금의야행
기우
낙필점승

가정맹어호

가정맹어호苛政猛於虎는 '가혹한 정치苛政는 호랑이虎보다 더 무섭다.'는 의미이다. 그러므로 잔인할 정도로 세금을 수탈하는 정치는 호환虎患 보다도 더 무섭다는 뜻이다. 그 옛날 학정虐政이 심하던 시절에 관리들이 가혹한 세금 징수, 과중한 부역賦役 강요, 부당한 재물 탈취 따위의 만행을 자행해 백성들을 도탄에 빠뜨리던 정치적 상황을 웅변하는 말로 통용되었다. 결국 잔혹한 정치의 폐단을 비유적으로 표현하는 의미로 사용한다. 이 성어가 발생한 역사적 사실을 수록하고 있는 출전出典을 바탕으로 유래를 위시해서 배경과 의의에 접근해 살피기로 한다.

공자가 제자들과 태산泰山* 기슭 산중의 어딘가를 지나가다 어떤 여인이 묘지 앞에서 슬피 울던 가슴 아픈 광경을 직접 목도目睹하고 나서 제자들에게 했던 말에서 유래된 성어이다. 동의어로 가정맹호苛政猛虎가 있다. 한편 유의어로는 가렴주구苛斂誅求, 주구무이誅求無已, 할박지

정할박지정割剝之政, 횡정가렴橫政苛斂 따위가 있다.

출전은 《예기禮記》의 〈단궁 하편檀弓 下篇〉과 《공자가어孔子家語》의 〈정론해正論解〉이다. 이들에 수록된 내용을 간추려 살피는 것으로 실체를 대강 가름한다.

중국의 춘추시대春秋時代가 점점 저물어가던 무렵이었다. 당시 노魯나라를 좌지우지하며 권세를 누리던 계손자季孫子 무리들은 과도한 세금을 탈취해 호의호식했다. 그들에 비해 백성들은 상대적으로 도탄에 빠져 모진 목숨을 부지하기 위해 전전긍긍하며 신음했다. 이런 세상이 싫어 공자孔子가 제자들과 노나라를 버리고 제齊나라로 떠났다.

어느 날 공자가 태산 기슭 어느 산골을 지나가는데 어떤 부인이 무덤 앞에서 곡을 하는 모습이 너무도 측은해 보였다. 가던 길을 멈추고 마차 난간을 붙들고 듣고 있다가 제자인 자로子路를 시켜 사연을 물었다. "아주머니가 곡하는 모습이 여러 차례 슬픈 일을 당한 듯합니다."라고. 이에 아낙네가 답했다. "예! 그렇습니다. 오래 전에는 시아버지가 호환虎患을 당해 별세하셨고, 얼마 전에는 남편 역시 같은 변을 당해 저승으로 떠났답니다. 그런데 이번에는 아들놈마저 호랑이에게 물려 죽었답니다."라고 했다. 이에 어이가 없어 공자가 한마디했다. "그렇다면 위험한 이곳을 떠나 다른 안전한 지역으로 이사를 갈 일이지 왜 여기에 계속 머물고 계십니까."라고. 이 같은 공자의 말에 대하여,

/ … / 아낙네가 말했다(曰:왈). / (이곳은) 가혹한 다스림(세금)이 없지요(無苛政:무가정). / 공자가 말했다(夫子曰*:부자왈). / 제자小子*들아! 이 말을 명심하여라(小子識之:소자식지). / 가혹한 정치苛政는 호랑이보다도

무서운 것이다(苛政猛於虎也:가정맹어호야). / … /

위 고사故事에서 가정맹어호가 비롯되었다. 이를 넓은 의미로 해석하면 결국은 노나라 계손자의 폭정을 신랄하게 비판하려는 비유의 글이 틀림없다. 그런데 이와 같은 폭정의 폐해가 수백 년의 세월이 흐른 뒤인 우리의 조선 시대에도 흔했던 것 같다. 믿고 싶지 않지만 불과 2백 년 전쯤(1803년)에도 학정의 폐단은 결코 가볍지 않았던 실증적 예이다.

다산茶山 정약용丁若鏞의 〈애절양哀絶陽*〉의 내용이 대표적인 예이다. 《목민심서牧民心書》의 〈첨정簽丁〉에서 시를 쓰게 된 동기를 이렇게 밝히고 있다.

이 시는 가경嘉慶* 8년 계해년癸亥年(1803년) 강진康津에 머물면서 지었다고 밝히고 있다. 그때 갈밭에 사는 백성이 아이를 출산한 지 사흘 만에 군적軍籍에 편입되고 향관鄕官인 이정里正이 소牛를 토색질해 갔다고 했다. 이에 분개한 백성이 칼을 뽑아 자신의 남근男根을 스스로 자르면서 "내가 이것 때문에 이러한 액운厄運이 따른다."고 한탄했다. 그의 아내가 잘려져 피가 뚝뚝 떨어지는 남편의 남근을 가지고 관청으로 달려가서 울며불며 하소연했으나 안타깝게도 문지기가 막았다. 이 얘기를 듣고 시를 지은 것이라며 참담했던 심정을 술회하고 있다.

위 시에서 절망적인 상황에 이르렀던 백성이 자기의 남근을 자른 이유이다. 그 남근 때문에 아이들이 생겨 세금을 많이 부담함으로써 못 사는 원인이 되었다는 자책에서 그런 행동을 취했던 것으로 이해된다.

하지만 기분은 뭐라 말하기 어려워 개떡 같다.

 당시 탐관오리들이 세금을 수탈하던 기준은 한마디로 엉망진창이었다. 왜냐하면 삼년상을 지낸 시아버지와 남편을 비롯해서 출산한 지 사흘 된 아이도 군적에 올라 세금 대상임은 물론이고 기르던 개도 세금 대상이었으니 일러 무엇하리요. 그런데 〈애절양〉은 모두 다섯 연聯으로 되었는데 첫 연의 내용이다.

> 갈밭 마을 젊은 아낙이 끝없이 절규하는 소리(蘆田少婦哭聲長:노전소부곡성장) / 관문官門 앞에 달려가 통곡하다 하늘에 대고 울부짖네(哭向縣門號穹蒼:곡향현문호궁창) / 출정出征 나간 지아비 돌아오지 못하는 일이 있다 해도(夫征不復尙可有:부정불복상가유) / 자고로 남정네가 남근陽을 잘랐다는 얘기는 들어본 적이 없네(自古未聞男絕陽:자고미문남절양) /

 예나 지금이나 백성들은 과도한 세금이나 과중한 부역 강요 같은 폭정은 호환을 당하는 것보다 더 무서워함은 당연한 반응일지 모른다. 왜냐하면 호환은 재수가 없을 경우 일생에 한 번이지만 폭정은 시도 때도 없이 되풀이되기 때문이다. 이런 맥락에서 오늘날 우리 사회는 평등과 자유가 무한정 주어져 자신의 능력 여하에 따라 삶을 얼마든지 원하는 대로 바꿀 수 있다. 이런 생각을 하다가 풍딴지같이 북녘 땅에서 신음하는 동포들의 핏기 잃은 파리한 몰골이 떠오름은 왜일까.

---

* 태산泰山: 산동성山東省에 있는 오악五岳 중에 동악東岳으로 중국 제일의 명산이다. 여기서 오악이란 동악 태산, 서악西岳 화산華山, 중악中岳 숭산嵩山, 북악北岳 항산恒山, 남악南岳 형산衡山 등을 일컫는다.
* 부자夫子: 공자에 대한 존칭尊稱이다.

* 소자小子: 스승이 제자를 호칭하는 말이다.
* 애절양哀絶陽: '양경陽莖을 자른絶 것을 슬퍼하다哀'는 뜻이다. 여기서 양경은 남근男根, 다시 말하면 남경男莖을 말한다.
* 가경嘉慶: 중국 청靑나라 제7대 황제인 인종仁宗 때의 연호이다(1796~1820).

2024년 6월 18일 화요일

간뇌도지

 간뇌도지肝腦塗地를 원래 의미대로 해석하면, '간肝과 뇌腦가 땅에 널려있다.'는 뜻이다. 그런데 여기서 도지塗地를 우리말로 옮기는 데 무척 고심을 했다. 대부분의 경우 '땅에 바른다.'가 아니면 '땅에 쏟아 놓다, 혹은 쏟아내다.' 혹은 '바른다.'로 옮기고 있지만 미흡하다고 생각되었다. 왜냐하면 끔찍한 전장에서 무참하게 죽임을 당하며 간이나 뇌수가 튀어나와 아무렇게나 널브러져 있는 상황을 나타냈다는 관점에서 땅 위에 '널려 있다.' '널브러져 있다.' '흩어져 있다.' 표현으로 바꿨다. 한편 이 말은 현실적으로는 전쟁이나 폭동으로 끔찍한 죽임을 당하는 과정에서 간과 뇌수腦髓가 튀어나와 땅바닥의 여기저기에 널브러져 있는 목불인견目不忍見의 상황을 나타낸다. 이런 관점에서 참혹한 전쟁의 참상이나 위국헌신爲國獻身의 충성 혹은 희생을 비유하는 의미로 통용되고 있다. 이 성어에 관련되는 내용을 담고 있는 출전出典을 바탕으로 생성 배경을 비롯한 유래와 의의에 대해 살피는 여정이다.

 유래는 크게 두 가지로 요약된다. 첫째, 중국의 《사기史記》에 따르면

한漢나라 고조高祖 유방劉邦과 누경婁敬이 대좌하여 도읍 결정 문제로 토론하던 과정에서 간담도지라는 말이 생겼다. 둘째,《삼국지연의三國志演義》에 의하면 어느 전장에서 현덕(유비劉備의 자字)의 어린 아들 유선(劉禪:자字는 아두阿斗)이 조조 군사들에게 포위당했을 때 조운(趙雲: 자字는 조자룡趙子龍)이 구출해 냈다. 그렇게 어렵사리 구출한 어린 유선을 현덕에게 넘겨주는 과정에서 현덕이 보였던 언행에 감동한 조운의 말에서 '간뇌도지'라는 성어가 생겨났다.

출전出典은 먼저《사기史記》의 〈유경숙손통열전劉敬叔孫通列傳〉과 〈회음후열전淮陰侯列傳〉, 다음으로 소설 삼국지인《삼국지연의三國志演義》이다. 한편 유의어로는 분불고신奮不顧身, 진충갈력盡忠竭力, 견마지로犬馬之勞, 분골쇄신粉骨碎身, 견마지성犬馬之誠, 구마지심狗馬之心 따위를 들 수 있겠다.

《사기》의 〈유경숙손통열전〉에서 간담도지라는 말이 등장하는 내용의 간추림이다. 한나라 고조 유방이 천하를 평정하고 나서 도읍 문제로 고심하고 있을 때 누경婁敬이라는 사람이 알현을 청해 대좌했다. 그 자리에서 누경이 도읍 문제에 대해 역사적인 사실과 지리적인 맥락까지 동원하며 진지하게 진언陳言하던 과정에서 다음과 같이 말했다.

/ … / 일흔七十 차례의 큰 전투와 마흔四十 차례의 작은 전투를 벌여(大戰七十小戰四十:대전칠십소전사십) / 천하 백성들의 간과 뇌수가 땅위에 널브러져(使天下之民肝腦塗地:사천하지민간뇌도지) / 부자父子의 유골이 (함께) 산야에 굴러다니는 경우가(父子暴骨中野:부자폭골중야) / 이루 헤아릴 수 없이 많아서(不可勝數:불가승수) / … /

이와 같은 대화 중 "천하 백성들의 간과 뇌수가 땅 위에 널브러져(使天下之民肝腦塗地:사천하지민간뇌도지)"에서 간뇌지도가 비롯되었다. 이 외에 같은 《사기》의 〈회음후열전〉에도 첫 문구文句만 다르고 나머지 부분은 〈유경숙손통열전〉에서 나타난 내용과 동일하게 등장한다.

/ … / 지금 초楚나라와 한漢나라의 분쟁 때문에(今楚漢分爭:금초한분쟁) / 천하 백성들의 간과 뇌수가 땅 위에 널브러져(使天下之民肝腦塗地:사천하지민간뇌도지) / 부자父子의 유골이 (함께) 산야에 굴러다니는 경우가(父子暴骨中野:부자폭골중야) / 이루 헤아릴 수 없이 많아서(不可勝數:불가승수) / … /

한편 《삼국지연의》에 따르면 어느 전장에서 현덕의 어린 아들 유선이 조조 군사들에게 포위당하는 절체절명絶體絶命의 위기에 처했다. 그때 조운이 혈혈단신孑孑單身으로 질풍노도처럼 쳐들어가 유선을 구출해온 뒤에 현덕에게 건네주면서 공자公子가 무사해 다행이라고 말했다. 이 때 어린 유선을 넘겨받았던 현덕이 애먼 "네 놈 때문에 뛰어난 장수 하나를 잃을 뻔했구나."라고 일갈하면서 아들을 땅바닥으로 내던졌다. 이 광경을 묵묵히 지켜보던 조운이 감동하여 무심결에 보였던 언행의 내용이다. 그의 진솔한 속내가 더덜이 없이 드러났던 충성 맹세이기도 하다.

/ … / (조운이) 눈물을 흘리면서 (예를 갖춰) 절하며 아뢰었다(泣拜曰:읍배왈) / 이 조운趙雲이 비록 간과 뇌수가 튀어나와 땅 위에 널브러질지라도(雲雖肝腦塗地:운수간뇌도지) / (하해河海와 같은 은혜를) 어찌 갚을 수 있겠

나이까(不能報也:불능보야) / ··· /

    위 조운의 말 중 "이 조운이 비록 간과 뇌수가 튀어나와 땅 위에 널브러질지라도(雲雖肝腦塗地:운수간뇌도지)"에서 간뇌도지라는 성어가 비롯되었다.
    같은 간뇌도지임에도 위에서 살핀 바에 따르면 출전出典에 따라 생성 배경인 고사故事의 의미가 전혀 다르다. 다시 말하면《사기》의 경우는 '전쟁의 참상'을 묘사하는 내용을 배경으로 생성되었다. 이에 비해서《삼국지연의》에서는 '충성맹세 다짐하는 결기'를 실토하는 고사에서 비롯되었다.
    아득한 그 옛날 활이나 칼과 창과 같은 병장기로 대적하던 전쟁은 오늘날에 비하면 원시적일지 모른다. 그럼에도 땅 위에는 간과 뇌수가 어지럽게 널브러져 있게 마련이고 산야에는 헤아리기 어려울 정도로 수많은 유골이 나뒹구는 참상을 겪을 수밖에 없음을 웅변하고 있다. 요즘 현대화된 첨단무기를 바탕으로 치르고 있는 우크라이나와 소련의 전쟁, 이스라엘과 하마스의 전쟁 피해 상황이 전해지는 영상 뉴스를 대할 때마다 너무도 참혹해 외면하거나 눈을 감기 일쑤다. 왜냐하면 핵으로 무장한 북한과 대치하고 있는 우리의 현실이 화약고 위에 앉아있는 것과 다를 바 없다는 개떡 같은 기분 때문이다. 한편 개인주의가 팽대한 오늘날일지라도 멸사봉공滅私奉公의 정신으로 나라에 충성하고 희생을 감수할 수 있도록 대승적인 사고로 무장한 젊은이들의 듬직한 모습을 일상적으로 볼 수 있었으면 하는 욕심은 지나친 바람일까.

2024년 4월 30일 화요일

간담상조

새삼스럽게 인간관계를 되새겨 본다. 가슴속 깊이 꽁꽁 숨겼던 부끄러운 사연까지 거리낌 없이 보여줄 수 있는 각별한 관계가 몇이나 될까. 성인군자나 해탈의 경지에 이르러 도통한 경우가 아니라면 더덜이 없이 드러내기 망설여지거나 털어놓기 껄끄러운 비밀이 있게 마련이리라. 사회생활을 하면서 수많은 만남이나 다양한 교류를 맺을 수밖에 없다. 그런 과정에서 상대에게 모든 것을 미주알고주알 속속들이 드러내 놓는 사이를 이르는 고사성어가 간담상조肝膽相照이다. 이의 참된 뜻과 유래를 비롯한 의의와 조우이다.

간담상조는 '간肝과 쓸개膽를 서로 비추어 보여주는相照' 사이라는 의미로 친구 사이의 진정한 사귐이나 우정을 뜻한다. 그러므로 결국은 서로의 속마음을 터놓고 허물없이 지내는 관계를 이른다. 여기서 간肝은 마음, 담膽은 용기를 뜻하기 때문에 서로의 마음과 용기를 보여주는 사이를 일컫는 의미라는 얘기다. 이는 상호 신뢰하지 않으면 성립

될 수 없는 일이다. 유사어로서 백아절현伯牙絶絃, 교칠지교膠漆之交, 단금지교斷金之交, 관포지교管鮑之交, 금란지교金蘭之交, 금석지교金石之交, 죽마고우竹馬故友, 문경지교刎頸之交, 막역지우莫逆之友, 수어지교水魚之交, 지란지교芝蘭之交, 담수지교淡水之交 따위가 있다.

중국 당송팔대가唐宋八大家* 중에 하나인 당唐나라 문인이었던 유종원(柳宗元:자字는 자후子厚)과 그의 막역지우인 유우석(劉禹錫:자字는 몽득夢得)의 관계에서 비롯되었다. 벼슬길에 있었던 유종원이 유주자사柳州刺史로 명받았을 무렵 그의 절친한 친구인 유우석이 좌천되어 파주자사播州刺史로 발령을 받았다. 그때 유우석은 80세의 노모를 모시고 있었다. 그런데 멀리 떨어진 변방 오지에 부임하면서 노모를 모시고 갈 수도 없고 그렇다고 늙은 노모를 홀로 남겨두고 임지로 떠날 수도 없는 난감한 상황이었다. 이렇게 빼도 박도 못할 형편에 처한 친구를 위해 황제께 상소를 올려 자기의 임지인 유주자사와 친구의 임지인 파주자사를 맞바꿔 달라고 주청하겠다고 말했다. 그 때문에 '내가 다시 죄를 입어 죽는다고 하더라도 원망하지 않으리라.'고 말하며 결기를 다졌다. 이런 유종원의 뜻을 전해들었던 배도裵度가 황제께 말씀드려 결국 유우석은 파주자사 대신에 연주자사連州刺史로 발령을 받았다.

훗날 당나라 헌종憲宗 때 유주자사 유종원이 이승의 삶을 마감한 뒤에 역시 당송팔대가 중에 하나였던 한유韓愈가 〈유자후묘지명柳子厚墓誌銘〉에서 위와 같은 사실을 기록하면서 유종원의 참된 우정과 의리를 우회적으로 찬양했다. 그 주요 내용 요약이다.

무릇 선비란 어렵고 힘들 때 절개와 의리의 진면목을 엿 볼 수 있다. 평상시에 함께 지내며 서로를 원하고 좋아하면서 술자리나 축하의 자리에 서로 초대하는 등 겉으로 웃음을 띠고 서로 겸양한 척한다. 그러면서

/ 손을 잡고 폐肺와 간肝을 서로 보이며(握手出於肺肝相示:악수출어폐간상시) /

위에서 "손을 잡고 폐肺와 간肝을 서로 보이며(握手出於肺肝相示: 악수출어폐간상시)"에서 간담상조가 비롯되었다. 여기서 보는 바와 같이 원래는 부정적인 의미로 사용되었으나 세월이 지나면서 시나브로 '서로의 마음을 터놓고 지낸다.'는 긍정적인 의미로 바뀌었다.

이어서 이렇게 일갈하고 있다. 슬픔과 생사를 함께하며 배신하지 않을 것을 맹세하기 때문에 모든 게 진실처럼 보인다. 그럼에도 보잘것 없는 이해관계라도 얽히게 되게 되면 하찮은 것에도 서로 헐뜯으며 외면하게 마련이다. 또한 어쩌다가 상대방이 곤경에 처하면(落陷穽:낙함정) 구해주기는커녕 되레 해코지를 하는 것은 대부분의 공통 심리라고 한탄했다. 이러한 행동은 금수禽獸나 오랑캐夷도 안 할 짓임에도 사람들은 당연한 것처럼 행동한다. 그들이 자후(子厚:유종원)의 풍격風格이라도 듣는다면 조금이라도 반성하지 않을까 싶다면서 안타까워하고 있다.

유종원의 예사롭지 않은 행동을 다시 생각한다. 자신도 조정에서 밀려나 유주자사로 쫓겨 갈 옹색한 처지였다. 그럼에도 자신보다도 더욱 멀고 험준한 변방 오지로 발령받은 친구 유우석의 노모 문제를 위해 자

I. 낙필점승 | 27

신에게 닥칠지 모르는 위해를 무릅쓰고 황제에게 간청을 하려고 나섰던 용기와 의리는 영원히 칭송받을 귀감이 분명하다. 흔히 입으로는 의리와 우정을 말하지만 역경에 처한 친구나 지인을 위해 분연히 나서 행동으로 옮기는 것은 결코 쉬운 일이 아니기 때문이다. 그런 친구 한둘이라도 있다면 성공한 교우관계가 아닐까. 친구란 자기 참모습을 투영해 볼 수 있는 거울이며 나침반이 되기도 한다. 인정하고 싶지 않을지 모르지만 친구라는 거울은 자신의 숨겨진 진면목을 더덜이 없이 파악할 바로미터이기도 하다. 게다가 자신의 언행이나 성품을 친구의 그것과 견줘봄으로써 자기 승화를 겨냥하는 성찰의 방편이 되기도 한다.

 진취적이고 도전적인 삶을 추구하는 경우와는 거리가 먼 밋밋하고 평범한 삶의 연속이다. 그럼에도 연신 고개를 들고 주억거리던 대책 없던 탐욕은 부질없고 덧없었으며 외골수로 치닫던 집착은 허망하기 짝이 없던 경우가 숱했다. 하지만 그런 고민과 번뇌를 무겁게 양어깨에 걸머지거나 두 손에 잔뜩 거머쥔 채 내려놓거나 비우지 못했던 우매함 때문에 끌탕을 치며 갈등을 겪어야 했던 순간이 적지 않았다. 그렇게 지동지서할 즈음에 음양으로 응원을 보내주던 아름다운 선연에 감사하고 귀한 그들과 동행해 온 삶은 진정 행복이었고 축복이었다.

---

* 당송팔대가唐宋八大家: 중국 당송시대唐宋時代 여덟 명의 뛰어난 문장가로서 당唐의 한유韓愈, 유종원柳宗元, 송宋의 구양수歐陽修, 왕안석王安石, 증공曾鞏, 소순蘇洵, 소식蘇軾, 소철蘇轍 등이 그들이다.

2024년 4월 12일 금요일

견리사의

견리사의見利思義를 직역하면 '이利를 보면 의義를 생각하라.'라는 의미이다. 그러므로 이익을 보면 그것이 옳은 것인지 생각하라. 혹은 욕심이나 이익을 취하기 전에 그것이 인의仁義에 맞는 것인지 따지며 윤리나 도덕의 측면에서 벗어남이 없는지 살펴야 한다.는 뜻으로 통용되고 있다. 결국 목전에서 이익에 직면할 때 우선 그것을 취함이 대의에 어긋남이 없는지 숙고하라는 뜻이다. 이의 출현 배경과 의의를 위시해서 함축하는 바와 만남이다.

자로子路*가 공자께 성인成人의 조건에 대해 여쭀다. 그에 대한 답을 설說하는 과정에서 비롯되었으며 동의어同義語는 견득사의見得思義가 있고, 유사어로 소탐대실小貪大失과 갈택이어竭澤而漁를 열거할 수 있겠다. 한편 반의어反意語로 견리망의見利忘義가 있다. 이를 전하는 출전出典은 《논어論語》의 〈헌문편憲問篇〉이다. 여기에서 이와 직접 관련된 부분의 내용을 간추려 요약하면 이렇다.

어느 때였는지 확실하지 않으나 자로子路가 성인成人의 구비 조건을 정확히 알고 싶어 공자께 문의했다. 여기서 성인이란 대략적으로 '모두 이룩한 사람, 성공한 사람, 완전한 사람'을 포괄적으로 지칭하는 것으로 이해되며 전인全人을 뜻한다. 하여튼 자로는 공자께 도대체 "완전한 인간, 즉 성인은 어떤 조건을 갖춰야 하는 것인지요."라고 여쭸다. 이에 대한 답은 신이 아니면 도저히 넘볼 수 없는 구비 조건 같다. 언뜻 생각하면 세상에 공자가 제시하는 조건을 갖춘 사람이 과연 존재할까 의문이 든다. 거의 불가능한 조건으로 과연 인간으로서 그렇게 완벽한 조건을 두루 갖춘 경우가 있을까.

왜냐하면 "노魯나라 대부로서 현자로 알려진 장무중臧武仲의 지혜, 위魏나라 맹공작孟公綽의 무욕無欲 즉 청렴淸廉, 노나라 변장자卞莊子의 용기勇氣, 노나라 염구冉求의 재예才藝 등을 골고루 갖추고 거기에 예락禮樂 즉 예의禮儀와 예술藝術로 성품을 가다듬은 완전한 사람을 성인이라고 일컬을 수 있다."고 했다. 모든 사람들에게 위대한 성인聖人처럼 인식된 네 선인先人의 지혜, 청렴, 용기, 재예의 조건에 예의와 예술을 추가적으로 갖춰야 한다는 엄청난 조건을 갖춰야 한다는 얘기다. 이는 그 옛날 그리스 신화에 나오며 키프로스(Kypros) 섬에 살았다는 조각가 피그말리온(Pygmalion)이 환생幻生해서 그 자신이 일생 동안 공을 들여 자기 이상형 여인을 새겼다는 '갈라테아(Galatea)상像'처럼 공자가 말한 모든 조건을 수용하는 성인상成人像을 조각한다 해도 불가능할 것 같다.

성인의 조건을 얘기해 놓고도 터무니없이 높고 어려운 조건이라고 스스로 판단했던가. 하기야 요즘 성인은 그 옛날 성인에 미치지 못하지만 다음의 3가지 요건을 갖추면 성인이라고 부를 수 있다며 이렇게 말했다.

> / … / 이利를 보면 (반드시) 의義를 생각하고(見利思義:견리사의) / 위기를 만나면 목숨을 바치며(見危授命:견위수명)* / 오래된 평범한 약속도 평생 동안 잊지 않는다면(久要不忘平生之言:구요불망평생지언) / (결론적으로) 완전한 사람이라고 얘기할 수 있겠네(亦可以爲成人矣:역가이위성인의) / … /

위의 공자 말씀 내용 중에서 '견리사의'가 비롯되었다. 이번에 얘기한 성인의 조건은 앞에서 언급한 내용에 비해 한결 쉬워진 것 같지만 3가지 조건 하나하나의 내용이 담고 있는 높고 깊은 함의를 생각하면 성인의 조건은 아득히 높아 보통 사람은 감히 넘볼 수 없는 다른 세상일 같다. 어찌되었던 먼저 얘기했던 성인의 조건은 크게 5가지 조건 모두를 충족해야 하고, 뒤에 완화시켜 제시한 성인의 조건은 3가지를 모두 만족시켜야 성인이라고 지칭할 수 있다는 결론이다. 보통 사람이라면 이들 여러 가지 조건 중에 어느 하나를 만족시켜도 되는 '또는(or) 조건'도 호락호락하지 않다. 그런데 3개 혹은 5개 조건 모두를 충족시켜야하는 '그리고(and) 조건'은 언감생심의 욕심으로 여겨진다.

결론적으로 어떤 경우를 막론하고 사사로운 이利를 취할 경우는 의로움을 잃지 말라는 큰 가르침을 담은 견리사의이다. 흔히들 한 순간의 유혹에 모두를 잃은 경우를 적지 않게 목도한다. 이 같은 맥락에서 달콤한 목전의 이에 현혹되어 옳고 그름의 판단 능력의 마비는 엄청난 재앙의 단초가 될 수 있는 위험에서 자유로운 삶을 누구나 누릴 수 있을까. 현실은 전혀 그렇지 못하다.

 대표적인 분야가 정치판이 아닐까? 현재 우리 정치인들의 면면을 훑어보면 개인적으로는 거의가 상당한 학력에 남들이 부러워할 경력을 자랑하는 선택 받은 선량選良들이다. 그런데 사사로운 이권利權 앞에서는 우리네와 하나도 다를 바 없다. 부정한 돈 거래를 한 게 탄로 나면 대가 없는 돈 혹은 떡값이라고 파렴치한 변명 일색이다. 세상에 대가 없이 금쪽 같은 돈 수백 혹은 수천만 원을 남에게 펑펑 나누어 주고, 누구네 집에서 언제 그 어마어마하게 큰돈을 지불하고 떡을 사 먹었던 경험이 있다는 얘기인가. 어불성설이다. 그럼에도 불구하고 유행가 읊어대듯이 견리사의라고 중얼거리는 내가 비정상일 게다.

---

* 자로子路: 중국 춘추시대春秋時代 노魯나라의 정치가이자 무인武人이다. 공자孔子의 핵심 제자로서 공문십철孔門十哲의 한 사람이다. 본명은 중유仲由이고, 흔히 알려진 이름인 자로子路는 자字이다. 계로季路라고도 불렀으며 공자보다 9살 아래다. 여기서 공문십철이란 덕행德行에는 안연顔淵·민자건閔子騫·염백우冉伯牛·중궁仲弓, 언어言語에는 재아宰我·자공子貢, 정사政事에는 염유冉有·자로子路, 문학文學에는 자유子游(일명 언언言偃)·자하子夏(일명 복상卜商) 등 열 명을 일컫는다.
* 견위수명見爲授命: 이를 견위치명見危致命이라고도 한다.

《수필과비평》 2024년 11월호(통권 277호), 2024년 11월 1일
(2024년 7월 6일 토요일)

고분지통

 문득 죽음의 슬픔을 나타내는 고사성어를 생각했다. 그것도 가까운 주위 사람 죽음의 슬픔을 떠올리다가 먼저 떠오른 게 '고분지통鼓盆之痛'이다. 이는 본디 '물동이盆를 두드리는鼓 고통之痛'을 의미한다. 다시 말하면 물동이를 두드리며 슬퍼한다는 뜻으로서 '아내가 죽은 슬픔'을 이른다. 언뜻 생각하면 아내가 죽었는데 물동이를 두드리며 슬퍼한다는 게 망발이지 하는 생각이 들기도 한다. 하지만 분명히 아내를 잃은 슬픔을 이르는 말이 틀림없다. 그 실체와 만남이다.
 직접적인 관련은 없으나 예로부터 전해 내려오는 주위 사람 죽음의 슬픔을 이르는 성어들을 살피는 게 도움이 될 것 같다. 임금이나 아버지를 잃은 슬픔을 하늘이 무너지는 듯한 고통이라 하여 '천붕지통天崩之痛', 어버이나 임금 상을 당했을 때 끝이 없는 슬픔이라는 뜻으로 '망극지통罔極之痛', 친상親喪 즉 부모상을 당한 슬픔을 영원히 계속되는 아픔이라는 의미로 '종천지통終天之痛', 남편을 여읜 아내의 슬픔을 성城이 무너져 내리는 슬픔이라는 의미로 '붕성지통崩城之痛'이라고 한다.

한편 아내가 죽은 서러움을 한자 식으로 이르는 표현이 '고분지통叩盆之痛'으로서 결국 이는 고분지통鼓盆之痛과 같은 말이다. 또한 어머니의 죽음을 당한 슬픔을 땅이 꺼지는 슬픔이라 하여 '지붕지통地崩之痛'이라 한다.

아들을 잃은 슬픔을 눈이 멀 정도로 슬픔이라는 뜻으로 '상명지통喪明之痛', 부모가 자식을 잃은 슬픔을 서하西河에서 아픔이라는 뜻으로 '서하지통西河之痛'이라 하는데, 이는 자손이 부모나 조부모보다 먼저 죽는 일이라고 해서 '참척慘慽'이라고도 이른다. 형제자매의 죽은 슬픔을 몸의 절반을 베어내는 아픔이라 하여 '할반지통割半之痛', 매우 친한 친구의 죽음에 대한 슬픔을 '백아절현伯牙絶絃', 부모에게 효도하려고 생각할 때에는 이미 돌아가셔서 그 뜻을 이룰 수 없는 슬픔이 '풍수지탄風樹之嘆'이다.

출전出典은 《장자莊子》의 〈지락편至樂篇〉으로 여기에서 전하는 고사故事의 내용을 바탕으로 간추려 정리하면서 그 실체와 만남이다. 동의어로 고분지척鼓盆之戚이 있고, 유의어로서 고분지탄鼓盆之歎이 있다.

장자는 중국 전국시대戰國時代 송宋나라 사람으로 제자백가諸子百家 중에 도가道家의 대표적 인물이다. 어느 날 혜자惠子는 친구인 장자가 상처喪妻를 했다는 소식을 듣고 조문을 위해 부랴부랴 찾아갔다. 한데, 이게 웬일인가? 슬픔을 주체하지 못해 괴로워할 것으로 예상했던 장자가 동이盆를 두드리며鼓 노래를 부르고 있었다(鼓盆而歌:고분이가). 어이 없고 남들이 손가락질해댈 것 같아 친구로서 뜨끔하고 무척 난감했다. 슬퍼하기는커녕 노래를 부르는 연유를 남몰래 넌지시 물었다. 그러자 장자는 너무도 태연자약하게 이리 말했다.

"물론 내자內子의 타계는 슬픈 일이 틀림없다네. 하지만 원래 인간이란 태어나기 이전에 무생명無生命, 무형체無形體에다가 기氣마저도 없지 않았던가. 그런데 언젠가 부지불식간에 기가 생성된 뒤에 다시 형체로 변하면서 생명을 갖췄지. 천리天理에 따라 생명을 얻어 살다가 지금 죽음의 상태로 변한 것뿐 아니던가. 이는 사계절의 순환과 같은 이치이기도 하지. 따라서 아내는 죽은 후에 천지간의 큰 방에서 안식을 취하고 있는 것이네. 이런 이치인데 내가 통곡하고 애통해 난리굿을 벌인다면 천명天命을 거역하는 것과 진배없어 울지 않는 것일세."라고 답했다.

아무리 그래도 상처를 당했던 장자의 그런 행동에 선뜻 동의하기 어렵다. 왜냐하면 조강지처糟糠之妻의 죽음을 계절이 순환되는 것과 같은 이치로 치부한 채 슬픔을 접고 장례를 모셨다는 사실을 견문이 짧고 생각이 좁은 나처럼 꽉 막힌 사람은 부담 없이 수용하기 거북한 어려운 처사가 분명하다.

하늘의 섭리를 꿰뚫고 자연의 이치에 도통한 사상가의 말이어서인지 읽고 또 읽으며 곱씹어 봐도 아리송한 그의 변설辨說이다. 자기 부인의 생명이 변해 죽음으로 바뀐 것뿐이기 때문이라는 얘기이다. 이는 사계절四季節이 순환하는 것과 같은 이치이기에 슬퍼해야 할 이유가 없다고 했다. 그 같은 관점에서 애통해 통곡할 일이 아니라는 얘기이다. 하지만 장자의 사상을 정확히 이해하지 못하면 그의 참뜻과는 다르게 겉돌 수밖에 도리가 없다. 물론 그의 얘기에는 인간의 삶과 죽음 역시 천지만물의 변화와 궤軌를 함께하는 일환으로 치부한다면 죽음을 마냥 슬퍼할 일이 아니라는 생각이 들기도 하지만 몹시 헷갈리고 어리둥절하다.

어찌 되었던 "뱁새가 황새 따라가려면 가랑이가 찢어진다."고 했던 가. 해탈의 경지에 이르러 천지조화를 달통했을 장자가 설說한 고분지통에 대한 이해하기 어려운 견해를 지닌 경우이다. 이는 아등바등 세상을 살아가는 평범한 사람들에게 삶과 죽음에 대해 많은 화두를 던져주면서 한편으로는 생각거리를 제공하고 있다. 그런 관점에서 다시 한 번 곱씹어보지 않을 수 없다. 딴에는 열심히 다양한 자료를 정독하며 생각을 거듭했음에도 긴 꿈을 꾸다가 중간에서 깨어난 찜찜한 기분은 어벙한 못난이의 편협함 때문일까?

《시와늪》 2024년 가을호(통권 65호), 2024년 10월 20일
(2024년 7월 11일)

과하지욕

과하지욕胯下之辱이란 본디 '가랑이 밑胯下으로 기어가는 치욕'을 뜻한다. 곧이곧대로 생각할 때 매우 치욕적인 상황이다. 이 같은 관점에서 일반적으로 원대한 뜻을 품은 경우 괜한 일로 타인과 다투지 않음을 빗대어 쓰는 말이다. 이에 대한 생성 배경과 의의에 다가가기이다.

한漢나라 초대 대장군大將軍이었던 한신韓信이 어렵게 지내던 젊은 시절, 어떤 백정白丁이 "용기가 있으면 자기 목을 베고, 그렇지 못하면 내 가랑이 밑으로 기어 나가라."라고 했던 일화에서 비롯되었다. 유의어로는 과하跨下, 과하욕(跨下辱, 수과하욕受袴下辱, 면출과하俛出胯下, 한신출과하韓信出袴下 등이 있다.

출전出典은 사마천司馬遷이 쓴 《사기史記》의 〈회음후열전淮陰侯列傳〉이다. 한편 일부 자료에 따르면 《한서漢書》의 〈한신전韓信傳〉에도 같은 내용이 수록되었단다. 출전의 내용을 바탕으로 과하지욕에 대한 출현 배경과 그 줄거리 내용을 간추려 살핀다.

조실부모早失父母한 뒤에 동가식서가숙東家食西家宿하던 시절에 겪었던 설움이라고 할지라도 눈물겨운 시련이 분명하다. 치욕적인 수모를 당하면서도 젊은이가 웅지雄志를 품고 어떻게든 살아남아 성공하겠다는 일념으로 온갖 풍상風霜을 견뎌낸 강인한 측면을 엿볼 수도 있다. 하지만 고아로 가진 게 없던 그는 품행도 그다지 단정치 못해 누군가의 추천에 의한 관리가 될 가능성이 전혀 없는 형편이었다. 게다가 별다른 재주가 없어 다른 사람에게 빌붙어서 살아야 했기 때문에 주변에서 모두 탐탁하게 여기지 않아 따돌림을 당했다.

한동안 하향下鄕의 남창정장南昌亭長* 집에서 미운털 박혀 눈칫밥을 얻어먹으며 연명했다. 그러다가 정장의 아내에게 눈엣가시처럼 밉보였다. 정장의 아내는 꼭두새벽에 일어나 밥을 지어 몰래 숨어서 침상寢牀에서 먹었다. 그리고 식사시간에 맞춰 갔는데 형편이 어려워 밥을 짓지 못했다고 둘러댔다. 그런 정황을 꿰뚫고 정장과 의절義絶했다. 이 서럽고 눈물겨운 사건을 계기로 신취욕식晨炊蓐食*이라는 고사성어가 생겨났다.

정장과 의절하고 나서 살기 위해 생계수단으로 낚시를 시작했지만 제대로 잡히지 않았다. 제대로 먹지 못해 축 늘어져 낚싯대를 던져놓고 하염없이 기다리는 안타까운 모습을 옆에서 지켜보던 표모漂母*가 측은지심惻隱之心에 매일 자기가 점심으로 먹기 위해 싸가지고 왔던 밥을 나눠주곤 했다. 그것을 "무척 고마워하며 언젠가 꼭 은공을 갚겠다."고 하자 이에 표모가 답했다. "대장부가 스스로 살아가지 못하는 꼴이 하도 불쌍해서 나눠 주는 것일 뿐 어찌 보답을 바라겠소!"라고. 이 사건에서 표모반신漂母飯信이라는 고사성어가 비롯되었다.

회음淮陰의 젊은 백정 중에 한신을 몹시 경멸하는 자가 있었다. 어느 날 "네가 비록 건장하고 평소 칼을 차고 다니지만 속으로는 겁쟁이 일 뿐이다."라고 멸시함으로써 여러 사람들 앞에서 모욕을 줬다. 그러면서 이렇게 일생일대의 모욕적인 제안을 했다.

/ … / 네가 목숨을 걸 수 있다면 내 목을 베고(信能死刺我:신능사자아) / 목숨을 걸 수 없다면(不能死:불능사) / 내 가랑이 밑으로 기어나가라(出我袴下:출아과하) / 이 말에 한신이 그를 한동안 노려보다가(於是信熟視之:어시신숙시지) / 몸을 굽히고 가랑이 밑으로 기어갔다(俛出胯下蒲伏:면출과하포복) / 모든 시장 사람들이 한신을 비웃으며(一市皆笑信:일시개소신) / 겁쟁이라고 했다(以爲怯:이위겁) / … /

위에서 한신에게 가장 치욕적인 수모를 안겨준 말로부터 과하지욕이 비롯되었다. 그 후 고향을 떠나 온갖 세상 풍파를 견뎌내며 엄청난 성공을 거둬 초왕楚王이 되어 금의환향해서 급한 정무를 끝냈다. 그러고 나서 어렵던 시절 자기에게 뼈저린 수모를 안겼던 인연들을 차례대로 찾아가서 벌 대신에 나름의 보은을 했다.

먼저 한동안 자기가 밥을 덜어 나눠 주었던 표모를 찾았다. 그리고 약속대로 일천금金을 하사함으로써 어마어마한 보은을 했다. 이 보은 행동에서 일반천금一飯千金이라는 고사성어가 비롯되었다. 이번에는 남창정장을 찾아갔다. 아마도 그는 지난날 한신을 업신여겼던 때문에 내심 벌을 내릴 것이라고 지레짐작하고 잔뜩 겁에 질려있었다. 하지만 뜻밖에 '백 전錢'을 하사하며 "그대는 끝까지 덕을 베풀지 않았다."는 말을 화두처럼 남겼다. 그리고 자기를 인간 이하로 대했던 불량배를 찾아가 죄를 묻는 대신에 초楚나라 중위中尉라는 벼슬을 내려 모두를 감탄케 했다. 그러면서 여러 장군과 재상들에게 말했다. "이 사람이 최대의 모욕을 주었을 때 벨 수 있었지만 그리했다면 살인자가 될 뿐 아무것도 얻을 게 없어 참고 견뎌내어 오늘의 영광이 있다."고.

과하지욕이 떠오를 때마다 《명심보감明心寶鑑》에서 이르는 "한 순간의 분노를 참으면(忍一時之忿:인일시지분) 백일 근심을 면한다(免百日之憂:면백일지우)."는 글귀가 연상된다. 이런 맥락에서 그 옛날 한신이 꿈을 위해 견디기 어려운 수모를 슬기롭게 잘 이겨냈다는 생각에 이른다. 따라서 한신은 제자백가諸子百家 중에 하나로 알려진 송견宋鈃이 얘기했던 견모불욕見侮不辱*을 가장 잘 실천한 경우이다. 생을 꾸리다 보면 별의별 수모를 다 겪을 개연성은 상존한다. 그런 위기가 당신에게 닥쳤을 때 어떤 행동을 취할까요? 만일 내 몫이라면 그처럼 군자 같은 행동을 하지 못하고 목숨을 걸어야 할지라도 즉각 맞대응했을 게다.

---

* 정장亭長: 향촌의 촌장으로 요즈음의 마을 이장里長과 비슷한 개념이라고 한다.
* 신취욕식晨炊蓐食: 꼭두새벽에 밥을 지어炊 침상에서 밥을 먹다蓐食.
* 표모漂母: 빨래하는 늙은 여자를 말한다. 옛날 중국에는 빨래를 전업으로 하던 여자들이 있었는데, 이들을 표모라고 했다.
* 견모불욕見侮不辱: '업신여겨도 치욕스럽게 여기지 않는다.'는 뜻이다.

2024년 6월 11일 화요일

광풍제월

　광풍제월光風霽月은 본디 비가 갠 뒤에 부는 시원한 바람光風과 두둥실 떠오른 밝은 달霽月을 의미한다. 하지만 이는 결코 단순히 기상 상태를 바탕으로 더할 수 없이 아름답고 수려한 경치만을 뜻하는 개념으로 쓰이지 않는다. 그쪽보다는 사람의 고매한 인격이나 성품을 비유하는 쪽으로 훨씬 많이 쓰였다. 다시 말하면 비 온 뒤에 부는 상쾌하고 감미로운 바람이나 떠오른 밝은 달처럼 막힘이나 아집에 사로잡히지 않고 맑고 밝은 고아한 성품 또는 인품을 뜻하는 의미로 사용되고 있다. 그런데 최근에 이르러서는 세상이 잘 다스려져지기를 비손하는 기원을 담거나 잘 다스려지는 세월을 나타내는 말로 더 널리 인식되어 있다. 이의 실체와 만남이다.

　출전出典은 《송사宋史》의 〈주돈이전周敦頤傳〉이다. 광풍제월의 동의어로서 제월광풍霽月光風과 광제光霽가 있다. 유의어로 명경지수明鏡止水가 있다. 유래는 스승인 소식蘇軾과 함께 북송시대北宋時代의 시詩를 대표하던 황정견黃庭堅이 주돈이의 인품을 높이 평가하여 찬양하며 썼던 염계시濂溪詩*에서 비롯되었다. 출전에 나타난 내용을 중심으로 간추려 성어의 생성과 의미 등을 살핀다.

주돈이는 북송의 대학자로서 일찍이 《태극도설太極圖說》과 《통서通書》를 저술했으며 도학道學의 개조開祖로서 성리학性理學의 이론적 기초를 놓았던 인물이다. 게다가 정사政事를 베풂에 도리를 모두 밝힌 사람으로서 풍도風道가 있다고 사람들은 평했다. 이런 그에 대해서 시인이자 뛰어난 서예가인 황정견은 《송사》의 〈주돈이전〉에 실려 있는 〈염계시〉에서 진정한 경의를 이렇게 표하고 있다.

/ … / 그의 인품은 매우 고아高雅하고(基人品甚高:기인품심고) / 가슴 속이 담백 솔직하여(胸懷灑落:흉회쇄락) / 마치 비 갠 뒤에 부는 상쾌한 바람과도 같고 떠오른 달같이 밝도다(如光風霽月:여광풍제월) / … /

위에서 황정견은 주돈이를 광풍제월 같다고 얘기한 데서 비롯되었다. 한편 그의 인품을 미루어 짐작할 수 있는 글이 애련설愛蓮說*이다. 일부에서는 이 글에서 도교의 냄새가 풍긴다고 하지만 그보다는 그의 고아한 인품이 고스란히 드러나는 빼어난 수작秀作이 틀림없다. 이 작품의 첫 문장을 비롯해 국화菊花, 연화蓮花, 목단牧丹 즉 모란꽃 등에 대한 내용이 나타난 부분의 요약이다.

/ 온 세상 풀과 나무의 꽃 중에(水陸草木之花:수륙초목지화) / … / 국화菊花는 꽃 중에서 빼어난 현자의 꽃이며(予謂 菊花之隱逸者也:여위 국화지은일자야) / 모란꽃은 꽃 중에 부귀한 꽃이며(牧丹花之富貴者也:목단화지

부귀자야) / 연꽃은 꽃 중에 군자라 이르노라(蓮花之君子者也:연화지군자자야) / … /

라는 위의 내용에서 주돈이는 연꽃을 '꽃 중의 군자'라고 일갈했다. 그 뒤에 이어지는 〈연화설〉의 내용이다.

"아! 국화꽃을 사랑하는 사람이 도연명陶淵明 이후에 있다는 소문이 드물고, 연꽃을 사랑하는 사람은 나를 비롯해 몇이나 될꼬? 모란을 사랑하는 사람들은 마땅히 많을 것이로다."라는 내용으로 시를 맺고 있다. 이 시의 내용에서 알 수 있듯이 주돈이는 뭇사람들이 화려한 외양의 모란만 사랑하고, 현자 즉 은일자隱逸者의 꽃인 국화나 청렴한 선비 기질을 빼닮은 연꽃은 '꽃 중의 군자'임에도 불구하고 무관심하며 야박하기 짝이 없는 세상의 인심과 풍조를 은근히 꼬집고 있다.

지난 2008년 〈교수신문教授新聞〉에서 올해의 사자성어로 선정했었다. 그 때 새로운 정권이 들어서면서 나라를 잘 다스려 달라는 절절한 염원을 담아 결정했다고 발표했다. 그런 때문인지 최초에 뜻했던 '빼어난 경치'나 '고매한 인품 혹은 인격' 따위의 의미로 쓰였다는 사실은 가물가물 멀어지고 지금은 대다수가 나라를 잘 다스려 달라는 염원이나 잘 다스린 상태를 뜻하는 것으로 인식되고 있으리라.

디지털 시대가 도래 하면서 모든 분야에서 변화가 진광석화같이 빠르기 때문일까. 한 해 차이에도 세대차를 느낀다고 호들갑을 떤다. 그럼에도 우리의 마음은 그 변화의 속도에 따라 신속하게 변하지 못하는 게 현실이다. 현실이 이러함에도 정권이 바뀔 때마다 광풍제월을 기대하며 응원을 보내게 마련이지만 꿈이 제대로 이뤄졌던 적이 단 한 차례도 없다. 어쩌면 그런 꿈이나 바람은 이상향에서나 가능하리라. 유사 이래 인류가 이상향을 이룩했던 경험은 전혀 없다. 따라서 광제光霽 시대에 대한 꿈은 영원한 상상 속에서만 존재할 뿐일지도 모른다.

* 염계濂溪: 주돈이周敦頤의 호號이다. 한편 그의 자字는 무숙茂叔이다.
* 애련설愛蓮說: 연꽃의 여러 모를 들어 군자君子에 비유해 지은 글이다. 작자作者 주돈이는 많은 꽃 중에서 도덕 수양이 높은 군자를 빼닮은 연꽃을 사랑해 지었던 작품이다.

2024년 7월 12일 금요일

국사무쌍

국사무쌍國士無雙은 나라에 둘도 없는 인재(인물)를 의미한다. 그러므로 매우 뛰어난 인재 혹은 특정한 시대에 가장 뛰어난 인물을 지칭하는 개념으로 통용되고 있다. 유사어로서 일세지웅一世之雄을 들 수 있다. 한漢나라의 승상丞相이었던 소하蕭何가 한고조漢高祖인 유방劉邦에게 한신韓信의 인물됨을 표현하던 말에서 비롯되었다. 이를 전하고 있는 출전出典의 고사故事를 중심으로 출현 배경과 내용의 살핌이다.

관련 내용보다 주인공 한신에 대한 이해가 앞서야 한다. 초한쟁패기楚漢爭覇期 시절에 한나라 초대 대장군大將軍으로서 연전연승을 했던 병법가兵法家였다. 하지만 젊은 시절엔 방황을 했었다. 그는 반진전쟁기反秦戰爭期에 항우군項羽軍에 몸담고 있다가 인정을 받지 못하고 겉돌다가 결국 한왕인 유방의 군軍으로 옮겼다. 유방군에서도 처음엔 별 볼일 없이 지내며 우여곡절을 겪고 난 후에 비로소 초대 대장군으로 발탁되어 수많은 전쟁에서 연전연승의 혁혁한 공을 세워 제齊왕과 초

楚왕의 지위에 올랐었다. 그러다가 이런저런 행적과 견제로 대장군의 지휘권을 비롯해 왕의 직위를 박탈당하고 회음후淮陰侯로 강등되었다가 계속 추락하여 끝내 처형을 당하는 비운을 맞았다.

중국 역사상 가장 뛰어난 군사전략가로 평가되기 때문인지 역사가 배인裴駰이 그를 포함해 장량張良, 소하蕭何 등을 한초삼걸漢初三傑로 평했다. 완벽한 사람은 없는 걸까. 뛰어난 업적에 반해 자신의 이익을 위해서는 동료의 무시하거나 비난했던 것을 비롯해 살해, 불필요한 전쟁 촉발, 상관 협박 같은 안하무인의 행동을 자행했다는 어두운 평가가 그림자처럼 따르기도 한다.

《사기史記》의 〈회음후열전淮陰侯列傳〉에서 국사무쌍에 관련한 고사 내용을 중심으로 주요한 부분을 대강 간추려 실상에 접근한다. 한신이 초군楚軍 시절에 군략軍略을 세워 항우에게 올려도 채택해 주지 않자 희망이 없다고 판단해서 도망 나와 한군漢軍에 투신했다. 그 무렵은 진秦이 멸망한 뒤에 초패왕楚覇王 항우와 한왕漢王 유방이 천하를 제패하려고 으르렁댈 즈음이었다. 당시 초군의 막강한 위세 때문에 한군은 변방인 파촉巴蜀의 땅에 머물러야 했던 옹색한 처지였다. 그런 한군으로 옮겨오면서 부장部將이었던 하후영夏侯嬰의 휘하에서 병량兵糧을 관리하는 치속도위治粟都尉를 맡았다. 승상이었던 소하가 그를 만나 여러 차례 대화를 나눴었다. 그런 기회를 통해서 한신이 대망을 품고 있으며 그럴 만한 자질을 갖춘 인재라 판단하고 소하는 은근히 기대하고픈 마음이 생겼다.

나름대로 소하는 그의 재능을 믿고 여러 차례에 걸쳐 유방에게 중용을 주청했지만 왠지 별다른 조치가 없었다. 그 무렵에 유방의 군사들

중에는 변방의 오지인 파촉巴蜀 땅에 묻혀있기 때문에 희망이 없다는 부정적인 생각 때문이었을까. 유방을 따르던 많은 부장部將들이 도망을 쳤다. 그러던 어느 날 한신도 여기서는 더이상 기대할 게 없다고 판단하고 몰래 달아났다. 그 얘기를 전해들은 소하는 다급해서 왕께 보고도 못한 채 그의 뒤를 추격했다.

소하가 말을 타고 진영을 빠져나가는 모습을 보고 누군가 왕에게 고했다. "소하가 도망갔다."고. 이에 왕은 신임했던 신하가 탈영했다는 말에 대경실색하고 끙끙 앓았다. 며칠 만에 소하가 돌아와 알현하자 불같이 꾸짖으며 따져 물었다. 소신이 "탈영했던 게 아니라 도망갔던 한신을 설득해 데리고 돌아온 것."이라고 소명했다. 여태까지 도망간 장군이 여럿임에도 한 번도 잡으러 갔던 적이 없었는데, 유독 한신에게만 그렇게 특별했던 연유를 이실직고하라고 윽박질렀다. 이에 소하가 조용하지만 당당한 목소리로 아뢰었다.

/ … / 다른 장수들은 (얼마든지) 쉽게 얻을 수 있습니다(諸將易得耳:제장이득이) / (하지만) 한신과 같이 뛰어난 사람은(至如信者:지여신자) / 나라에 둘도 없는 인재(선비)입니다(國士無雙:국사무쌍) / 왕(유방)께서 오직 한중왕으로 계속 머무르려고 하신다면(王必欲長王漢中:왕필욕장왕한중) / 한신은 쓸모가 없으나(無所事信:무소사신) / 반드시 천하를 두고 다투시려 하신다면(必欲爭天下:필욕쟁천하) / 국가 대사를 이룰 사람은 한신밖에 없습니다(非信無所與計事者:비신무소여계사자) / … /

위의 내용에서 국사무쌍이 비롯되었다. 한편 이후 소하는 다양한 측면에서 뛰어난 장군의 재목임을 강조하여 왕(유방)으로부터 어렵사리 허락을 받아냈다. 즉흥적인 성격의 왕은 아무런 준비도 없이 한신을 대장군으로 임명하려고 했다. 이에 대해 소하가 다시 주장하여 격식에 따른 식장을 마련해 수많은 군사와 대소 신하들 앞에서 성대한 임명식을 거행해 새로 탄생하는 초대 대장군의 위용을 갖춰주는 예를 지켰다.

한신에 대해 살피면서 한 번 살다 가는 이승에서 무엇을 남길 수 있을까 하는 뚱딴지같은 생각을 했다. 고려의 충신 정몽주鄭夢周는 충절을, 세종대왕은 한글을 남겼다. 그리고 중국 한漢나라 걸왕桀王과 은殷나라 주왕紂王은 천하의 폭군으로 이름을 남겼다. 그런데 한신에 대한 후세의 평가는 공과가 극명하게 갈린다. 하지만 정말 대단했다는 몇몇 증적을 곰곰이 맘속에 새겨 보면서 부러운 면이 많다는 생각을 떨칠 수 없었다.

얼마나 걸출한 인재였으면 일국의 승상이 왕께 '국사무쌍'이라는 표현을 스스럼없이 했을까. 게다가 그로 인해 생겨난 고사성어가 여럿이다. 그가 젊은 시절 자기 바짓가랑이 사이를 기어 다니도록 했던 불량배를 훗날 초나라 왕이 된 뒤에 불러다가 벼슬을 내리면서 용서했던 과하지욕胯下之辱이 있다. 또한 역시 어렵던 시절 빨래하던 노파에게 밥 한끼를 얻어먹고 훗날 천금으로 사례했다는 일반천금一飯千金이 있다. 게다가 항우와 운명을 걸었던 해하垓下 전투에서 항우를 고립무원에 빠뜨리며 생겨난 사면초가四面楚歌라는 고사성어가 언뜻 떠오른다. 아울러《병법》에서 최악의 방법으로서 금기시하던 배수진背水陣을 보란듯이 성공시킴으로서 전략적 전술 혹은 결사적 각오라는 의미로 재정립시킨 장본인이기도 하다. 그런가 하면 유방과 대화를 나누던 과정에서 다다익선多多益善이라는 성어도 생겨났다. 또한 전략적으로 적을 속이는 전술, 즉 '겉으로는 잔도栈道를 수리하는 척하면서 몰래 진창으로 건너간다.'는 의미의 명수잔도 암도진창明修栈道 暗度陳倉 역시 그에게서 비롯된 고사성어이다. 자그마치 그에게서 비롯된 고사성어가 일곱이나 되니 놀랄 일이 아닐까.

　너나 할 것 없이 이승의 삶을 열심히 살아왔다. 하지만 그 옛날 한신의 경우처럼 훗날 길이 남아 귀감이 될 고사성어를 남기거나 다른 흔적을 남긴다는 것은 언감생심이다. 서민들은 운 좋게 조상을 받들어 모시는 후손을 둔 경우 제삿날 "顯考學生府君神位(현고학생부군신위)" 혹은 "顯妣孺人〇〇〇氏神位(현비유인〇〇〇씨신위)"라고 쓴 지방紙榜에서 기억될 우리네이다. 그럼에도 이승의 삶은 오그랑장사가 아닌 남는 장사이기에 살맛나는 세상이 아닐까.

《수필과비평》 2025년 5월호(통권 283호), 2025년 5월 1일
(2024년 6월 8일 토요일)

군맹무상

군맹무상群盲撫象을 원래대로 해석하면 '여러群 시각장애인盲人이 코끼리를 어루만지다撫象.'라는 뜻이다. 하지만 현실적으로는 그릇된 자기 주관 때문에 모든 사물에 대해 일부만을 파악하거나 잘못 판단함이나 좁은 식견을 비유하는 의미로 통용되고 있다. 결국 좁고 얄팍한 단견短見이나 주관 때문에 사물을 제대로 판단하지 못하는 경우를 비유하는 말로 쓰이고 있다. 이의 생성과 출현 배경을 비롯해 의의에 대한 살핌이다. 유래에 대한 요약이다. 불교 경전에서 유래되었다.

그 옛날 어떤 왕*이 신하에게 코끼리를 끌고 와서 시각장애인들에게 만져 볼 수 있게 하라는 명을 내렸다. 지체 없이 코끼리를 끌고 와서 그들에게 만져보게 했다. 이렇게 여러 시각장애인들이 코끼리를 만져보는 상황을 나타낸 말이 군맹무상이다. 한편 잠시 후에 왕은 이들에게 코끼리가 어떻게 생겼었는지 물어봤다. 그러자 눈으로 형체를 확인할 수 없었지만 저마다 만져본 부위에 대한 촉감觸感에 따라 서로 다른 대답을 했다. 때문에 각양각색의 대답이 중구난방衆口難防으로 이어졌다.

출전出典은 불교의 경전經典인 《열반경涅槃經》에 나타나는 줄거리의 대강을 정리해 간추리면 아래와 같다. 동의어로 군맹모상群盲摸象, 군맹상평群盲象評, 맹인모상盲人摸象 등이 있고, 유의어로 구반문촉毆槃捫燭이 있다.

어느 날 시각장애인이 다수 모여 있는 자리에서 왕이 신하에게 명했다. "코끼리를 몰고 와서 그들에게 보여주라."고. 신하는 즉각 코끼리를 몰고 와서 만져보도록 했다. 명령대로 행하던 과정을 지켜 보고 난 후에 왕은 그들에게 물었다. "그대들은 코끼리를 보았는가(汝見象耶: 여견상야)."라며 "그것이 무엇과 비슷하다고 생각하는가(象爲何類:상위하류)."라고. 그러자 각각 자기가 만져보며 느꼈던 바를 더덜이 없이 곧이곧대로 이렇게 답했다.

/ 코끼리의 이齒 즉 상아象牙를 만졌던 이는 '무 뿌리蘆菔根', 귀耳를 만졌던 이는 '키箕*', 머리頭를 만졌던 이는 '돌石', 코鼻를 만졌던 이는 '절굿대杵', 다리脚를 만졌던 이는 나무로 만든 '절구臼', 등脊을 만졌던 이는 '평상床', 배腹를 만졌던 이는 '독항아리:甕', 꼬리尾를 만졌던 이는 '밧줄繩'이라고 답했다. /

이처럼 저마다 다른 답에 대해 왕은 이렇게 일갈했다. 선남자善男子*여! 시각장애인들이 코끼리의 형상을 제대로 알지 못하는 것 같지만 실상은 그렇지 않다. 그들이 이르는 것처럼 여러 형상들이 코끼리의 바른 실상은 아니다. 하지만 그들이 인식한 외에는 다른 코끼리가 없기 때문이다. 결론적으로 모든 중생은 석가모니에 대해 일부분만을 이해하거나 인지하고 있는 바에 비롯한 부처가 따로 존재한다고 얘기할 수 있겠다. 한편 이 얘기에서 등장하는 인물은 각각 다음과 같은 의미라는 귀띔이다. 먼저 왕은 '여래(如來:釋迦牟尼)로서 올바른 깨달음正遍知를 얻은 자'이고, 신하는《대열반경大涅槃經》이 보편적이고 평등方等함을, 코끼리는 부처의 본성佛性을, 시각장애인은 온갖一切 번뇌 때문에 무명無明한 중생을 비유한다고 이르고 있다.

우리는 흔히 아는 만큼 보인다고 한다. 같은 사물이나 사건을 한자리에서 함께 보더라도 개인적인 인지능력이나 처지에 따라 받아들이는 크기나 깊이는 군맹무상처럼 달라질 개연성을 부정할 수 없으리라. 왜냐하면 여럿이 함께 특정한 현상이나 사물을 지켜본다 해도 경우에 따라서는 겉으로 드러난 일부만 보고 나머지는 의도적으로 무시하거나 인지하지 못할 가능성 때문이다. 아울러 내면에 담긴 선善과 악惡, 정의正義와 불의不義, 미美와 추醜, 사상思想과 가치관價値觀 따위를 취향에 따라 피하거나 생각이 미치지 못함에서 비롯될 가능성을 배제할 수 없다. 이와 같은 관점에서 세상의 모든 사물이나 다양한 현상이나 사건을 바로보기 위해서는 편협한 단견이나 편견을 벗어나 단순히 외형적인 모습에 집착하지 않고 내면에 숨겨진 뜻도 꿰뚫고 헤아리려는 자세와 노력이 필요하지 않을까. 군맹무상의 참된 뜻을 거듭해서 곱씹다가 불현듯 나무를 보고 숲을 보지 못하는 격의 견수불견림見樹不見林이라는 성어가 떠올랐다.

* 일부에서는 인도印度의 경면왕鏡面王이 어느 날 시각장애인盲人들에게 코끼리를 가르쳐주기 위해 그들을 궁중으로 불러 모으고 신하를 시켜 코끼리를 끌고 오게 하여 만져 보게 했다고 구체적으로 명시하기도 했다.
* 키箕: 곡식 따위를 까불러 쭉정이나 티끌을 골라내는 도구이다. 고리버들이나 대를 납작하게 쪼개어 앞은 넓고 평평하게, 뒤는 좁고 우긋하게 엮어 만든다.
* 선남자善男子: 불법佛法에 귀의한 남자.

2024년 4월 18일 목요일

금의야행

　금의야행錦衣夜行을 직역하면 '비단옷을 입고錦衣 밤길을 걷는다夜行.'이다. 깜깜한 밤중에 비단 옷을 입고 걷는다면 어느 누가 알겠는가. 이처럼 쓸데없으며 아무도 알아주지 않는다는 관점에서 무의미한 쓸데없는 행동이나 입신출세하여 고향으로 돌아가지 않음을 비유적으로 표현할 때 통용되고 있다. 이에 대한 역사적 사실과 유래를 전하는 출전出典을 바탕으로 살피는 나들이다.

　초楚나라 군주였던 항우項羽와 그를 따르던 유생儒生인 한생韓生 사이에 진秦의 수도인 함양咸陽 문제를 놓고 대화를 나누던 과정에서 비롯되었다. 이의 출전은 첫째로 《사기史記》의 〈항우본기項羽本紀〉, 둘째로 《한서漢書》의 〈항적전項籍傳〉이다. 동의어로 수의야행繡衣夜行, 의금야행衣錦夜行, 야행피수夜行被繡가 있다. 한편 유의어로서 도로무익徒勞無益, 도로무공徒勞無功, 노이무공勞而無功 등이 있다. 그리고 이 금의야행으로부터 비단옷을 입고 낮 길을 간다는 '금의주행錦衣晝行', 비단옷을 입고(입신출세하여) 고향으로 돌아간다는 '금의환향錦衣還鄕'이라는 성어가 파생되었다.

출전 중에 《사기》의 〈항우본기〉를 바탕으로 이 성어가 비롯된 고사의 줄거리 중에 해당 부분을 대강 간추린 내용이다.

그 옛날 항우와 유방은 서로 경쟁하듯 진나라에 눈독을 들였다. 그런 연유이었을 게다. 항우와 유방은 각각 나름의 첩경捷徑을 이용해 진의 수도인 함양咸陽을 향해 침공했으나 유방이 한발 앞서 함양에 입성하여 황제인 자영子嬰의 항복을 받고 진나라를 멸망시켰다. 뒤늦게 함양으로 진격해온 항우와 이런저런 협상 끝에 함양을 항우에게 넘겨주고 유방은 손을 뗐다.

함양의 통치권을 쥔 항우는 유방과 판이한 결정을 연이어 해댔다. 첫째로 진황제 자영을 사형시켰다. 둘째로 진나라 수많은 금은보화를 탈취했다. 셋째로 진나라 왕궁인 아방궁阿房宮을 불태웠다. 넷째로 시황제始皇帝의 무덤을 훼손했다. 이처럼 제황帝皇답지 못한 처사에 계신計臣 범증范增 등이 간곡하게 간諫했으나 막무가내였다. 오랜 전쟁의 피로 때문인지 온갖 보물과 미녀를 탈취하여 고향인 강동江東으로 돌아갈 궁리에 골몰했다. 그 꼴을 지켜봐왔던 유생인 한생이 어렵사리 간언했다. 함양을 중심으로 한 분지盆地인, "관중關中은 사방이 강과 산으로 둘러싸인 요충지이며 땅도 비옥하니 여기에 도읍을 정하셔서 천하를 호령하심이 어떨지요."라고. 한생이 함양을 도읍으로 천거한 데는 다음과 같은 이점利點을 염두에 두고 했던 말이다.

첫째로 관중을 둘러싼 하수河水와 진령산맥秦嶺山脈은 천혜의 요새이며, 둘째로 하수와 진령산맥이 만나는 함곡관函谷關만 철저히 수비하면 외부 침입이 불가능하고, 셋째로 관중평야關中平野는 다른 어느 곳 보다 농산물 소출이 많았다는 점 때문이었다. 이런 길지吉地를 버리고 자기 고향인 강동江東만 고집하는 단견을 깨주고 싶었던 충정어린 마음이었다. 항우는 자기가 철저하게 파괴해 폐허였던 함양에 정을 붙이지 못하고 고향에 돌아가 자신의 성공한 모습을 한껏 과시하고 싶었던가. 그가 동쪽 하늘에 눈길을 고정한 채 이렇게 중얼거리며 독백처럼 내뱉었다.

/ … / 부귀해졌음에도 고향으로 돌아가지 않음은(富貴不歸故鄕:부귀불귀고향) / 비단옷衣繡을 입고 밤길을 걷는 것과 같으니(如衣繡夜行:여의수야행) / 그것을 누가 알아주겠는가(誰知之者:수지지자) / … /

위의 독백 내용 중에 "비단옷衣繡을 입고 밤길을 걷는 것과 같으니(如衣繡夜行:여의수야행)"에서 수의繡衣는 '비단옷錦衣'과 동일한 의미이다. 이 표현에서 금의야행이 탄생했다. 그런데 항우의 이 독백을 듣고 나서 한생이 비수匕首처럼 슬쩍 던진 말이다.

/ … / 흔히들 초楚나라 사람들은 원숭이沐猴가 관冠을 쓴 꼴이라고 하더니(人言楚人沐猴而冠耳:인언초인목후이관이) / 과연 틀림없구나(果然:과연) / 항왕이 그 말을 듣고(項王聞之:항왕문지) / 그 말을 한 자를 삶아 죽였다(烹說者:팽설자) / … /

여기서 너무 솔직했던 말이 설화舌禍를 불러일으켜 끔찍한 죽임을 당했던 한생을 생각하다가 문득 조선시대 정도전鄭道傳이 떠올랐다.

함경도 출신인 태종太宗 이방원李芳遠 면전에서 '강인한 함경도 사람을 이전투구(泥田鬪狗: 진흙탕에서 싸우는 개拘)'라고 직설적으로 묘사했다가 결국은 비참하게 처형당하지 않았던가.

초등(국민)학교를 졸업하면서 배움을 핑계로 고향을 떠나 여든의 문턱을 넘어선 여태까지 현대판 디아스포라(diaspora)로 삶을 꾸리면서 큰 이름을 거뒀거나 이름을 얻었던 적이 없다. 따라서 금의야행의 뜻 중에 "성공하여 고향으로 돌아가지 못함"의 처지와는 전혀 다른 필부 匹夫일 따름이다. 그럼에도 내게 고향은 늘 배고픈 존재이다. 해방둥이로 태어나 철없던 어린 시절 몹쓸 민족상잔의 6·25전쟁 중 피란避亂을 오가는 우여곡절을 겪다가 어렵사리 귀향해 초등학교 재학시절 여섯 해를 보낸 게 전부이기 때문이다. 따라서 초등학교 입학 전에는 기억에 남은 게 도통 없다. 어렴풋할지라도 초등학교 재학 시의 추억이 전부임에도 불구하고 최근에 이르러 수구초심首丘初心이라는 말을 자주 곱씹음은 정상일까.

무의미하거나 아무런 결과가 없는 행동의 범주나 경계는 과연 어디까지 일지 정확하게 정의하는 것은 무척 어려운 화두가 아닐까. 하지만 이런 개연성을 가진 문제에 직면하면 신중하게 대처함으로써 쓸데없는 일에 알토란 같은 시간이나 노력을 낭비하지 않는 지혜로움은 현대를 사는데 무엇보다 필요한 덕목이다. '오지랖 넓다는 조롱이나 비난은 바람직하지 않기에'.

2024년 5월 14일 화요일

기우

 기우杞憂는 본디 '기杞나라* 사람의 근심'을 의미한다. 현실적으로는 쓸데없이 오지랖 넓은 걱정 혹은 아무 쓸모가 없는 걱정을 일컫는 개념으로 통용된다. 그러므로 실제로 발생할 가능성이 거의 없는 것(일)을 지나칠 만큼 두려워하거나 걱정을 하는 것을 의미한다. 기우를 대할 때마다 떠오르는 말이 '걱정도 팔자'라는 말이다. 원래는 기杞나라 사람의 걱정을 뜻하는 기인지우杞人之憂로 표기하다가 두 글자를 줄여서 기우라고 쓰고 있다. 출전出典에 수록된 내용을 바탕으로 관련 내용에 따라 이에 대한 유래와 실체를 살필 참이다.

 기우에 대한 사연을 담고 있는 출전은 《열자列子》의 〈천서편天瑞篇〉이다. 유사어로 배중사영杯中蛇影, 노파심老婆心, 기인우천杞人憂天, 의심암귀疑心暗鬼 등이 있다. 유래由來는 중국 전국시대戰國時代 기杞나라 사람으로 평소에 쓸데없는 걱정을 많이 해 정상적인 생활이 어려운 상태를 지칭했던 데서 비롯되었다. 한편 출전에서 전하고 있는 기우와 관련된 내용을 간추려 정리하는 것으로 그 실체와 조우한다.

58 | 수필로 만나는 고사성어

출전에서 기우와 관련된 고사故事에 등장하는 인물은 둘이다. 먼저 세상 온갖 것이 걱정거리라고 생각해 병적인 모습을 보이는 근심쟁이다. 다음은 그런 친구가 걱정이 되어 고민을 풀어주려고 노력하는 해결사 같은 친구이다. 이들 둘 사이에 주고받는 말은 학승學僧처럼 덜 여문 걱정을 많이 하는 친구와 고승高僧 같은 해결사 친구 사이에 고차원적인 경經을 문답하는 듯한 느낌이 든다. 걱정 많은 근심쟁이 친구의 가볍지 않은 증상이다.

/ … / (그는) 하늘이 무너지고 땅이 꺼지면(憂天地崩墜:우천지붕추) / 몸을 의지할 곳이 사라지게 될 것이 걱정되어(身亡所寄:신망소기) / 침식寢食을 제대로 못하는 이가 있었다(廢寢食者:폐침식자) / … /

이에 해결사 친구가 말했다. "하늘엔 공기氣가 가득 쌓여 어디 한 군데도 빈곳이 없다네. 그런데 자네는 몸을 움직이며 호흡하면서 하루하루를 하늘 가운데서 살아가고 있는데 어떻게 무너져 떨어질 근심을 하는가. 잘못된 생각일세."라고 일깨우며 이해시켰다. 그러자 근심쟁이 친구가 또 이렇게 물었다.

/ … / (진정) 하늘이 기氣가 쌓인 것이라고 한다면(天果積氣:천과적기) / 해와 달과 별은 당연히 떨어지지 않겠는가(日月星宿不當墜邪:일월성수부당추사)* / … /

이에 해결사 친구가 이런 취지로 답했다. "일월성신日月星辰도 기氣가 쌓인 가운데서 빛을 내고 있는 것이라네. 그러므로 그것이 추락하는 과정에서 설혹 맞을지라도 부상당할 가능은 없다네."라고 설명했다. 이에 근심쟁이 친구가 또 다른 질문을 했다.

/ … / 땅이 무너지면 어찌해야 할까(奈地壞何:내지괴하) / … /

이에 대한 해결사 친구의 답변이다. "본디 땅이란 흙덩이가 쌓인 것이라네. 그렇기 때문에 어디를 막론하고 빈 곳은 없지. 자네가 매일매일 여기저기 다니며 걷고 밟으며 뛰면서 온갖 필요한 일을 해도 아무런 문제가 없는데 어이해서 무너진다는 생각을 하는가."라고 자세히 알려주었다.

이런저런 걱정으로 가득했던 친구를 걱정하며 하나하나 이해시켜 걱정거리를 말끔하게 해결해줬다. 그 해결사 친구의 적극적인 도움으로 그는 걱정의 터널에서 벗어나 제대로 된 사회생활을 하는 기쁨을 누렸다. 이처럼 쓸데없는 걱정으로 가득한 기杞나라 사람으로 인해서 기우라는 성어가 비롯되었다.

문명의 발달에 비례하여 위험 요소는 다양해지게 마련이고 늘어나는 게 아닐까. 그렇다고 세상과 담을 쌓고 고립무원 상태의 삶은 불가능하다. 이 같은 이유에서 다양한 위험 요소들을 완전하게 비껴가기 어렵다. 그렇다고 현실적으로 맞닥뜨리지 않은 여러 가지 위험에 대해 시시콜콜 걱정을 하는 것은 한마디로 '기우'에 지나지 않는 지나친 처사로 백해무익할 따름이다.

오래된 아픈 경험 때문에 기우에 가까운 지나친 생각에 빠지는 경우가 있다. 고속버스가 강바닥으로 추락하는 사고(1982년 8월 6일 경부고속도로 금강휴게소 인근의 제2금강교에서 추락했던 '한진고속버스' 사고)로 두 아들과 우리 내외 등 가족 넷이 몽땅 병원 신세를 졌던 아픈 경험이 있다. 그 때 나는 경추頸椎 불완전 탈골이라는 중상을 입어 꼬박 여섯 달 동안 병원에 입원했기 때문에 여태까지 끔찍한 정신적 상처(psychological trauma)가 남아있다. 그로 인해 지금도 나들이를 떠날 때는 이용할 교통수단이나 거리에 관계없이 잔뜩 긴장되는 경우가 더러 있다. 이따금 별의별 생각을 다하다가 쓸데없는 기우라고 생각되어 잊어버리려 도리질을 하다가도 부지불식간에 우울해지기도 한다. 그런데도 매일 밖으로 나가야 하고 일을 봐야 하며 누군가와 만나야 하는 현실에서 언제쯤이면 악몽 같았던 트라우마와 완벽하게 결별할 수가 있을까!

---

* 기杞나라: 여기서 '기杞'나라는 하남성河南省에 터址를 잡았던 나라로 기원전 445년에 초楚나라에 멸망했다. 따라서 산동성山東省에 자리 했다가 기원전 690년 제양공齊襄公에 의해 멸망된 '기紀'나라와는 전혀 다른 나라이므로 혼동하는 일이 없어야겠다.
* 수宿: 보통의 경우 "잘 숙宿"으로 쓰이지만, 여기서는 "별 수" 즉 "수"로 읽어야 한다.

2024년 6월 23일 일요일

낙필점승

 실패 혹은 실수를 믿을 수 없는 성공으로 이끈 사례를 지칭하는 대표적인 말 중에 하나가 낙필점승落筆點蠅이다. 낙필점승은 본디 '붓 떨어진落筆 자리에 파리蠅를 그린다.'는 뜻으로 화가의 걸출한 재능을 비유적으로 이른다. 이와 관련된 고사故事를 담고 있는 출전出典을 바탕으로 생성된 유래와 실제 내용과 만남이다.

 중국 삼국시대三國時代 때 오吳나라 화가인 조불흥趙不興이 황제인 손권孫權의 청으로 병풍屏風 그림을 그리려다가 뜻하지 않은 실수로 붓을 떨어뜨려 점이 찍혔다. 꿈에도 예상하지 못했던 이 점點을 승화시켜 파리蠅로 그려냄으로써 위기를 극복했던 고사에서 비롯되었다. 여기서 다른 것에 앞서 주인공 격인 화가 조불흥에 중요 사항에 대해 바르게 인지해야 도움이 될 것 같다.
 고대 중국에서 화가들이 명성을 얻고 대접을 제대로 받기 시작된 게 위진시대魏晉時代부터이다. 그 때 처음으로 명성을 얻고 대접을 받기 시작한 화가가 오吳나라 조불흥으로 용龍을 위시한 동물 그림에 뛰어났을 뿐 아니라 불화佛畫의 비조鼻祖, 즉 시조始祖로 알려졌다. 그 시절 앞서거니 뒤서거니 뛰어난 화가들이 여러 나라에서 많이 배출되었다. 그런 까닭 인지 사람들은 당시의 유명했던 화가들을 일컬어 육조사대가六朝四大家 라고 불렀다. 이는 오吳나라 조불흥, 동진東晉의 고개지顧愷之, 양梁나라 장승요張僧繇, 송宋나라 육탐미陸探微 등을 지칭한다. 한편 조불흥의 제 자로는 서진시대西晉時代 화가였던 위협衛協과 동진東晉의 화가였던 고 개지顧愷之 등이 있다.

  그 옛날 중국의 관직을 들여다보면 재미있는 경우가 눈길을 끈다. 그 사례 중 하나가 당唐나라 현종玄宗이 임명했던 기대조棋待詔라는 벼 슬이다. 이 직職은 왕과 바둑을 대적해 두는 자리로서 바둑의 최고수 만이 임용되었다. 이 자리에 최초로 올랐던 이가 왕적신王積薪인데 그 는 '바둑을 두는 10가지 비결'인 위기십결圍棋十訣을 천명했었다. 세상 에 이런 벼슬도 있었는데 오나라 창업군주인 손권孫權의 조정에는 궁 중화사宮中畫師 혹은 궁중화공宮中畫工이 따로 없었던가보다. 그래서 어쩔 수 없이 궐 밖의 화백에게 그림을 그려달라고 특별히 청탁을 했 을 것으로 추정된다.

  평소 교분을 쌓았거나 가까운 사이가 아닌 지엄한 황제의 청이다. 그러하니 당대 최고의 화백이라도 잔뜩 긴장했을 것이다. 보통 사람이 라면 황제의 면전이 아니라 궁궐에 들어가면서부터 긴장이 고조되어 주눅이 들게 마련이리라. 이런 맥락에서 최고의 예술가도 보통 사람과 별반 차이가 없었을 게다. 이 고사를 담고 있는 출전은《삼국지三國志》 〈오서吳書〉의 〈조달전趙達傳〉이다. 이를 바탕으로 낙필점승에 관련된 내용의 대략적인 간추림이다.

원래 발군의 화백이기에 궁중에도 익히 잘 알려진 조불흥이었다. 오나라 황제인 손권이 병풍 그림이 필요했다. 수소문하여 당대 최고인 그에게 연락해 병풍 그림을 그려달라는 청을 했다. 명을 받들어 그림을 그릴 요량으로 입궁을 했다. 원하는 병풍용 그림이라는 중압감 때문이었을까? 그림을 그릴 준비를 마치고 붓에 먹을 찍은 뒤에 화선지 앞으로 서서히 다가서다가 그만 불의의 사단이 발생하고 말았다.

/ … / 실수로 붓을 화선지 위에 떨어뜨려 점點이 찍혔는데(誤落筆點素:오락필점소) / 이 점을 파리蠅로 둔갑시켜 완성했다(因就以作蠅:인취이작승) / (완성된 그림을 황제에게) 바쳤더니進御(既進御:기진어) / 손권權은 살아있는 파리生蠅로 착각해서(權以爲生蠅:권이위생승) / 손을 흔들어 그것(파리)을 내쫓으려 했다(擧手彈之:거수탄지) / … /

위의 고사에서 낙필점승이라는 성어가 비롯되었다. 뜻하지 않은 실수로 화선지에 생긴 점을 곧바로 파리로 바꿔 그리는 기막힌 기지와 생각이 보통 사람은 엄두도 낼 수 없는 압권이고 달관이었다. 게다가 급하게 그렸던 파리를 얼마나 생동감 있게 잘 그렸으면 황제가 살아있는 것으로 착착하고 쫒아 날려 보내려고 손을 이리저리 휘저었을까? 이 일화를 통해 화백의 걸출한 재능을 미루어 짐작할 수 있다. 한편 생각이 여기에 이르자 초등학교 시절 물리도록 들었던 그림 얘기가 떠올랐다. 바로 신라의 뛰어난 화가 솔거率居가 황룡사 벽에 그렸다던 〈노송老松〉얘기다. 얼마나 실제 살아있는 나무처럼 생동감 있게 그렸으면 새들이 떼를 지어 날아와 앉으려다가 머리를 벽에 부딪쳐 죽었던 사체가 땅바닥에 수북하게 쌓였다는 믿기지 않았던 고사 말이다.

오나라 조불흥이나 신라 솔거 경지의 화가라면 해탈의 경지를 넘어선 대덕고승과 별로 다를 바 없다. 보통의 경우이라면 황제가 준비한 귀한 화선지에 실수로 붓을 떨어뜨려 점이 생겼을 때 그처럼 걸출한 임시변통의 빼어난 대응은 언감생심이었을 게다. 이는 세상 이치에 대해 달관하고 온 세상을 너끈하게 조감鳥瞰할 수 있는 마음의 눈인 심안心眼을 떴을 때 가능할 게다.

세상의 변방에서 소시민으로 살아온 까닭일까. 돌이켜 생각하니 크게 기뻐하거나 뉘우칠 일을 겪었던 기억이 별로 없다. 하지만 삶의 굽이굽이에서 결코 녹록지 않은 실수나 실패를 범했을 때 제대로 대응하거나 맞서지 못하고 엉거주춤한 채 우물쭈물댔거나 쭈뼛쭈뼛 뒷걸음질 치는 경우가 숱하게 많았다. 그로부터 꽤나 세월이 지난 작금에 돌아보니 다른 현명한 방법이나 길도 수월찮게 보이는데도 말이다. 지난날은 차치하더라도 앞으로 살아가면서 실수나 실패에 맞닥뜨렸을 경우 조불흥이 취했다던 낙필점승처럼 지혜로운 대응을 하는 나와 만나는 행운을 맛볼 수 있을까.

《문학춘하추동》 2024년 9월 가을(제7호), 2024년 9월 3일
(2024년 6월 1일 토요일)

II. 득어망전

난형난제
남가일몽
남상
논공행상
능서불택필
다다익선
대기만성
도탄지고
두주불사
득어망전
등용문
마이동풍

난형난제

　난형난제難兄難弟는 '형이라기도 어렵고 동생이라기도 어렵다.'는 뜻이다. 다시 말하면 둘 중에 어느 한쪽이 낫다고 속단하기 난감한 경우에 쓰이는 말로 양자兩者 재능이나 실력의 차이를 가름할 수 없어 우열을 가르기 어려운 상황에 비유적으로 사용된다. 동의어로는 난위형난위제難爲兄難爲弟가 있다. 유사어로는 용호상박龍虎相搏, 막상막하莫上莫下, 난백난중難伯難仲, 호각지세互角之勢, 백중지세伯仲之勢, 오십보백보五十步百步, 춘란추국春蘭秋菊 등을 위시해 여러 가지가 있다. 이를 담고 있는 출전出典에 수록된 고사故事를 바탕으로 출현 배경과 의미를 살피는 여정이다.

　고사에는 모두 다섯 사람이 등장한다. 먼저 조부인 진식陳寔과 그의 두 아들 진기陳紀와 진심陳諶을 위시하여 사촌四寸지간인 두 손자 진군陳君과 진충陳忠 등 3대三代에 걸친 다섯으로 이들을 각각 간략히 가름한다.

조부인 진식은 고대 중국 후한말後漢末과 삼국시대三國時代 조위趙魏의 정치가로서 태구太丘의 현령縣令을 지냈다. 그는 진기와 진심이라는 두 아들을 두었는데 이들 3부자三父子 모두가 학문과 인격이 뛰어나 사람들은 삼군자三君子라고 불렀다. 그리고 조위는 자기 집에 침입했던 도둑을 '양상군자梁上君子'라고 불렀으며, 제 아비들을 바르게 평가해 달라는 손자들의 얘기에 '난형난제'라 했다. 이렇게 표현함으로써 두 개의 고사성어를 만든 인물이기도 하다. 한편 진기는 진식의 장남으로 진원방陳元方이라고도 불렸다. 그에게는 이름이 진군陳君이며 자字가 장문長文이라는 아들이 있었다. 아울러 진심은 진식의 차남次男으로 진계방陳季方이라고 불렸다. 그리고 그에게 이름이 진충陳忠이며 자字가 효선孝先이라는 아들이 있었다. 그러므로 진군(장문)과 진충(효선)은 사촌四寸지간으로 진식에게는 손자孫子이다.

난형난제가 유래된 사연이다. 사촌지간인 진군(진기의 아들)과 진충(진심의 아들)이 서로 제 아비 공덕이 최고라며 우기다가 섣불리 최종 결론을 내리기 어렵다고 생각되었다. 그래서 할아버지인 조식에게 결정해 달라는 의뢰에 난형난제라고 답한 데서 비롯되었다. 한편 이에 대한 출전은 《세설신어世說新語*》의 〈덕행편德行篇〉이다. 전적典籍이 전하는 자료에 따르면 이 고사는 《세설신어》 1장 덕행의 6~8절에 나타난다고 한다. 출전에 담고 있는 고사 중에서 난형난제에 직접 관련되는 부분의 줄거리에 따라 주요 내용을 정리하면 다음과 같다.

진원방(진기)의 아들 장문(진군)은 매우 영리하고 재주가 특출했다. 어느 날 그가 숙부인 계방(진심)의 아들로서 사촌인 효선(진충)과 같이 제 아비들에 대한 공덕에 대해 진지하게 의견을 주고받던 중이었다.

둘은 서로 자기 아버지의 학식이나 공덕이 최고라고 강력히 주장하며 열띤 주장을 했지만 누가 더 뛰어나고 훌륭한지 결론을 지을 수 없는 상황에 이르렀다. 그래서 둘은 할아버지에게 판단해 달라고 의뢰하기로 합의를 하고 여쭸다.

/ … / 태구太丘*에게 (두 분 중에 누가 더 뛰어난지) 물었다(咨於太丘:자어태구) / 태구가 말했다(太丘曰:태구왈) / 원방(진기)을 형이라고 하기도 어렵고(元方難爲兄:원방난위형) / 계방(진심)을 동생이라고 하기도 어렵고(季方難爲弟:계방난위제) / … /

위의 "원방(진기)을 형이라고 하기도 어렵고(元方難爲兄:원방난위형) / 계방(진심)을 동생이라고 하기도 어렵고(季方難爲弟:계방난위제)"라는 내용에서 난형난제가 비롯되었다.

삶의 굽이굽이에서 비교하고 판단해 선택해야 할 문제에 봉착하는 경우가 허다하다. 그 때 현격한 차이가 뚜렷해 우열의 판가름이 명명백백한 경우는 아무런 문제가 없다. 하지만 전문가들도 정확히 판정하기 어려운 경우도 숱하게 많다. 이런 경우를 두고 일컬어 난형난제라고 한다.

예를 들면 노래의 결이나 음악적 갈래가 판이한 최고 수준인 두 가수의 노래를 듣고 판정하는 경연무대에서 기적 같은 현상이 나타나는 경우가 이따금 발생해 크게 놀랐던 적이 있다. 판정에 담합 가능성이 전혀 없음에도 다수가 투표한 결과가 같은 것同數으로 나타나 놀랐던 경우를 이르는 얘기다. 노래에 대해 잘은 모르지만 그런 경우 노래의 잘잘못에 따른 판정이 아니라 노래를 듣고 판정하는 각자의 음악적 취향에 따른 선택의 결과이었을 게다.

  학문을 하는 사람들의 업적 중에 하나는 논문이다. 이 경우 같은 분야에 대한 흠잡을 수 없이 우수한 논문 두 편이 있다고 가정할 때 다른 연구자들에게 하나를 선택해 참고하라고 한다면 대부분 별 고민 없이 자기가 연구하려는 쪽과 가까운 논문을 선택할 것이다. 이는 두 논문의 질적 수준이라기보다는 자기 연구를 위해 도움이 되는 쪽을 선택할 가능성이 더 크다. 이 경우에 어느 한쪽을 많이 선택했다고 해서 반드시 그 쪽이 우수하다고 단정할 수 없다. 결국 끝없이 제기되는 판단과 선택의 과제는 아무리 난형난제의 문제라고 하더라도 때로는 취향이나 실용적 가치가 우선하거나 아니면 철학이나 가치관에 따라 달라질 개연성은 얼마든지 상존한다.

---

* 《세설신어世說新語》: 중국의 육조시대六朝時代 송宋나라 유의경劉義慶이 편찬한 일화집이다. 후한말기後漢末期에서 동진시기東晉時期에 걸쳐 명사들의 언어, 덕행, 문학 따위에 얽힌 일화를 36편으로 나누어 수록했다. 간결하고 참신한 문체는 육조문六朝文을 대표하며 모두 3권으로 되어 있다.
* 태구太丘: 진식陳寔이 옛날 벼슬살이를 할 때 태구太丘의 현령縣令을 역임했기 때문에 이름 대신 쓴 것이다.

2024년 6월 9일 일요일

남가일몽

　남가일몽南柯一夢과 만남이다. 이를 직역하면 '남쪽南 나뭇가지柯 아래에서 한바탕 꿈一夢'이다. 부귀영화가 모두 한바탕의 꿈처럼 덧없고 허무함 즉 인생의 허무함과 덧없음을 비유적으로 이르는 말이다. 따라서 덧없이 지나간 한 때의 헛된 부귀나 행복 혹은 깨고 나서 섭섭한 허황된 꿈을 이른다. 이와 같은 맥락에서 현실적으로 일시적이며 쉽게 사라질 현상이나 꿈처럼 허황된 착각을 묘사할 경우 사용된다.

　중국 당唐나라 덕종德宗 시대 사람으로 알려진 순우분淳于棼이 어느 날 술에 취해 낮잠에 빠졌다가 꿨던 꿈속의 경험에서 남가일몽이 비롯되었다. 동의어로 남가지몽南柯之夢, 남가몽南柯夢, 괴몽槐夢, 괴안몽槐安夢 등이 있다. 한편 유의어로서 한단지몽邯鄲之夢, 한단지침邯鄲之枕, 영고일취榮枯一炊, 노생지몽老生之夢, 일취지몽一炊之夢, 황량몽黃粱夢, 황량일취黃粱一炊, 일장춘몽一場春夢, 나부지몽羅浮之夢, 백일몽白日夢 따위가 있다.

출전出典이다. 원래는 당唐나라 진한陳翰이 편찬한 《이문집異聞集》 중에 이공좌李公佐가 쓴 소설 〈남가태수전南柯太守傳〉에서 유래되었다. 이 성어가 탄생한 고사의 내용은 판본(版本:edition)에 따라 일부가 첨삭되거나 달리 표현되어 언뜻 보면 다소 상이한 것처럼 소개되고 있다. 하지만 전체적인 줄거리와 묘사하는 바는 대동소이하여 큰 틀을 벗어나지 않는 범위에서 일반화시켜 요약하면 다음과 같다.

당나라 덕종 때 순우분이라는 사람의 집 남쪽에 오래된 고목인 홰나무*가 있었다. 어느 여름날 그 나무 아래서 친구들과 술을 마시다가 만취해 쓰러지자 동석했던 두 친구가 부축하여 그의 집에 데려가서 마루에 눕혔다. 정신을 차리기 어려울 정도로 취한 그는 부지불식간에 잠에 빠져 들었다.

그때 독특한 복색服色의 두 관원官員이 나타나 자기들은 괴안국槐安國 황제께서 선생을 모셔오라는 엄명을 받고 온 사자使者라고 신분을 밝히며 서둘러 괴안국으로 가자고 채근했다. 별다른 생각 없이 그들이 이끄는 대로 수레를 타고 달리는데 홰나무 밑의 동굴로 들어갔다. 한참을 달리니 웅장한 성城이 나타났는데 성문에는 황금색깔로 새긴 대괴안국大槐安國이라는 현판이 눈길을 끌었다. 궁궐에 도착해 곧바로 황제의 과분한 환대를 한몸에 받았음은 물론이고 공주의 남편인 부마駙馬로 간택되는 일생일대의 행운을 누렸다. 그렇게 꿈같은 생활을 하다가 외직外職으로 나가라는 황제의 제안에 흔쾌히 수락을 하고 독립된 지역인 남가군南柯郡 태수로 부임했다.

태수로 부임하여 두 아들과 딸 다섯을 얻으며 20년 동안 선정을 베풀어 백성들은 태평성대를 구가하며 진심으로 존경했다. 하지만 신의

질투였을까. 아무것도 부러울 게 없던 그 무렵 뜻하지 않게 단라국檀羅
國이 침공해 왔다. 이에 황제는 순우분에게 직접 군대를 지휘 통솔하
여 맞서 싸우라는 명이 내려져 대적해 최선을 다했으나 결국은 대패했
다. 전쟁 후에는 아내까지 병으로 세상을 뜨면서 삶의 의욕을 잃고 방
황하다가 끝내 남가군 태수 자리를 미련 없이 내려놓고 수도首都로 돌
아왔다.

  수도로 귀환했을 때 순우분의 명성은 날로 높아지고 따르는 무리가
점점 늘어나면서 황제는 그를 의심하기에 이르렀다. 게다가 일부 반
대 세력들은 나라에 이런저런 문제가 발생하는 것은 순우분 때문이라
고 수근대자 황제는 그에게 누구도 만나지 말라는 엄령을 내렸다. 그
런 뒤 얼마 지나 황제가 "자네가 집을 떠난 지 오래되었으니 고향에나 다
녀오게나."라고 말했다. 이에 놀란 순우분이 "저의 집이 여기인데 어디
를 가라는 것입니까?"라고 했더니 "자네는 원래 인간세상 사람으로 자
네 고향이 따로 있네."라고 했다.

  순우분은 꿈에서 깨어나 술에 취해 잠들었던 본래의 모습으로 돌아
왔다. 꿈속에서의 일이 생생하게 떠올라 고목인 홰나무 아래를 자세히
살펴봤더니 거기에는 커다란 개미굴이 있었다. 한편 개미굴에는 왕개
미 두 마리와 수많은 개미들이 바글바글했는데 그곳이 바로 괴안국이
고 왕개미 두 마리는 황제 부부였다. 또한 그보다 더 남쪽에도 개미 구
멍이 하나 더 있었는데 그것이 남가군이었다. 좀더 자세히 살펴 보고
팠으나 날이 저물어 더이상 불가능해 중단하고 이튿날 아침에 다시 살
필 요량이었다. 하지만 밤에 비가 많이 내려 개미집은 온데간데없이
사라졌다. 이 순간 순우분은 남가南柯의 경험을 통해 생이 허망하고 덧
없으며 쏜살같음을 깨닫고 미련 없이 도문道門에 귀의하여 주색과 담

을 쌓고 살았다.

'전설 따라 삼천리'에 나오는 얘기처럼 다소 허무맹랑한 이야기일 수도 있다. 하지만 꿈에서 깨어나 얼마나 허망하고 어이가 없었을까. 아울러 술 취해 잠깐 잠들었던 짧은 순간에 20년 이상의 세월 경험에서 생이 덧없고 부질없음을 뼈저리게 절감했다. 실제로 '생의 덧없음을 위시하여 한때의 부질없는 꿈을 나타내는 말'로 결국은 우리가 추구하며 꿈꾸던 것들이 허망하게 막이 내리는 경우를 지칭할 때 쓰이는 고사성어이다. 이런 암담한 낭패를 겪지 않으려면 끊임없는 노력과 믿음이 무엇보다 필요하지 않을까? 그럼에도 어려움이 닥치거나 역경 앞에 너무도 쉽게 무너져 백기白旗를 든 채 조선시대 양사언楊士彦의 태산가에서 이르는 처량한 꼴로 살아가는 경우는 없는지 곱씹어 볼 일이다.

/ 태산이 높다 하되 하늘 아래 뫼이로다(泰山雖高是而山:태산수고시이산)
/ 오르고 또 오르면 못 오를 리 없건마는(登登不已有何難:등등불이유하난)
/ 사람이 제 아니 오르고(世人不肯勞身力:세인불긍노신력) / 뫼만 높다 하더라(只道山高不可攀:지도산고불가반) /

---

* 홰나무: 괴목(槐木: 느티나무), 괴화槐花나무, 회화나무 등의 여러 이름으로 호칭되고 있다.

2024년 4월 14일 일요일

남상

　남상濫觴은 본디 '잔觴을 넘치다濫.'는 의미이다. 다시 말하면 잔觴을 채우고 넘칠濫 정도로 적은 물을 뜻하므로서 모든 사물이나 일의 시작이나 시초를 위시해서 기원이나 근원을 비유하는 말이다. 원래는 큰 강물도 그 시원을 더듬어 올라가 발원지에 이르면 겨우 잔盞을 넘칠 정도의 보잘것없는 세류라는 데서 유래한 말로 사물의 시초 또는 기원을 지칭하는 말이다. 이의 유래에 대해서 고사故事를 중심으로 생성 배경과 함의含意를 살피는 나들이다.

　어느 날 자로子路가 화려한 옷을 차려입고 거들먹거리며 나타났을 때 공자孔子가 그 모습을 발견하는 순간이었다. 그대로 뒀다가는 자로가 어떤 식으로 사치와 교만에 빠질지 모르겠다는 생각이 들어 이참에 단단히 교육을 시켜 바로 잡겠다고 작심을 했다. 즉석에서 자로를 불러 앉히고 남상濫觴을 통해 세상 모든 일이란 시작이 중요함을 일깨워 주었다. 원래 시작이 잘못되면 일이 진행되거나 시일이 지날수록 상황이 악화되어 걷잡을 수 없게 마련이다. 그 과정에서 '양자강揚子江 같은 대하大河도 시원에서는 잔觴을 겨우 넘칠濫 정도의 하찮은 세류'이었음을 예로 들어 조곤조곤 타일렀다.

출전出典은 《공자가어孔子家語》의 〈삼서제5편三恕第五篇〉과 《순자荀子》의 〈자도편子道篇〉이다. 유의어로는 효시嚆矢, 비조鼻祖, 권여權輿, 원천源泉, 원류源流, 기원起源이 있다.

먼저 자로라는 인물에 대한 간략한 살핌이다. 그는 중국 춘추시대春秋時代 노魯나라 사람으로 본명은 중유仲由이다. 공자의 제자 중에 가장 나이가 많았으며, 공자가 무척 아끼던 제자이었다. 출전을 바탕으로 전해지는 관련 내용을 간추려 요약 정리한다.

어느 날 자로가 화려한 옷을 입고 건들거리며 공자 앞에 나타났다. 이를 본 순간 공자는 아찔했다. 그대로 두었다가는 사람 노릇 못하겠다 싶어 야무지게 잘못을 타이르기로 작정했다. 그 이유는 술잔을 겨우 넘쳐나 흐르는 하찮은 세류가 흐르고 흐르며 여러 물이 합수되면서 대하大河로 변해 배船 없이 건너지 못하는가 하면 바람 부는 날엔 건널 수 없는 두려운 존재가 된다. 마찬가지로 자로도 사치나 교만에 빠져 어느 누구도 바른 사람으로 만들 수 없는 최악의 경우가 될지 모른다는 우려에서 아예 화근을 처음부터 통째로 뽑아 후환을 없애려고 단단히 벼르며 타일렀다. 공자의 준엄한 꾸짖음은 이렇게 시작했다. 엄청나게 크고 깊고 넓은 양자강은 민산岷山에서 발원하는데 최초 그 수원水源의 물은

/ … / 기껏해야 작은 잔盞을 넘칠 정도로 보잘것없이 적은 물이었다(其源可

以濫觴:기원가이남상) / … /

위 내용에서 남상이 유래되었다. 그렇게 하찮은 세류가 흐르고 흐르면서 이런저런 물과 합쳐지면서 하류의 강나루에 이르러 사람이 함부로 할 수 없는 대하를 이루어 배가 없으면 건널 수 없고 아울러 비바람이 부는 날엔 배로도 건널 수 없는 공포의 괴물로 변해 버린다. 발원지에서는 겨우 작은 술잔을 넘쳐흐를 정도의 미미한 세류가 흐르면서 다양한 물과 합수되며 기하급수적으로 수량이 늘어남으로써 사람이 함부로 대할 수 없어진다. 같은 이치로 사람의 잘못도 사소하고 미미한 것들이 누적되기 시작하여 많은 시간이 흐르면 걷잡을 수 없이 악화될 개연성 때문에 자로를 야무지게 나무랐던 것이었다. 물의 예를 들었던 공자는 다시 말을 계속 이어갔다.

공자의 질책에 곧바로 옷을 바꿔 입고 온 자로에게 일렀다. (나중에는 이런 얘기를 들려줄 사람도 없겠지만) "지금부터 내가 하는 얘기를 새겨 듣고 잘 기억해 두거라."라고 이르면서. "작위적作爲的인 말을 일삼는 사람은 신뢰할 수 없으며, 또한 작위적인 행동을 하는 사람은 유능으로 위장함이고, 아는 바를 외부로 표출해 뽐내는 자는 소인배 즉 소인이니 명심하거라."라고 말하면서 이런 말을 부연敷衍했다.

이상과 같은 맥락에서 "군자君子는 알고 모름을 칼같이 구별하여 아는 것은 안다고 하고, 모르는 것은 모른다고 말함이 지혜로움智이다. 한편 (무엇인가를) 할 수 있고 없음을 명쾌하게 선을 긋고, 할 수 있고 그렇지 못한 것을 명확하게 하는 행동 원칙이 어짊 즉 인仁이다. 이들 지智와 인을 두루 갖춘다면 그 이상 아무것도 필요 없음을 가슴 깊이 새기거라."라고 이르면서 사람은 기본에 충실해야 함을 누누이 강조했다.

아주 사소한 못된 버릇이나 행동을 반복해서 되풀이 하다보면 점점 나쁜 쪽으로 악화되어 큰 사고를 치거나 범죄로 발전할 개연성은 다분하다. 우리 속담에 "바늘 도둑이 소도둑 된다."라는 말이 있다. 이와 같은 이치에서 공자는 자로에게 길이 아니면 가지 말고 애초부터 바른 길로 가도록 따끔한 질책과 고언을 했을 게다. 사람이 살면서 이런 어리석음을 범할 개연성을 우려했던 것은 중국에서도 마찬가지이었던가 보다. 그들도 이런 상황에 대비한 경고로 사자성어로 '침도도우針盜盜牛'라고 했으며, 다른 표현으로 '침적위대우적針賊爲大牛賊'이라고도 했기에 이르는 말이다.

2024년 7월 10일 수요일

논공행상

　논공행상論功行賞은 '공功을 논論해 상을 내린다行賞.'는 뜻이다. 다시 말하면 공적功績의 크고 작음을 따져 그에 상응하는 상을 줌을 의미한다. 논리적인 관점에서 볼 때 간단명료한 문제로 보인다. 왜냐하면 공적, 즉 기여도의 크고 작음을 정확히 가름하여 걸맞은 상(대가)을 수여하면 만사형통일 터이기 때문이다. 하지만 유사 이래 행해졌던 모든 논공행상에서 모두가 만족하여 반기고 뒤탈 없이 깨끗했던 경우는 유례를 찾기 어렵다. 그렇다면 생각보다 어렵고 힘든 논공행상의 문제가 언제부터 등장했는데 아직도 제대로 행하지 못하는 걸까. 이런 관점에서 출전出典을 바탕으로 논공행상의 출현 배경과 의의를 살필 요량이다.

　《한비자韓非子》와 《사기史記》를 위시해 《삼국지三國志》 등에 관련 기록이 나타난다. 한편 유의어로서 신상필벌信賞必罰, 상공賞功, 상벌분명賞罰分明 따위를 들 수 있겠다. 대표적인 출전 몇을 중심으로 배경이

된 고사故事를 요약한다.

첫째로 한비韓非 등이 저술한 《한비자》의 〈팔설八說〉 내용 중에는 직접적으로 논공행상이 직접 등장하지는 않는다. 하지만 동일한 의미의 표현 문구文句가 나온다. 이런 이유에서 논공행상을 최초로 언급한 효시嚆矢인 출전이라는 견해이다.

> / … / (또 군주는) 공적의 크고 작음을 가늠해 상을 주며(計功而行賞:계공이행상) / 능력의 대소를 가려 (나랏)일을 맡겨야 하고(程能而授事:정능이수사) / … /

둘째로 사마천이 쓴 《사기》의 〈소상국세가蕭相國世家*〉에 다음과 같은 문구文句에서 논공행상이 등장한다. 이 고사를 제대로 이해하기 위해서는 다음 내용을 우선 이해해야 할 필요가 있어 간추려 대강을 소개한다.

"항우項羽가 진秦나라를 멸망시킨 뒤에 논공행상이 공정하지 못했다. 모두 18왕王을 봉했음에도 불구하고 불만이 없는 사람이 없었다. 그 중에 가장 불만이 컸던 사람이 유방劉邦으로 결국 항우를 타도하고 한漢나라를 세웠다." 이런 상황 이후에 벌어졌던 일이다.

> / … / 한漢 오년五年에 항우項羽를 처단하고旣殺 천하를 평정하려는 논공행상이 시작되었다(漢五年 旣殺項羽 定天下 論功行賞:한오년 기살항우 정천하 논공행상) / … /

Ⅱ. 득어망전

셋째로《삼국지》정사正史〈위서魏書〉의〈명제기(明帝紀:기원전 226년 8월 12일)〉에 이렇게 기록되어 있다. 여기에서도 논공행상이 등장한다.

(그날) 신사일辛巳日에 황제(위의 문황제文皇帝 조비曹조)의 아들 조경曹囧을 청하왕淸河王으로 책봉했다. 한데, 그즈음 오吳나라 장수 제갈근諸葛瑾과 장패張覇 무리가 양양襄陽을 침공했으나 무군대장군撫軍大將軍 사마선왕司馬先王이 그들을 섬멸하고 장패를 참수했다. 게다가 정동대장군征東大將軍 조휴曹休가 심양尋陽에서 별동부대 대장을 물리치는 등의 쾌거로 겹경사가 벌어졌다. 이 승전에 관련된 모든 장수들의 공을 치하하고 군을 격려하기 위해 논공행상이 벌어졌는데 그 상황을 묘사한 글귀 내용이다.

/ … / 공을 논해 상을 수여하는데 (공의 크고 작음에 따라) 각각 차등差等을 두었다(論功行賞各有差:논공행상각유차) / … /

넷째로《삼국지》정사〈오서吳書〉의〈고담전顧譚傳〉에서 이렇게 전하고 있다. 오吳나라와 위魏나라가 국경을 맞대고 있던 회남淮南지역에서 벌어졌던 전투에서 초기에는 패전을 했다가 후에 승리로 마무리 했다. 이 전쟁이 종료된 뒤에 오나라에서 공을 세웠던 장수들에 대한 논공행상의 기준을 고담顧譚*이 만들었는데 기여도의 크고 작음에 따라 차등 포상하는 내용이었다. 이에 직접 관련된 문구는 다음과 같다.

/ … / 그 때 공을 논해 포상을 하는데(時論功行賞:시논공행상) / 적을 멈칫거리게 만든 공은 크고(以爲駐敵之功大:이위주적지공대) / 적을 퇴각하게

만든 공은 적다고 판단하여(退敵之功小:퇴적지공소) / … /

이 차등 기준에 따라 포상했다. 그런데 포상 기준이 공정하지 못했다며 전종全琮과 전서全緒 부자父子의 불만이 대단했다. 그런 황당한 꼬투리를 내세워 황제 손권孫權의 아들 손패孫霸를 부추겨 고담을 무고誣告토록 했다. 그 일로 결국 고담은 지방으로 좌천되었고 끝내 죽음을 맞았다.

동서고금을 막론하고 논공행상의 결과에 관련된 모두가 대만족을 나타낸 경우가 과연 존재할까.

앞에서 예를 들었던 항우의 경우는 논공행상의 불공정으로 목숨을 잃고 왕조王朝가 멸망하는 비운을 겪었다. 한편 오나라 고담은 왕을 모시다가 논공행상의 기준이 공정치 못했다는 무고를 당하고 중앙정부에서 쫓겨나 변방으로 좌천되었다가 결국 목숨을 잃는 비극으로 생을 마감했다. 또한 당태종唐太宗 이세민李世民은 아버지인 이연(李淵:唐高祖)을 도와 당을 건국하는 데 최고의 공신이었다. 그럼에도 불구하고 왕위를 형인 이건성李建成에게 물려주려고 하자 이른바 '현무문玄武門의 변變'을 일으켜 형을 살해하고 아버지를 협박해 왕위를 찬탈했다. 이 경우는 부자간에 벌어진 논공행상의 참극이다. 한편 조선의 인조仁祖 시절에 일어난 '이괄李适의 난亂(1624)'은 인조반정仁祖反正의 논공행상이 공정하지 않다는 불만이 직접적인 도화선이었다.

논공행상의 공정성은 영원히 풀기 어려운 화두가 아닐까. 사람이 모여 무언가를 이루거나 얻었을 경우 논공행상의 문제는 보통 사람들이 풀기 어려워 포기한 미적분微積分 풀이보다 훨씬 어려운 문제일지 모른다. 요즘 산업현장에서 자본가(주주)와 노동자 사이에 으르렁 왈왈 대는 노사문제는 결국 기여도에 따른 논공행상을 따지는 기준이 불공정해 분배에 문제가 많다면서 몫 챙기기를 위해 밀고 당기는 다툼이 아니던가.

---

* 《소상국세가簫相國世家》: 서한西漢의 사학자 사마천司馬遷의 저서인 《사기史記》의 〈권오십사卷五十四〉에 나온 한신韓信, 장량張良과 더불어 한초漢初 3걸桀 중에 하나인 소하簫下에 대한 전기傳記이다.

* 고담顧譚: 제갈각諸葛恪, 장휴張休, 진표陳表 등과 태자(太子: 孫登)를 모셔 이들을 태자사우太子四友라고 부르기도 했다.

《문학춘하추동》 2025년 여름호(10호), 2025년 5월 27일
(2024년 5월 3일 금요일)

능서불택필

능서불택필能書不擇筆은 원래 '글씨에 능한 사람은 붓을 가리지 않는다.'는 의미이다. 이 같은 맥락에서 어떤 분야를 막론하고 일정한 경지에 오른 사람은 구차하게 필요한 도구나 재료를 핑계대거나 탓하지 않고 자신의 능력을 발휘한다는 뜻으로 확대 해석해 통용되고 있다. 이의 탄생 유래와 의미를 비롯한 함축하는 뜻과 조우이다.

요즘은 붓이 아니라 컴퓨터로 글을 쓰거나 문서를 작성하고 다양한 정보를 주고받는 방법으로 카카오 톡(Kakao Talk)이나 이메일(e-mail)을 위시하여 폰(phone) 문자 메시지를 이용하는 디지털 시대(digital age)이다. 따라서 벼루에 먹을 갈아 붓으로 글이나 문장 혹은 서찰을 쓰는 경우는 거의 찾아보기 어렵다. 때문에 젊은이들의 글씨 쓰는 수준은 옛날에 비하면 초등학교 저학년을 방불케 하는 현실이다. 이런 시대에 붓으로 글씨를 잘 쓰는 서예가書藝家는 찾아보기 힘들고 이따금 국전國展의 서예 분야 입상자 정도가 눈에 띌 뿐이다. 6·25 전쟁의 휴전 무렵부터 다녔던 국민학교(초등학교) 시절에는 〈습자習字〉라고 해서 정규수업에서 붓 글씨 쓰는 시간이 편성되어 있었다. 한편 그 옛날엔 글씨를 잘 쓰는 사람들은 상당한 존경을 받고 지금까지도 많은 사람들의 입에 회자되고 있다. 중국에서 서성書聖으로 일컫던 왕희지王羲之, 우리의 조선시대 한석봉韓錫琫 즉 한확韓確을 위시해서 추사秋史 김정희金正喜 등이 그런 예이다.

능서불택필의 유래는 중국 당唐나라 시절 저수량褚遂良이 자기 서예書藝 실력을 평가받아 보고 싶어 평을 부탁했을 때 우세남虞世南이 답하던 말에서 비롯되었다. 출전出典은 《신당서新唐書》의 〈구양순전歐陽詢傳〉이다. 한편 유의어로서 선장불택병善將不擇兵, 투필성자投筆成字가 있다. 출전에서 전하는 내용을 중심으로 이의 실체에 대해 살핀다.

예나 지금이나 어떤 분야에 상당한 경륜을 쌓으면 자기가 어느 정도 수준이 되는지 확인하고픈 욕심이 생기게 마련인가 보다. 그 옛날 당나라 시절 서예가 저수량도 그랬다. 그는 자기가 이제까지 열심히 서예를 갈고 닦아 조예가 깊어졌다고 자부했는지 어느 날 우세남에게 물었다. "저의 글씨 수준이 지영智永*에 비교할 때 어느 정도인지요?" 그 물음에 "그의 한 글자 값어치가 5만 냥이라고 하는데 그대가 어찌 그에 필적할 수 있겠는가!"라고 답했다. 그러자 저수량이 그렇다면 "구양순歐陽詢*과 견준다면 어떨까요?"라고 다시 물었다. 이에 대해 우세남의 답은 이랬다.

/ … / 내가 듣기로는 구양순은 (曰 吾聞詢:왈 오문순) / 종이와 붓을 가리지 않고 (不擇紙筆:불택지필) / 모두 마음 가는 대로 쓴다고 하던데 (皆得如志:개득여지) / 그대가 어찌 그에 도달할 수 있겠는가 (君豈得此:군기득차) / … /

위의 내용에서 능서불택필이 비롯되었다. 이 말을 듣고 난 저수량이 또다시 물었다. "그렇다면 제가 어찌해야 할까요?"라고. 이에 이렇게 답했다. "그대가 앞으로 손이 부드러워지고 붓과 어울린다면 꼭 더 높은 경지에 이를 수 있지 않을까 생각되네."라고. 결국 우세남의 드높은 가르침에 저수량은 크게 깨우침을 얻으면서 매우 기뻐했다.

당나라에는 서예 분야에 뛰어난 대가들이 많았다. 특히 당초사대가 唐初四大家로 꼽히던 우세남, 저수량, 유공권柳公權, 구양순 등이 특히 우뚝했다. 그들 중에서도 동진東晉시대 사람으로 특히 예서隸書에 능했고 왕희지체王羲之體로 유명하며 서성書聖이라고 추앙 받던 왕희지의 서체書體를 터득한 바탕에서 자신의 특이한 서체인 솔경체率更體를 창안해 냈던 구양순이 무수한 별 중에 별이었다.

구양순과 저수량은 누가 봐도 나무랄 데 없는 서예의 달인이었다. 그런데 둘의 차이가 분명 있었다. 우선 구양순은 글씨를 쓰는데 벼루나 먹을 위시해서 붓 따위의 도구나 재료를 가리거나 탓하지 않고 손에 닿는 대로 썼다. 이에 비해 저수량은 붓이나 종이를 비롯해서 먹이 맘에 들지 않으면 글을 쓰지 않았다. 이런 차이를 예리하게 파고들며 진정한 서예가라면 도구나 재료의 제약을 초월하여야 함을 일깨워준 큰 가르침이었다.

우리는 삶을 꾸리면서 별의별 경험을 많이 한다. 그런 과정에서 바람직하지 못하거나 뜻하지 않은 결과와 맞닥뜨렸을 때 그 원인을 남이나 환경 같은 외부요인에 돌리며 "네 탓이오!"라는 책임 전가를 하는 경우를 숱하게 목도한다. 물론 그런 요인이 작용했을지 모르지만 결정적인 영향은 자신의 능력이나 노력에 있음을 간과하면 안된다. 원래

장인匠人은 도구를 탓하지 않으며, 유능한 장군은 병사를 고르지 않는 법이다. 아울러 진정한 술꾼은 주종을 가리지 않는다. 이 같은 관점에서 생각할 때 세상사 모두는 그에 수반되는 도구나 재료가 아니라 자신의 능력이나 노력에 따라 성패가 좌우됨을 잊는 어리석음에서 자유로웠으면 좋겠다. 능서불택필에 대해 이런저런 생각에 잠겼다가 엉뚱한 경지까지 상상의 나래를 펴고 너무 다른 세계까지 비상飛翔했나 보다.

---

* 지영智永: 중국 수隋나라 승려僧侶이자 서예가로서 왕희지王羲之의 후손으로 알려졌다.
* 구양순歐陽詢: 중국 당唐나라의 서예가이다. 왕희지王羲之의 서법書法을 이어받아 해서楷書의 모범이 되었다. 힘차고 독특한 서체인 솔경제率更體를 창안했다. 작품으로 황보탄비皇甫誕碑, 구성궁예천명九成宮醴泉銘 따위가 있다.

《마산문학》 제48집, 마산문인협회, 2024년 12월 14일
(2024년 7월 1일 월요일)

다다익선

　다다익선多多益善은 주지하는 바와 같이 '많으면 많을수록 좋다.'는 뜻이다. 이는 양적인 증가가 바람직한 결과나 효과를 거두리라는 기대 즉 예상을 하는 경우에 쓰인다. 따라서 원하는 바를 더욱 많이 얻거나 기회가 주어지기를 기대할 경우에 주로 통용되고 있다. 왜냐하면 더 보고, 듣고, 알고, 배우고, 가지고, 소유하는 만큼 생활이나 사고의 폭은 넓고 깊고 높아져 풍요해질 테니까. 이의 탄생 배경과 상황을 바탕으로 그 의미와 만남이다.

　물론 다다익선이 모든 경우에 긍정적인 의미로 쓰일 수는 없다. 지나친 탐욕이나 도를 넘는 과잉 행동을 비롯해 비정상적인 축재蓄財 따위는 되레 화를 부르는 단초가 될 개연성이 높다. 그렇기 때문에 예로부터 과유불급過猶不及이라 해서 경계하라고 이르고 있다. 이런 유형에 비해서 더 많은 노력, 더 많은 직접 혹은 간접적인 경험과 지식 등은 일반적으로 긍정적인 결과를 거두리라는 기대에서 다다익선을 선호한다.

관련 내용을 담고 있는 출전出典은 사마천司馬遷이 쓴 《사기史記》의 〈회음후열전淮陰侯列傳〉이다. 유의어로서 다다익판多多益辦이 있다. 출전에서 전하는 내용을 기본으로 관련된 부분을 간추려 살피기로 한다.

유방劉邦이 어느 날 방담의 자리에서 한신韓信에게 "과인이 거느리고 통솔할 병사가 얼마쯤이라고 생각하는가?"라는 하문에 답하는 과정에서 비롯되었다.

아마도 유방劉邦이 여러 장수들과 함께 초楚나라를 멸하고 천하 패권을 쥐기 위해 힘을 기르며 호시탐탐 기회를 엿볼 무렵의 어느 한가한 날이었던가 보다. 고조高祖인 유방과 한신이 군사에 대한 얘기를 나누던 자리에서 자연스럽게 여러 장수들의 능력에 대해 얘기를 나누던 과정으로 추정된다. 그 자리에서 이런저런 얘기를 주고받다가 유방이 한신의 의중을 떠보기 위해서 슬며시 물었다.

"나 같은 사람은 군사를 어느 정도 거느릴 수 있는가?"라고. 이에 한신이 "폐하께서는 10만 정도를 거느릴 수 있지 않을까요!"라고 답했다. 이 말에 다시 유방이 "그렇다면 그대(한신)는 어느 정도가 적당한가?"라고 되물었다. 이 물음에 이어지는 한신의 답변이다.

/ … / 신臣은 많으면 많을수록 더욱 좋습니다(臣多多而益善耳:신다다이익선이) / … /

위 내용에서 다다익선이 비롯되었다. 여기서 뜻하는 함의含意는 절대적인 것이 아니고 상황에 따라 정확한 수數는 달라질 유동성이 있음을 전제로 한 표현이었다고 규정할 수 있다. 한편 한신의 위와 같은 대답을 듣고 난 유방이 다시 물었다. (그런 능력을 지닌 당신이) "어찌하여 내게 사로잡혔다(전적으로 나를 믿고 따르는가)는 말인가?" 라고. 이에 한신이 했던 답이다.

"폐하께서는 병사를 (많이) 거느릴 수 없지만 '장수의 장수(장수를 거느려 나라를 다스리는 황제)'가 되실 천부적인 능력을 지니신 (지니고 태어난 특별한) 분이십니다. 이것이 소신이 폐하께 사로잡힌 까닭입니다. 이는 하늘의 뜻이기 때문에 사람의 힘으로 바꾸거나 거역할 수 없는 것이지요."

위에서 한신의 말은 지옥과 천당을 오간 부분이 포함되어 있다. 감히 유방에게 기껏해야 "군사 10만을 거느릴 재목"이라고 얘기했던 대목은 제왕의 진노를 살 위험한 언사로 지옥 앞까지 갔던 위험한 말이었다. 한편 유방에게 "하늘이 낸 왕재王才로 인간이 거역하거나 그 운명을 바꿀 수 없다는 취지의 말"은 제왕의 기분을 최고조로 고조시켰을 내용이다. 그러므로 이는 신의 한 수 같은 말로 절체절명의 순간에 발군의 임기응변이 빛을 발하는 대목이 분명하다. 또한 이 대화 내용은 한신의 뛰어난 기지와 유방의 됨됨이와 그릇의 크기를 가늠할 수 있는 단면이 아닐까?

역사적 사실에 따져 볼 때 한신의 뛰어난 군 지휘 능력이 한漢나라에 엄청난 공헌을 했다. 그런데 그 점이 유방에게는 되레 불안한 위협의 요소로 느껴지며 심적으로 배척하게 만들었던 요인이 되었으리라. 그런 마음이 의심과 불신을 일으켜 제거해야겠다는 계획을 은밀하게 추진하도록 만들었을 게다. 유방은 강력한 경쟁 상대였던 항우項羽가 자결한 뒤에 한신의 대원수 지휘권과 제왕 직위를 박탈하고 초왕楚王으로 강등시켰다. 그것도 모자라 얼마 후에는 회음후淮陰侯로 다시 강등시키는 동시에 그의 휘하의 부대를 완전히 해체시켰다. 그 외에도 끝없는 의심 때문이었는지 모든 권력의 몰수는 물론이고 측근들까지 차례로 제거하며 항상 감시를 했다.

생각하기도 싫은 상황과 세상에 염증을 느낀 한신은 이리저리 피하려 애를 쓰다가 결국은 교묘한 덫에 걸려들 수밖에 도리가 없었다. 그렇게 몸부림치다가 끝끝내 반란 누명을 쓰고 변방에서 체포되었다. 그 즉시 수도首都로 압송되어 투옥되었고 마침내 자결하라는 강요에 정나미가 떨어져 결국 자진自盡하는 것으로 생을 마감했다. 이런 한신의 사연을 대하면서 토사구팽兎死狗烹이라는 고사성어가 불현듯 떠올랐다.

흔히들 하늘에 해가 둘일 수 없듯이 나라에 임금이 둘일 수 없다고 한다. 그런 이유 때문일까. 예로부터 권력이란 부자간에도 나눌 수 없다고 했던가 보다. 어쩌면 어렵던 시절 피붙이보다도 더 알뜰살뜰하게 서로를 챙기며 전장에서 동고동락했던 각별한 관계이기에 조강지처糟糠之妻보다도 가깝고 분신 같은 충신들이었을 게다. 하지만 권력을 유지하기 위해서는 뼈를 깎는 아픔 그 이상도 참으며 피도 눈물도 없는 냉혈한이 되어야 했던 걸까. 수많은 전장에서 목숨을 걸고 싸우며 환희와 좌절을 공유했을 개국 공신이 끝내 팽烹 당하는 냉혹한 과정을 다다익선이라는 성어를 통해 되새겨봤다. 순간 과연 권력과 삶이 무엇인지 회의가 몰려오며 세상의 비정함에 머릿속에 묘한 혼란이 일어 갈피를 잡기 어렵고 무척 어지럽다.

《수필과비평》 2025년 1월호(통권 279호), 2025년 1월 1일
(2024년 6월 19일 수요일)

대기만성

대기만성大器晚成을 직역하면 '큰 그릇은 늦게 이루어진다.'는 뜻이다. 다시 말하면 큰 그릇을 만들려면 오랜 시간이 소요되어야 하는 것처럼 큰 사람大人이 되려면 장구한 세월과 노력이 필요함을 의미하는 성어로 통용되고 있다. 이같이 장구한 세월과 많은 노력이 요구된다는 맥락 때문에 오늘날엔 나이가 들어서 뒤늦게 성공한 사람을 지칭하는 뜻으로 많이 쓰인다. 출전出典을 중심으로 생성 배경과 역사적 사실 확인을 통해 애초에 뜻했던 실체를 살피기로 한다.

출전으로는 노자老子의 《도덕경道德經》을 비롯해서 《삼국지三國志》의 〈최염전崔琰傳〉과 《후한서後漢書》의 〈마원전馬援傳〉이다. 유의어로는 대재만성大才晚成, 대기난성大器難成 등이 있다. 물론 결을 달리하는 측면도 있지만 사돈에 팔촌 같은 비슷한 뜻을 지니는 경우가 여럿이 있다. 예를 들면 수적천석水滴穿石, 마부위침磨斧爲針, 불광불급不狂不及, 형설지공螢雪之功, 우공이산愚公移山, 공대수성功大遂成 따위가 그들이다.

일부에서 제시하고 있는 자료에 따르면 원본에는 대기면성大器免成으로 표기되었다는 얘기다. 그런데 그 옛날 모든 것을 손으로 옮겨 써야 했던 시절 필사筆寫 과정에서 실수로 대기만성大器晩成으로 오기誤記했다는 지적이다. 따라서 원래는 지금 통용되고 있는 뜻과는 전혀 다르게 "큰 그릇은 완성되지 않는다." 뜻이었다는 주장이다*. 내 자신이 문제에 대해 왈가왈부할 전문적 식견을 갖추지 못해 시시비비에 대한 견해를 피력하지 못한 채 그냥 넘기기로 했다. 한편 앞에서 적시摘示한 세 가지 출전에 담고 있는 사실의 간추림으로 대기만성의 출현 배경과 실제 내용과 만남이다.

먼저 노자의《도덕경》〈41장四十一章〉의 내용이다. 유래는 도道를 설說하는 과정에서 "큰 모양은 모서리가 없고 큰 그릇은 늦게 이루어지고"라고 천명했던 말에서 비롯되었다. 실제로 이 같은 내용이 나타나는 부분의 핵심을 요약 정리한다.

도道에 대해 다양한 측면에서 어지러울 정도로 세분해 설說하던 과정이었다. 헤아리기 어려울 만큼 여러 각도의 관점에서 도의 의미를 정의하는 과정에서 다음과 같은 설을 이어갔다.

/ … / 건실한 덕은 구차해 보이고(建德若偸:건덕약투) / 순수하고 참된 것은 변하는 것같이 보인다(質眞若渝:질진약투) / 큰 모양은 모서리가 없고(大方無隅:대방무우) / 큰 그릇은 늦게 이루어지고(大器晩成:대기만성) / 큰 음音은 소리가 없다(大音希聲:대음희성) / 큰 모양은 형체가 없다(大象無形:대상무형) / … /

위와 같이 《도덕경》에서 다양하게 도를 설하는 과정에서 대기만성이 비롯되었다.

한편 《삼국지》의 〈최염전〉에서는 삼국시대三國時代 위魏나라 장군인 최염崔琰이 자신의 사촌동생從弟 최림崔林이 어린 시절 평범했음에도 장차 뒤늦게 출세하여 큰인물이 될 것이라고 예견했다는 남다른 안목의 선견지명에서 유래된 대기만성의 사례이다.

사촌동생인 최림은 어린 시절 주위의 누가 봐도 평범해 특별하게 눈길을 끌지 못해 장삼이사張三李四 정도이었다. 그러나 그의 눈에는 범상치 않게 보였던지 항상 이렇게 얘기했다.

/ … / 그는 소위(此所謂:차소위) / 대기만성의 사람이기에(大器晚成者也: 대기만성자야) / 종국에는 매우 높은 자리에 오를 것이다(終必遠至:종필원지) / … /

여기에서 대기만성이 비롯되었다. 사촌형의 예견대로 훗날 훌륭한 사람이 되어 그 자신을 비롯해서 손례孫禮와 노육盧毓 등은 임금을 보좌하는 세 사람인 '삼공三公'의 자리까지 승직했었다.

끝으로 《후한서》의 〈마원전〉 내용이다. 후한後漢을 세운 광무제光武帝 시절에 마원이라는 장군이 있었다. 그는 12세에 조실부모早失父母했음에도 불구하고 총명해 큰 뜻을 품었다. 그런 어린 동생이 가상하다고 여겼던 형들의 적극적인 뒷받침으로 《시경詩經》 등을 공부했다. 하지만 어려운 형편에 기약 없이 글만 읽으며 세월을 보낼 수 없다고 생각해 형인 마황馬況에게 진지하게 얘기했다.

/ … / 변방의 군군으로 가서 밭을 갈고 가축을 기르며 살고 싶다고 했다(欲就邊郡田牧:욕취변군전목) / (이에 대해) 마황이 답했다(況曰:황왈) / 너는 큰 재능을 지녔으니 반드시 늦게(늦게라도) 완성될 것이니라(汝大才當晩成:여대재당만성) / … /

위의 여대재당만성汝大才當晩成에서 대기만성이 비롯되었다.

인생이란 어쩌면 성공을 거두는 경우보다 크고 작은 실패를 거듭하며 그들을 거울삼아 문제점을 차근차근 개선하고 모자라는 부분을 채워 나가면서 점진적으로 발전하거나 원하는 희망봉에 다다르기 마련이 아닐까. 이런 삶에서 실패하거나 실기할 때마다 위로와 격려를 담아 건네는 덕담이 대기만성이다. 물론 온갖 역경에 맞서다가 결국 이겨내고 뒤늦게 제대로 뜻을 펼쳐 모두가 부러워할 성공을 거머쥔 경이로운 결실에 격려와 응원의 말로써 대기만성이 쓰이고 있지만 말이다.

---

* 이런 견해는 「https://thewiki.kr/w/대기만성」 자세히 적시되어 있다.

2024년 6월 염일(念日: 초하룻날부터 스무 번째 되는 날 즉 20일을 말한다) 목요일

도탄지고

　도탄지고塗炭之苦에서 도塗는 진흙탕, 탄炭은 숯불을 뜻한다. 따라서 도탄지고는 '진흙탕이나 숯불에 빠진 것과 같은 고통'을 의미한다. 이런 관점에서 현실적으로는 학정虐政으로 백성들이 겪는 참혹한 고통이나 견디기 어려운 환경에 처해 겪는 심한 곤경을 지칭하는 개념으로 통용되고 있다. 그러므로 이는 가혹한 정치 때문에 백성들이 필설로 형용하기 어려운 심한 고통을 겪는 상황을 지칭한다. 한편 도탄지고를 '도탄塗炭의 고苦'라고도 하며, 또 다른 표현으로 '도지塗炭의 고苦' 즉 도지지고塗炭之苦라고도 한다. 이 도탄지고에 대한 유래와 고사故事 등을 출전出典을 바탕으로 한 만남이다. 관련된 유래의 대략적인 간추림이다.

　애첩 말희妹喜의 치마폭을 헤어나지 못하고 주지육림酒池肉林과 음락淫樂에 정사를 멀리하던 하夏나라 걸왕桀王을 끝내 몰아내고 은殷나라 탕왕湯王이 왕위에 올랐다. 그런데 무력武力에 의한 정변으로 정권을 찬탈한 사실이 마음에 걸려 두고두고 고민하던 탕왕을 옆에서 지켜보던 신하 중훼仲虺가 쓴 〈중훼지고仲虺之誥〉에서 도탄지고가 생겨났다.
 출전出典은 《서경書經*》의 〈중훼지고〉이며, 여기에서 전해지는 내용을 근간으로 도탄지고에 관련된 부분을 요약, 정리한 대강이다.

 하나라 걸왕은 명예롭지 못한 측면에서 유명한 제왕 중에 하나이다. 그는 말희妺喜라는 요물의 치마폭에서 놀아나며 주지육림과 여색女色에 취한 처지에 폭정을 펼침으로써 경국지색인 달기妲己에게 빠져 학정을 폈던 은殷나라 주왕紂王과 함께 비도망국非道亡國의 악덕한 군주로서 '걸주桀紂'로 지칭되는 치욕스런 이름으로 후세 사람들에게 각인되어 있다.
 학정을 보다 못해 군사를 일으켜 걸왕의 대군과 명조산鳴條山 전투에서 대승을 거둔 뒤에 걸왕을 대신해서 천자天子의 자리位에 오른 이가 바로 은의 탕왕이다. 이렇게 즉위했으나 정변을 일으켜 무력武力으로 왕권을 강제로 탈취했다는 조롱을 당할지도 모른다는 생각에서 적지 않은 고민을 거듭했다. 이를 옆에서 안타깝게 지켜보던 신하인 중훼가 탕왕을 옹호하기 위해 지은 글이 〈중훼지고〉이다. 도탄지고는 바로 여기에 나오는 말에서 유래되었다.
 탕왕이 걸왕을 머나먼 변방의 남소南巢로 유배 보낸 뒤에 (충직한 신하들 앞에서 무력으로 왕권을 차지한 행동이 인륜도덕이라는 관점에서) 떳떳하지 못해 부끄러운 면이 있다면서 말했다.
 "훗날 내가 사람들의 비난거리가 되지 않을까 몹시 두렵다."
라고. 이 말을 새겨듣고 여러 생각을 하다가 탕왕의 편치 않았던 심기를 위로할 방법을 모색했다. 그의 주장이다. (곰곰이) 생각하니 하늘에서 사람을 만들 때는 (하나 하나마다) 꿈과 욕심을 가지도록 만들었기 때문에 (위대한 지도자인) 왕이 (앞장서서) 이끌지 않으면 나라는 매우 혼란스럽게 마련일 것 입니다. (그런 연유에서) 하느님은 지혜롭고 도리를 꿰뚫는 사람을 골라서 시의時義 적절하게 나라를 다스리게 한다고 생각합니다. 그 뒤에 이어지는 〈중훼지고〉의 내용이다.

/ … / 하나라 걸왕은 덕이 부족하여(어두워)(有夏昏德:유하혼덕) / 백성들을 도탄에 빠뜨리니(民墜塗炭:민추도탄) / 하늘이 이를 해결하기 위해 왕(탕왕)에게 용기勇와 지혜智를 내리셔서(天乃錫王勇智:천내석왕용지) / (나라를) 바로잡아 만방에 보임으로써(表正萬邦:표정만방) / 우왕禹王*의 옛 선정善政을 (오늘에) 잇도록 (명한) 것이다(纘禹舊服:찬우구복) / … /

위의 내용에서 걸왕의 부덕함과 악랄한 학정 때문에 결국은 백성들이 받아야만 했던 형용키 어려운 고통을 '민民이 도탄에 빠지다(民墜塗炭:민추도탄).'라고 한 것이다. 이 내용이 오늘날에는 도탄의 고통, 즉 도탄지고의 어원이 되었다. 한편 중훼는 이른바 천명사상天命思想에 따라 백성들을 도탄에서 구하기 위해 무력으로 왕권을 쟁취한 것은 아무런 문제가 없다. 아울러 제왕이란 하늘을 대신하여 민民, 즉 백성을 어여삐 보살펴야 한다는 주장을 폄으로써 탕왕의 정당성을 뒷받침하려고 신명을 다해 글을 썼으리라. 하기야 지난날 역사에서 왕권을 찬탈하려던 세력들이 단골로 들고 나와 합리성을 주장할 때마다 백성의 도탄지고를 전면에 내세웠다. 때문에 천명사상을 들먹임은 식상한 멜로디 같다는 생각으로 들릴 개연성을 전적으로 무시하기 어려울 법하다.

역사에서는 학정을 폈던 대표적인 제왕으로 '걸주'를 예시하고 있다. 하지만 유사有史 이래 지금까지 제왕의 그릇된 이념이나 일그러진 탐욕을 채우기 위해 포악한 정치를 펼쳐 백성民을 도탄에 빠뜨렸던 경우가 어디 한둘이랴. 그런 유사한 경우는 오늘날도 지배자의 통치 철학이나 그릇된 사상 혹은 종교적 신념 따위로 인해서 토탄에 빠져 애먼 백성들이 온새미로 고통을 겪어야 하는 경우를 어렵지 않게 접할 수 있다. 대단히 안타깝고 답답한 일이지만 우리의 북녘이 바로 그런 명징明徵의 대표적 사례가 아닌지 모르겠다.

---

* 《서경書經》: 유학儒學의 오경五經의 하나이다. 공자孔子가 요堯임금과 순舜임금 때부터 주周나라에 이르기까지의 정사政事에 관한 문서를 수집하여 편찬한 책이다. 중국에서 가장 오래된 경전이다. 모두 20권 58편으로 되어 있다.
* 우왕禹王: 중국 고대 하夏나라를 세운 인물이다. 치수治水 큰 업적을 세운 순舜임금으로부터 왕위를 물려받아 하나라를 건국했다.

2024년 5월 21일 화요일

두주불사

두주불사斗酒不辭는 '말* 술斗酒도 사양하지 않는다不辭.'는 뜻이다. 예로부터 술을 잘 마시는 사람을 주호酒豪·음호飮豪·주선酒仙·술꾼·억병·술고래 등으로 불렀는데 이런 유형들을 이르는 개념이 아닐까. 따라서 술 한 말을 등에 지고는 못가도, 뱃속에 넣고는(마시고) 갈 수 있는 사람을 말 할 게다. 유래는 서초패왕西楚霸王인 항우項羽와 한태조漢太祖 유방劉邦의 휘하 장수인 번쾌樊噲 사이의 대화에서 비롯되었다.

고사故事를 전하는 출전出典은 사마천司馬遷이 쓴《사기史記》의〈항우본기項羽本紀〉이다. 이를 바탕으로 해당 부분의 줄거리를 요약한다.

초한쟁패楚漢爭霸 시절 유방이 진秦나라 왕 자영子嬰의 항복을 받고 수도 함양咸陽을 함락시켰다는 소식을 들은 항우는 분기탱천하여 유방을 칠 기회를 호시탐탐 엿보고 있었다. 이 첩보를 전해들은 유방은 항우의 진영을 찾아가 자초지종을 알리자 항우는 화해의 뜻으로 연회의 자리를 마련했다. 이를 후세 사람들이 이르기를 '홍문鴻門의 만남' 즉 홍문지회鴻門之會라고 했다.

항우의 부하인 범증范增은 그 연회 중에 기회를 포착해 유방을 살해하려고 획책했다. 그래서 연회 중에 항우에게 신호를 보냈지만 받아들여지지 않았다. 여기서 그치지 않고 범증은 항장項莊에게 연회장에서 칼춤을 추다가 기회를 포착해 유방을 살해하라고 은밀하게 명령을 내렸다. 그 낌새를 매구처럼 간파했던 항백項伯이 항장과 같이 칼춤을 추면서 계속 견제했다. 이 같은 절체절명의 위험한 상황을 정확하게 꿰뚫고 지켜보던 장량張良이 연회장 밖에서 대기하고 있던 유방의 수하 장수인 번쾌에게 넌지시 귀띔했다. 그 상황을 단박에 간파했던 번쾌는 전광석화처럼 호위병들을 제압한 뒤에 장막을 제치고 개선장군같이 보무步武도 당당하게 연회장 안으로 들어왔다.

난데없이 연회장 안으로 밀고 들이닥친 번쾌를 발견한 항우는 내심 놀랐지만 위엄을 잃지 않고 차분한 것처럼 표정을 관리하면서 "누구냐?"고 물었다. 그 물음에 장량이 "패공(沛公:유방)의 수하인 번쾌라는 자입니다."라고 아뢰었다. 순간적으로 본 번쾌의 모습이 항우에게 매우 강렬한 인상을 주었던지 항우가 다시 말했다.

/ ··· / 장사로구나. 술 한 잔 주거라(項王曰 壯士 賜之卮酒:항왕왈 장사 사지치주) / 곧바로 말斗 술 한 잔을 주었다(則與斗卮酒:즉여두치주) / 번쾌는 일어나서 감사의 뜻으로 예를 갖춘 뒤에 선 채로 그 술을 단숨에 마셨다(噲拜謝 起立而飮之:쾌배사 기립이음지) / ··· /

위의 대화 중에 "말술을 선 채로 단숨에 마셨다."는 내용으로부터 두주불사라는 성어가 탄생되었다.

  세상에 술처럼 다양한 모습과 천千의 얼굴을 가진 기호식품이 또 있을까. 게다가 일반적인 기호식품은 희로애락喜怒哀樂의 특정한 상황에 한정해서 어울리는 데 비해 술은 상황을 가리지 않고 모든 경우에 찰떡궁합을 자랑한다.

  인류의 역사와 함께해 온 술에 대하여 예찬하거나 경계했던 예는 부지기수이리라. 고대 중국에서는 '술을 좋아하는 사람'을 주인酒人이라 부르며 삼등구품三等九品으로 그 품격을 갈래졌다. 한편 우리나라의 경우 청록파靑鹿派 시인이었던 조지훈趙芝薰 님은 바둑처럼 술의 격을 구분해 9급級과 9단段으로 갈래짓기도 했다.

  술은 과연 언제 마시는 걸까. 생각해 보니 삶에서 기쁠 때인 희喜, 화날 때인 노怒, 슬플 때인 애哀, 즐거운 때인 락樂엔 공통분모가 없음에도 그들 경우에 모두 마신다. 왜 이처럼 전혀 다른 상황에 술을 마시게 되는 걸까. 아마도 기쁠 때는 기쁨이 배倍가 되고, 화날 때는 화를 삭여주며, 슬플 때는 슬픔을 잊게 하고, 즐거울 때는 더 많은 즐거움을 주는 마력을 지닌 신비한 물방울이 바로 술이기 때문일 게다.

  과연 술을 어떻게 마셔야 할까. 동서고금을 막론하고 술에 대한 예찬은 수없이 등장하고 있다. 조선조 선조宣祖 때 예조판서를 지낸 송강 정철鄭澈이 읊조렸던 〈장진주사將進酒辭〉가 그 하나의 예이리라. 그렇다고 무절제하고 무진장 마시도록 방치하지 않았다. 그 옛날 중국의 제齊나라 환공桓公이 생전에 옆에 두고 과음을 경계하려고 사용했던 의기儀器나 조선시대 도공陶工 우명옥禹明玉이 만들었던 계영배戒盈杯

가 함축하듯 절주를 권하는 문화가 지배했다.

한편 우리 조상들은 술은 세 잔을 마시면 '훈훈하고', 다섯 잔을 마시면 '기분 좋고', 일곱 잔을 마시면 '넉넉하다'며 그 이상은 마시지 말라고 경고했다. 아울러 술자리가 펼쳐지면 술을 권하게 마련인데 예로부터 동석한 사람에게는 비록 술을 먹지 않을지라도 세 차례는 권하는 게 주도酒道라고 했다. 첫 잔을 건넬 때 권유를 예청禮請이라 하고, 그의 거절이 예사禮辭이다. 두 번째 잔 권유를 고청固請이라 하고, 그 잔의 사양이 고사固辭이다. 한편 세 번째 잔 권유를 일컬어 강청強請이라 하고, 이 잔의 사양이 종사終辭이다. 이처럼 3번째 잔까지 권유해도 사양하면 그 뒤부터는 묻지 않아도 결례가 아니라고 주도에서 이르고 있다.

적당히 마시면 나무랄 데가 없는 술이다. 하지만 무슨 원수라도 지은 것처럼 게걸스럽게 과음하고 술먹은 개 같은 망동을 하거나 주취폭력酒醉暴力 따위를 저질러 놓고 심신미약心身微弱을 들먹이며 법적 책임을 벗어나려 이죽거리는 책상물림이나 언필칭 사회지도자 나부랭이들의 한심한 꼴은 언제나 이 땅에서 자취를 감출까. 적당히 마시는 술은 사람 사이의 유대를 돈독하게 만들어 주고 가슴을 뜨겁게 한다. 따라서 아무리 술에 관한한 주현酒賢 · 주선酒仙 · 주성酒聖의 경지에 이르렀다 해도 두주불사의 음주는 피해야 하지 않을까.

---

* 말斗: 부피의 단위로서 곡식, 액체, 가루 따위의 부피를 계량計量할 때 쓴다. 현재 한 말은 한 되升의 열 배로 약 18리터(L: liter)에 해당한다. 한데, '두주불사'라는 성어가 생겨난 진한시대秦漢時代의 1말斗은 지금보다 훨씬 작은 양인 2~3리터(liter)에 해당했다고 전해진다.

《수필과비평》 2025년 2월호(통권 280호), 2025년 2월 1일
(2024년 5월 12일 일요일)

득어망전

　득어망전得魚忘筌을 직역하면 '물고기를 잡으면得魚 통발을 잊는다忘筌.'는 뜻이다. 이를 현실에서는 어떤 목적을 달성하면 그 목적을 위해 사용했던 사람이나 물건을 잊는다는 것을 비유하는 말로서 일단 목적이 이뤄지면 그 목적을 위해서 사용했던 수단이나 방법들은 아무런 쓸모가 없기 때문에 잊는 것이 도움이 된다는 의미로 통용된다. 한편 좀 더 확대 해석하여 사소한 것에 목을 매다가 큰 것을 그르치면 안 된다는 의미로도 쓰인다. 이런 이유에서 목적을 이루면 그 과정에서 사용했던 수단이나 도구에 집착하지 말 것을 강조하며 쓰임새가 끝난 것은 과감하게 잊으라는 함의含意를 나타내기도 한다. 그 유래와 출전出典에 나오는 내용을 토대로 의의와 철학을 살피는 나들이다.

　고사를 전하는 출전은 《장자莊子》의 〈외물편外物篇〉이다. 이에 따르면 중국의 전설적인 성군이었던 요堯임금이 은자隱者인 허유許由*에게 천하를 맡기려고 했다던 허유소부許由巢夫* 일화를 소개한 뒤에 곧바로 이어지는 말에서 득어망전을 위시해서 득토망제得兎忘蹄와 득의망언得意忘言 등을 얘기하고 있다. 출전을 바탕으로 그 줄거리를 요약 정리하면 다음과 같다.

《장자》의 〈외물편〉에서 이와 관련된 부분의 내용 중에 먼저 벼슬을 거부했던 이들을 소개하고 있다. 예를 들면 허유에 대해서 이렇게 기술하고 있다. 그 옛날 중국에서 요堯임금이 86세가 되어 선위禪位 대상자로서 자기 아들인 단丹을 고려했지만 불초하다고 판단하여 포기했다. 대신 현인賢人이었던 소부巢父를 점찍었으나 완강하게 거부해 뜻을 이루지 못하고 차차선책次次善策으로 떠오른 대상자가 초야에 묻혀 지내던 허유였다.

요임금이 신하를 보내 뜻을 전했고 종국에는 직접 찾아가 청했으나 거절하고 홀연히 기산箕山의 영천潁川 부근으로 도망을 가서 은둔했다. 그래도 미련을 버리지 못해 다시 수소문하여 신하를 보내기도 하고 직접 찾아가 설득했음에도 거듭 거절했다. 그렇다면 작은 곳인 구주九州라도 맡아 다스려 달라고 했다. 그마저도 단호하게 거절했다.

신하들과 요임금에게 그런 제안을 들어 귀가 더럽혀졌다고 생각한 허유는 영천에 흐르는 깨끗한 물로 귀를 박박 씻고 있었다. 그 때 소에게 물을 먹이려고 강가로 나왔던 소부가 그의 기이한 행동을 지켜보다가 무슨 일이냐고 물었다. 그러자 허유는 임금께서 천하를 맡아 다스려 달라는 말씀을 듣고 귀가 더럽혀진 것 같아 씻어내는 중이라고 말했다.

허유의 답변을 듣고 소부가 말했다. "여태까지 공公께서 여기저기 다니면서 명성을 얻었지 않소! 그러면서 귀를 씻는 척하는 것은 앞뒤가

맞지 않는 것 같습니다. 공연히 고상한 척 하지 마시오."라는 가시 돋친 말을 남긴 채 소를 끌고 가려고 했다. 그러자 허유가 물었다. "소에게 물을 먹이지 않을 거요?"라고. 소부가 고개를 돌려 힐끗 쳐다 보며 "공의 더러운 귀를 씻은 물을 소에게 먹일 수 없소."라는 말을 내뱉고 강의 상류 쪽으로 뚜벅뚜벅 걸어갔다. 이런 허유소부에 관련된 얘기는 고려 때 추적秋適이 편찬했던 《명심보감明心寶鑑*》에서도 소개되고 있다.

이상과 같이 《장자》에서는 권력을 거부한 사례를 열거한 뒤에 이어 곧바로 다음과 같은 내용이 이어지고 있다.

/ … / 통발筌은 물고기魚를 잡는 도구인데(筌者所以在魚:전자소이재어) / 물고기를 잡으면 통발을 잊는다(得魚而忘筌:득어이망전) / 올무蹄는 토끼兎를 잡는 도구인데(蹄者所以在兎:제자소이재토) / 토끼를 잡으면 올무를 잊는다(得兎而忘蹄:득토이망제) / 말言이란 뜻을 전하는 도구인데(言者所以在意:언자소이재의) / 뜻意을 얻으면 말言을 잊는다(得意而忘言:득의이망언) / 내가 어이하면 말을 잊은 사람을 만나서(吾安得忘言之人:오안득망언지인) / 그와 함께 얘기를 할 수 있을까(而與之言哉:이여지언재) / … /

위의 내용 중에서 "물고기를 잡으면 통발을 잊는다(得魚而忘筌:득어이망전)."에서 득어망전이 비롯되었다. 이렇게 장황하게 득어망전이나 득토망제를 위시해서 득의망언을 들먹이며 최종적으로 하려 했던 뜻은 '말을 잊은 사람(忘言之人:망언지인)'이 아니었을까. 왜냐하면 이들은 한결같이 시비선악是非善惡을 초월한 경지를 뜻하고 있다. 그러므로 달리 말하면 해탈의 경지나 진리에 이르면 거기에 이르기까지 사용했던 수단이나 방법은 버려야 한다는 뜻이다. 결국 《장자》에서 이르는 망언지인은 세속적인 말에 구애받지 않는 진정한 깨달음을 얻은 사람을 지칭하며 또한 그런 사람을 만날 수 있기를 진정으로 염원한다고 할 수 있다.

  사람이기 때문에 지난날 고락을 함께 겪었던 이런저런 일이나 도구 또는 수단들을 선뜻 버리지 못해 계륵鷄肋 같은 그것들을 끌어안고 애면글면하는 경우가 적지 않으리라. 특히 누군가에게 베풀거나 나누어 주었던 기억을 버리거나 잊지 못하다가는 부지불식간에 미움이나 증오의 불씨로 변해 마음의 병이 될 개연성이 다분하다. 그러므로 용도를 다한 것은 무엇이든지 과감하게 버릴 줄 알아야 정신 건강에 이롭기도 하다. 한편 하루가 다르게 변하는 세상에서 고루한 잣대는 세상과 담을 쌓고 소통을 제대로 못하게 작용할 개연성 때문에 시대착오적인 가치관이나 철학에 얽매이면 관견管見*으로 세상을 보는 꼴이 될 터이다. 이를 피하기 위해 열린 사고는 현대를 사는 데 필요충족조건이 아닐까?

---

* 허유許由: 고대 중국의 전설상의 인물(? ~ ?)이다. 자字는 무중武仲이고 요堯임금이 왕위를 물려주려고 했으나 받지 않았다. 그런 정권 얘기를 듣고 도리어 자신의 귀가 더러워졌다고 하여 영수潁水에 씻고 기산산箕山山에 들어가 숨어 살았다고 한다.
* 허유소부許由巢夫: 부귀영화를 마다하는 사람을 비유적으로 이르는 말이다. 성천자聖天子라고 추앙 받는 중국의 요堯임금이 허유許由에게 선위禪位하겠다고 하자 허유는 더러운 말을 들었다고 하여 잉수강潁水江 물에 귀를 씻었다고 한다. 한편 소부巢夫는 허유가 귀를 씻은 더러운 물을 소에게 먹일 수 없다고 하여 소를 끌고 상류로 올라갔다는 데서 유래한다.
* 《명심보감明心寶鑑》: 조선시대에 어린이들의 인격 수양을 위한 한문 교양서이다. 고려 충렬왕 때에 명신名臣 추적秋適이 중국 고전에서 보배로운 말이나 글 163 항목을 추려서 계선繼善, 천명天命, 권학勸學, 치가治家 따위의 24개 부문으로 나누어 배열하고 편집한 책이다.
* 관견管見: 대롱 구멍으로 사물을 본다는 뜻으로 좁은 소견이나 자기의 생각을 겸손하게 이르는 말이다.

《수필과비평》 2025년 3월호(통권 281호), 2025년 3월 1일
(2024년 5월 23일 목요일)

등용문

 등용문登龍門은 원래 '용문龍門에 오른다登.'는 뜻이다. 그러나 처음에는 크게 출세한 것을 의미하였기 때문에 입신양명의 관문 혹은 난관을 극복하고 크나큰 출세를 지칭하는 개념으로 통용되었다. 그 후 중국이나 우리 선조들은 과거科擧를 출세의 첩경捷徑으로 여기면서 등용문은 주로 과거에 급제하는 개념으로 쓰이다가 현대에 와서는 출세를 위해 감내해야 할 과정을 뜻하는 말이 되었다. 등용문에 대한 유래와 그에 얽힌 고사故事의 줄거리에 대해 출전出典을 바탕으로 살피려는 나들이다.

 후한後漢 말기인 환제시절桓帝時節 외척外戚과 환관宦官 세력들이 번갈아 정권을 잡고 국정 농단의 폐해가 극심했다. 이에 강력히 대항했던 세력이 유가儒家 정치 철학을 바탕으로 하던 청류당淸流黨이었다. 그들은 실권 세력 특히 엄당(閹黨:고자당鼓子黨)과 첨예하게 대항하면서 끝내 당고지화黨錮之禍가 발생했다. 이를 '당고黨錮의 금禁(黨錮之

禁:당고지금)' 혹은 '당고黨錮의 옥獄(黨錮之獄:당고지옥)'이라고 부르기도 한다. 한편 당고지화는 환관들이 관료들에게 금고禁錮에 처處했던 탄압사건을 말한다. 여기서 금고禁錮는 관리들의 신분을 박탈하고 서인庶人 이하의 신분으로 강등시켜 종신토록 관리官吏가 될 수 없도록 한 것을 뜻한다.

  등용문에 대한 유래는 두 가지에서 비롯되었다. 첫째는 사람에서 시작되었고, 다른 하나는 중국 황하黃河의 한 협곡에서 비롯되었다. 후한 시절 엄당에 맞서 대항하던 관리들의 모임을 대표하던 이가 이응李膺이다. 이 사람과 교분을 맺거나 교류를 하는 사람을 일컬어 세인들은 등용문이라고 했다. 한편 중국 황하黃河 상류에 있는 한 협곡으로 물고기가 거의 거슬러 올라갈 수 없을 정도로 급류가 흐르는 곳을 용문龍門이라고 불렀다. 그래서 하류의 넓은 황하나 대해大海에서 강을 거슬러 올라오던 수많은 어류魚類들이 이 용문에 빠르게 흐르는 물을 역류逆流하여 거슬러 올라가지 못해 포기했다. 그런데 어쩌다가 이 용문의 거센 물결을 이겨내고 물고기가 용문을 거슬러 올라가면 곧바로 용龍이 되어 승천했다는 전설이다. 이런 의미에서 사람들은 물고기가 이 용문을 통과하는 것을 용문으로 오른다(登龍門:등용문)고 하여 등용문이라고 했다.

  등용문에 대한 고사를 담고 있는 출전出典은《후한서後漢書》의〈이응전李膺傳〉이다. 이를 바탕으로 등용문에 관련된 고사를 따라 가기로 한다. 한편 유의어로서 입신출세立身出世, 등달騰達, 입신양명立身揚名 등이 있다.

  한말漢末 당시 환관들의 전횡으로 나라가 어지럽고 기강은 말할 수 없을 정도로 무너져 내렸다. 이들 막강한 엄당에 맞서 목숨을 걸고 대항하며 싸우던 청류당 대표였던 이응李膺은 청렴결백하고 곧아서 뭇사람들의 신망을 한몸에 받았던 선망의 대상이었다.

/ … / 관리들 중에서 그와 가까이 교제하는 경우가 있을 때(士有被其容接者:사유피기용접자) / '용문에 올랐다登龍門.'고 했다(名爲登龍門:명위등용문) / … /

위 내용에서 보는 바와 같이 등용문이 비롯되었다.
한편 《이응전》의 주석注釋에 따르면 이런 내용이 나타난다. 황하의 상류로서 산서성山西省과 섬서성陝西省 경계에 있는 협곡은 중에 강바닥이 급경사急傾斜진 곳을 하진河津이라고 하는데 다른 이름으로 용문龍門이라고 불렀다. 이 용문을 흐르는 물의 유속, 즉 물살이 상상할 수 없을 정도로 빨랐다. 이런 이유로

/ … / 강과 바다에서 큰 물고기가 용문龍門까지 수천 마리가 몰려와도(江海大魚薄集龍門下數千:강해대어박집용문하수천) / (용문에 흐르는 물을 역류하여) 올라가지 못하나니(不得上:불득상) / 만일 (이 용문에 흐르는 물을 역류하여 거슬러) 올라가면 용이 된다(上則爲龍 也:상즉위용야) / … /

위의 내용에서 등용문이 비롯되었다. 한편 등용문을 뛰어 오르려다가 실패한 경우는 주위의 여기저기 날카롭게 돌출한 돌부리에 부딪쳐 이마額에 상처를 입었을 패배자(물고기)들을 일컬어 '점액點額'이라고 불렀다. 그러므로 점액은 경쟁의 패배자, 즉 출세하지 못한 자 혹은 시험에서 낙방한 이들을 뜻하는 개념이기도 하다.

앞에서 언급했던 바와 같이 최초에 등용문은 '힘들고 어려운 관문을 통과하고 출세함'을 이르다가 세월이 지나면서 '과거科擧에 급제하여 출세함'의 뜻으로 변용되었다. 이 같은 관점을 감안해서 요즘에는 '출세의 기회와 관문'을 지칭하는 의미로 확대해 통용하고 있다. 좋은 뜻을 지녔다는 의미에서 글을 쓰는 사람이 일정한 절차를 거쳐서 문인으로서 자격을 갖추는 것을 '등단登壇'이라는 고상한 이름을 붙였나 보다.

중국에서는 진사시進士試에 합격하는 것을 입신출세의 첫걸음이라는 의미에서 등용문이라고 했다. 이에 비해서 우리의 경우는 초시初試인 진사시보다 훨씬 어렵고 까다로운 대과大科에 급제하는 경우를 등용문이라고 했다. 자료를 들춰봤더니 조선시대 과거 급제자가 꽤나 많았다 (15,151명). 이들 중에 가장 뛰어났던 이는 아홉 차례나 장원 급제를 해서 구도장원공九度壯元公으로 불리는 율곡栗谷 이이李珥가 아닐까. 일제 강점기를 벗어나 독립한 이후 우리 정부가 수립되고 나서 각종 고시考試에 합격하면 탄탄한 대로가 열린다는 관점에서 이들 고시합격자를 등용문이라고 지칭했다. 그리고 이는 사회적 신분계층 상승을 위한 사다리 역할을 톡톡히 했었다. 그중에서도 사법고시·행정고시·외무고시 등을 모두 합격한 사람인 삼관왕三冠王을 선망의 대상으로 칭송하고 부러워했다. 하지만 최근에는 법학전문대학원(Low School) 제도가 도입됨으로써 고시제도가 폐지됐다. 예로부터 과거 급제자, 고시합격자로 맥을 이어오던 등용문의 대상을 오늘날엔 어느 분야의 어떤 직종이 그 맥을 이어받았다고 할 수 있을까.

《시와 늪》 2025년 신년호(통권 66호), 2025년 1월 15일
(2024년 5월 20일 월요일)

마이동풍

　마이동풍馬耳東風은 본디 '말馬의 귀耳에 동풍東風'이라는 뜻이다. 말의 귀에 어떤 바람이 스쳐지나간들 무슨 의미가 있겠는가. 이런 관점에서 최초에는 의미가 없이 쓸데없는 소리(말)를 뜻했다. 그러다가 세월이 지나면서 남의 말이나 의견을 제대로 새겨 듣지 않고 흘려버리거나 아예 무관심함을 뜻하는 의미로 변용되었다. 오늘날엔 아무리 좋은 아이디어나 조언을 해도 꿈쩍도 하지 않고 자기 멋대로 행동하는 고집불통이나 답답한 상황에 처할 때 흔히 사용되고 있다. 이의 생성 배경과 유래를 비롯해 그 참뜻과 만남이다. 유래에 대한 대강이다.

　당唐나라 시인 왕십이王十二는 친구인 이백李白에게 자신의 처지를 노래한 〈한야독작유회寒夜獨酌有懷〉라는 시詩 한 수首를 보냈다. 이를 받은 이백이 보낸 답시答詩가 〈답왕십이한야독작유회答王十二寒夜獨酌有懷〉로서 여기에 포함된 한 구절句節에서 생겨났다. 한편 유의어로서는 대우탄금對牛彈琴, 우이송경牛耳誦經, 수수방관袖手傍觀, 오불관언吾

不關焉, 풍과이風過耳, 우이독경牛耳讀經, 여풍과이如風過耳, 추풍과이秋風過耳, 수풍경락水風景樂 등이 있다.

왕십이의 〈한야독작유회〉나 이백의 〈답왕십이한야독작유회〉에 담겨 있는 세상을 한탄하거나 원망하는 내용을 바르게 이해하기 위해서는 당시 당나라의 사회적인 분위기를 정확히 짚어볼 필요가 있다.

그 시절 당나라에서는 권력에 빌붙어 아첨하여 벼슬을 얻거나 혁혁한 무공을 세웠던 무인武人들은 승승장구하며 득세했다. 반면에 대부분의 문인들에게는 기회나 눈길을 주지 않아 찬밥 신세였다. 따라서 왕십이나 이백을 비롯한 대다수의 문인들은 속된 표현으로 개밥에 도토리 신세였다. 서러운 세월을 보내며 왕십이가 자신의 처지를 한탄하는 시를 지어 보내자 이를 받은 이백이 '세인世人들이 말馬의 귀耳에 동풍東風이 부는 것처럼 우리를 하찮게 여길지라도 부귀영화에 연연하지 않고 살겠다.'는 뜻을 담은 답시를 보냈다.

그 시절 홀대를 받았던 수많은 문인들이 무척 섧고 떫어도 묵묵히 자기의 길을 굳건히 걸어갔던 인과응보일까. 어렵고 힘겨운 처지에서도 고고하게 지조를 지켰기 때문인지 당시의 많은 문인들 중에 오늘날 존숭尊崇의 대상이 된 분들이 유독 많다. 예를 들면 시선詩仙으로 불리는 이백李白, 시성詩聖으로 일컫는 두보杜甫, 시불詩佛인 왕유王維 등이 그들 중에서도 태산 같은 존재가 아닐까.

이 성어가 나타나는 출전出典은 앞에서 잠시 언급했던 바와 같이 이백의 〈답왕십이한야독작유회〉이다. 이 시에서 마이동풍이 나타나는 부분의 내용은 아래와 같다.

/ 북창北牖 안에서 시詩를 읊고 글賦을 쓸지라도(吟詩作賦北裏:음시작부북유리) / 만 마디(수많은) 말(글)이 물 한 그릇(한 잔 술)의 가치도 없다네(萬言不直一杯水:만언부직일배수) / 세상 사람들이 이 말을 믿지 아니하니(世人聞此皆悼頭:세인문차개도두) / 마치 말의 귀에 동풍이 스쳐 지나감과 같네(有如東風射馬耳:유여동풍사마이) /

위의 내용 중에 "마치 말의 귀에 동풍이 스쳐 지나감과 같네(有如東風射馬耳:유여동풍사마이)."라는 구절句節에서 마이동풍이 생겨났다. 이 시는 장시長詩로서, 담고 있는 내용은 결국 '모든 시인들이 제아무리 좋은 작품을 쓴다 해도 세상 사람들은 관심이 없다.'는 뜻을 말의 귀에 스쳐 지나는 동풍에 비유했다.

올해 고등학교 2학년인 손주가 있다. 육척 장신으로, 태권도로 단련(현재 4품)하여 균형 잡힌 몸매와 준수한 용모로 누구와 겨뤄도 빠지지 않는다. 그런데 학생의 본령인 공부는 그저 그렇다. 이런저런 사례를 들어가며 조곤조곤 일러도 마이동풍이다. 어려서부터 공부는 나와 함께 서재에서 하는데 특별한 경우가 아니면 평소엔 여든의 문턱을 넘은 내가 손주보다 더 많은 시간 책상 앞을 지킨다. 그렇다고 모자라는 아이는 아니다.

고등학교에 진학해 지난해부터 줄곧 자기 반 반장으로 선출되었단다*. 그런데 지난해, 즉 손주가 고등학교 1학년 때는 반장이 되었던 것을 까마득하게 모르고 지내다가 올봄에 우연히 손주 바인더(binder)에 끼워져 있는 임명장을 보고 겨우 알았다. 왜 얘기하지 않았느냐고 물었더니 별로 떠벌릴 일이 아니라서 입을 다물고 있었다는 얘기였다. 이런 측면에서 생각하면 입이 상당히 무겁고 나름 신중한 성격이다. 이와 같은 사실들을 종합해 미루어 짐작할 때 교우 관계가 원만할 뿐 아니라 모자라거나 문제아는 아니라는 사실을 증명하는 게 아닐까. 생각 같아서는 다른 모든 부문에서 다소 모자라고 문제가 있다 해도 공부에 좀더 열성을 쏟는 다른 모습을 본다면 좋겠다. 하지만 희망사항일 뿐 기회가 닿을 때마다 조언과 충고를 하면 머리를 조아리며 시원하게 답하지만 돌아서면 마이동풍의 반복이다. 하도 답답해 할 수만 있다면 손주의 고등학교 공부를 대신해 주고 싶은 엉뚱한 충동을 느낄 때가 더러 있다.

　세상이 험해 제 잘난 맛에 취해 사는 이들이 적지 않다. 마이동풍에 해당하는 대표적인 몇몇 사례이다. 먼저 개인적인 학업, 건강, 관습에 대한 진솔한 조언이나 충고를 아랑곳하지 않는 경우이다. 한편 조직에서 특정 계층이나 개인의 독선이나 아집 때문에 각종 제안이나 의견이 무시되거나 왜곡시키는 경우이다. 그런가 하면 사회적 문제에 대한 전문가들의 경고나 조언이 공공연하게 배척되는 경우이다. 결국 남의 말이나 조언을 무시하거나 흘려보내는 마이동풍은 개인을 위시해서 조직이나 사회를 비롯해 나라까지 위험에 빠뜨릴 개연성을 무시할 수 없다. 이는 소신이나 자신감과는 차원이 다른 별개의 문제이다.

---

* 제 할머니가 전하는 바에 따르면 손주 유진이는 3학년인 올해(2025)에도 자기 반 반장에 선출되었다고 한다.

《경남문학》 2025년 봄호(통권 150호), 2025년 3월 25일
(2024년 4월 16일 화요일)

III. 마중지봉

마중지봉
명수잔도, 암도진창
문전성시
반골
배수진
배중사영
백문불여일견
백아절현
복룡봉추
부화뇌동
불치하문
사면초가

마중지봉

 마중지봉麻中之蓬의 살핌이다. 이를 곧이곧대로 해석하면 '삼麻밭 속의 쑥蓬'이라는 뜻으로 곧은 삼밭에서 섞여 자라는 쑥은 바로잡아주지 않아도 곧게 자라는 것처럼 주위 환경에 따라 나쁜 사람도 선량하게 바뀔 수 있다는 뜻으로 쓰인다. 환경의 중요성을 비유적으로 이르는 말이다. 다시 말하면 좌우로 퍼져 자라는 특성을 지닌 쑥도 삼밭의 삼 속에 섞여서 자라면 서로 키 재기를 하면서 곧게 자란다. 마찬가지로 사람도 좋은 환경이나 좋은 사람들과 함께하면 자연스럽게 선善한 영향을 받아 착하게 될 수 있음을 이르는 성어로 그 유래를 비롯한 의의와 만남이다.
 삼麻은 삼베를 짜는 재료인 대마大麻를 지칭하며 대략 2미터(m) 이상 가늘고 곧게 자라는 데 비해서 쑥蓬은 좌우로 퍼져서 구불구불하게 자라는 특성을 지녔다. 삼과는 판이하게 다른 특성을 지닌 쑥이 삼밭 속에 섞여 자라게 되면 키다리들과 경쟁해 살아남으려고 본능적으로 햇볕을 향해 웃자람을 거듭하여 곧고 바르게 자라기 마련이리라. 산야에

서 쑥이 자기들끼리 무리지어 자라면 기껏해야 키가 두 자尺 안팎으로 자란다. 하지만 밀식된 삼밭에 섞여 자라면 삼의 키身長 정도까지 거뜬히 곧게 성장한다. 여기서 쑥에게 삼은 경쟁 상대이면서 좋은 친구이자 최상의 환경이다. 한편 마중지봉을 살피면서 연상되어 개념이다. 즉 코이(こい:비단잉어)가 사는 물이 어떤 환경이냐에 따라 몸체의 크기가 엄청나게 달라진다는 '코이의 법칙' 말이다.

중국 전국시대戰國時代 성악설性惡說을 주장했던 순자荀子의 사상을 담은 책인 《순자》의 〈권학편勸學篇〉에 곧게 자라는 삼과 사방으로 퍼져 구불구불 자라는 쑥에 관한 내용이 소개되고 있다. 여기서 나오는 삼과 쑥의 이야기에서 유래했으며, 원문原文의 내용을 큰 틀에서 요약하면 다음과 같다. 한편 유의어로서 근주자적近朱者赤, 맹모삼천지교孟母三遷之敎, 귤화위지橘化爲枳, 근묵자흑近墨者黑, 남귤북지南橘北枳 따위를 들 수 있다.

당시 남쪽지방에 몽구蒙鳩라는 새가 있었는데 둥지를 상당히 화려하게 지었다. 깃털로 둥지를 틀고 화려한 머리의 깃털로 장식했을 뿐 아니라 갈대의 이삭을 둥지에 매달 정도였다. 그런 둥지가 바람이 불자 갈대 이삭은 꺾이고 알은 깨지고 새끼가 죽었다. 이는 둥지가 완전치 못함 때문이 아니라 그 둥지가 있던 장소가 부적합했기 때문이라는 지적이다. 즉 둥지를 튼 지역적인 환경 문제라는 진단이었다.

한편 서쪽지방에는 나무가 있었는데 그 이름이 사간射干*이며 줄기의 길이는 네 치寸*이다. 하지만 높은 산꼭대기에서 자라기 때문에 백百 인仞*의 연못을 내려다본다고 한다. 이렇게 깊은 연못을 내려다볼 수 있음은 나무의 길이가 길고 커서가 아니라 서 있는 장소 위치, 즉 환경 때문이라는 지적이다.

/ (사방으로 마구 흩어져 자라는) 쑥이 삼 가운데서 자라면(蓬生麻中:봉생마중) / 바로잡아 주지 아니해도 곧으며(不扶而直:불부이직) / 흰 모래가 진흙 속에 있으면(白沙在涅:백사재열) / 진흙을 따라 함께 꺼멓게 된다(與之俱黑:여지구흑) /

위의 내용에서 마중지봉이 생겨났다. 한편 난괴蘭槐의 뿌리를 지芷라고 한다. 만일 그것을 더러운 물에 담그면 군자君子는 가까이 하지 않을 것이며 백성들은 몸에 매달고 다니지 않을 것이다. 그것은 바탕이 아름답지 않아서가 아니라 더러운 물에 적셔져 오염되었기 때문이라는 지적이다.

사방으로 마구 흩어져 자라는 특성을 지닌 쑥이 밀식密植된 삼밭에서 섞여 경쟁하며 성장하면 일부러 바로 잡아주지 않아도 본능적으로 곧게 자라게 되는 것을 순자荀子는 경쟁자인 삼麻의 영향을 받기 때문이라고 단정했다. 같은 이치로 바르지 않은 심성을 지닌 사람도 선하고 바르게 바뀔 수 있다는 의미로 쓰이는 말이 마중지봉이다. 결국 성악설을 극복하기 위한 방안으로 교육의 필요성을 주창한 순자의 사상과 일맥상통하기도 한다.

하찮은 쑥의 경우도 환경에 따라 놀라울 정도로 변하는데 사람을 굳이 들먹일 필요가 있을까. 순자의 성악설이나 맹자의 성선설性善說에 관계없이 태어난 이후에 어떤 환경에서 어떻게 사느냐에 따라 선해지거나 악해질 개연성을 깡그리 무시할 수 없다. 따라서 선업善業과 덕을 쌓는 사람들과 어울리면 본성에 무관하게 선해지게 마련이리라. 왜냐하면 나쁜 이들과 가까이 하면 시나브로 검은 물이 스며들 위험성이 한층 높게 마련이고, 붉은 빛에 가까이 가면 붉게 비춰지는 게 하늘의 섭리이자 자연의 이치가 아니던가. 결국 살면서 주위 환경이 얼마나 중요한가를 함축하는 가르침을 위해 마중지봉이 생겨났을 게다.

---

* 사간射干: 범부채의 뿌리로 한방韓方에서 약재로 사용된다. 한편 범부채는 붓꽃과의 여러해살이풀이다. 높이는 50~100cm이며, 잎은 좌우로 편평하다. 7~8월에 누런 붉은색에 짙은 반점이 있는 꽃이 산상傘狀 화서花序로 피고, 뿌리줄기는 '사간'射干이라고 하여 약재로 쓴다. 관상용이고 고산지高山地나 바닷가에 저절로 나는데 한국이나 일본 등지에 분포한다.
* 치寸: 길이의 단위이다. 1촌寸은 한 자尺의 10분의 1 또는 약 3.03cm에 해당한다. 그러므로 1자尺는 약 30.3cm이다.
* 인仞: 길이의 단위로서 8척尺 또는 7척尺을 1인仞이라고 한다. 그러므로 100인仞은 800척 혹은 700척을 뜻한다.

《수필과비평》 2024년 8월호(통권 274호), 2024년 8월 1일
(2024년 4월 15일 월요일)

명수잔도, 암도진창

 명수잔도明修棧道를 직역하면 '밝을 때는 잔도棧道*를 수리한다.'라는 뜻이다. 한편 암도진창暗渡陳倉*은 몰래 진창을 건너다라는 의미이다. 그런데 이 둘은 하나의 쌍을 이루어 쓰이며 현실적으로 뜻하는 바는 다음과 같다. 밝을 때는 잔도를 수리하는 척하다가 은밀하게 진창陳倉을 건넌다, 겉으로는 잔도를 수리하는 척하고 위장공작을 펼치면서 몰래 진창을 건너는 기습공작 등을 의미한다. 그러므로 외형상으로는 어떤 행동을 하는 것처럼 위장하여 상대방을 혼란스럽게 현혹시켜 놓고 실제로는 다른 전략을 실행하는 술책을 뜻한다. 이의 유래와 관련된 일화와 만남이다.

 중국 한漢나라 대장군이었던 한신韓信이 명수잔도로 옹왕雍王인 장한章邯의 감시를 다른 곳으로 돌려 안심시켜 놓고, 암도진창 술책으로 진창고도陳倉古道라는 우회로迂廻路로 몰래 진격하여 전광석화의 속결속전速決速戰으로 진창을 공략하고 여세를 몰아 삼진三秦을 장악했다.

진秦나라 멸망 후 항우項羽는 유방劉邦이 신경 쓰여 한왕漢王으로 분봉分封시킨 이후에 관중關中에서 밀어내 파촉巴蜀의 땅인 한중漢中으로 쫓아버렸다. 그렇게 한중으로 가는 도중에 책사 장량張良이 건의했다. "관중과 한漢의 수도인 남정南鄭을 직접 오갈 수 있는 유일한 도로 중에 진령산맥秦嶺山脈에 위치한 포하褒河의 천야만야한 절벽에 개설되었던 포야도褒斜道* 다시 말하면 파촉잔도巴蜀棧道를 모두 불태워 없애버리자."고. 그 건의를 받아들여 건너왔던 잔교를 깡그리 불태워 버렸다. 이는 항우에게 관중으로 진출할 의사가 전혀 없음을 행동으로 보여주는 명쾌한 메시지로서 안심하라는 역설이었다.

변방인 한중에 사실상 갇혀 지내며 광활한 관중으로 나갈 기회를 호시탐탐 엿보던 유방에게 대장군으로 임명된 한신이 동진계책東進計策을 수립하여 상신上申했다. 심도 있게 검토한 끝에 한신의 계책을 온새미로 채택하기로 결정했다. 이 책략의 요점은 명수잔도라는 위장공작으로 적의 관심을 그쪽으로 돌려 방심하게 만들어 놓고, 그 허점을 교묘하게 파고드는 기습 전략인 암도진창이라는 책략을 펼쳐 적의 심장부를 일거에 쳐부수는 고도의 전략이었다.

유방은 일차적으로 번쾌樊噲에게 일 만의 군사를 내주고 지난날 불태웠던 포야도, 즉 파촉잔교를 하루빨리 복원하라고 명령했다. 그런데 누가 봐도 모든 잔교를 복원하는 것은 장구한 세월을 요하는 커다란 공사로서 실로 무모하고 부질없는 짓으로 보일 수 있는 어리석은 결정처럼 보였다. 그럼에도 한漢의 병력이 불탄 잔교 복원에 모두 걸기를 하고 있다고 믿었던 옹왕雍王 장한章邯은 코웃음을 치며 무시하고 아무런 대비책도 세우지 않고 방치했다. 이는 '밝을 때(낮) 잔도 수리한다(명수잔도).'는 것을 보여주어 적의 관심을 붙들어 두려는 위장 술책이었을 뿐이다.

　진창에서 지켜보는 장한의 눈을 돌려 안심시켜 놓고 유방과 한신은 진령산맥을 서쪽으로 길게 우회하는 진창고도陳倉古道로 주력부대를 이끌고 고도故道의 북단에 축조했던 고도성故道城을 눈 깜짝할 사이에 접수하고, 부대를 재편해 진창성陳倉城을 파죽지세로 함락시켰다. 그렇게 한신은 옹雍의 땅, 즉 옹왕 장한이 지배하는 옹나라 땅을 평정하고 함양咸陽을 향해서 동진東進하여 폐구성廢丘城에 장한을 가둬놓았다. 아울러 계속해 관중의 옛 진나라 땅을 장악하는 한편 동진을 거듭하며 승승장구하자 삼진의 나머지 왕인 새왕塞王 사마흔司馬欣, 적왕翟王 동예董翳 등도 자진하여 투항해 충성맹세를 했다. 이를 사람들은 환정삼진還定三秦이라 했으며, 결과적으로 한漢이 바라던 천하통일의 서막이 활짝 열린 셈이었다.

　다시 한번 되새겨 볼 때 위의 한신 계책은 매우 독특한 전술이 분명했다. 이는 명수잔도라는 위장 술책으로 상대의 관심을 돌리거나 안심시켜 놓고, (그 틈을 이용해서) 몰래 다른 전술을 펼쳐 제압하는 암도진창의 표본적인 전술의 예이다. 결국 한신은 명수잔도로 장한을 눈 뜬 장님인 청맹과니로 만들어 놓고 음흉하게도 뒷구멍으로는 암도진창이라는 전술로 유방에게 관중 지역을 평정하게 만드는 걸출한 전략을 펼쳐 엄청난 전과를 거뒀다.

　오늘날에도 각종 경쟁이나 다툼이 치열하게 전개되는 과정에서 정면으로 공격하는 것처럼 위장 전술을 펼쳐 상대(적)의 관심을 엉뚱한 곳으로 돌려놓거나 한껏 방심하도록 만들어 놓는다. 그렇게 눈속임으로 허술해진 빈틈을 교묘하게 비집고 파고들어 기상천외의 전략으로 상대를 옴짝달싹 못하게 제압하는 뜻으로 '명수잔도, 암도진창'의 전략이 곧잘 쓰이고 있다.

---

* 잔도栈道: 험한 벼랑 같은 곳에 낸 길을 말한다. 선반처럼 달아서 낸다. 각도閣道 혹은 잔각栈閣이라고도 부른다. 쉽게 벼랑길이라고도 부른다. 《삼국지》에 나오며 파촉巴蜀으로 나있던 진령산맥秦嶺山脈의 잔도가 예이다.
* 암도진창暗渡陳倉: 삼십육계三十六計 중에 적전계敵戰計 제8계이다. '은밀히 진창陳倉을 건넌다.'는 뜻이다. 유방이 삼진三秦을 공격하러 나갈 때 한신은 번쾌樊噲에게 잔도栈道를 복구하라고 급하게 명령하더니, 정작 자신은 백도어(back door)*로 금방 삼진三秦을 털어버린 고사가 유래이다.
* 백도어(back door, trap door): 백도어는 뒷문이라는 뜻이다. 이는 컴퓨터의 하드웨어나 소프트웨어 등의 개발과정이나 유통과정 중에 몰래 탑재되어 정상적인 인증 과정을 거치지 않고 보안을 해제할 수 있도록 만드는 악성코드이다. 넓은 의미에서는 프로그래머의 실수로 만들어진 취약점을 백도어라고 부르기도 한다. 그러나 대개 백도어라고 하면 의도적으로 만들어진 보안 구멍을 지칭한다.
* 포야도褒斜道에서 '斜'는 보통의 경우 '비낄 사'로 사용되지만, 여기에서는 '골짜기 이름 야'로 쓰였음에 유의해야 한다.

2024년 6월 22일 토요일

문전성시

문전성시門前成市는 '문 앞이 저자市, 즉 시장을 이룬다.'는 뜻이다. 이는 막강한 권세가나 엄청난 재력을 지닌 부잣집 문 앞이 찾아오는 사람들이 너무도 많아 저자(시장)를 방불케 할 정도로 혼잡하다는 의미로 쓰인다. 이의 출현 배경과 내재된 사연을 통해 함축하고 있는 참뜻에 다가가기이다.

유래는 전한前漢 말기末期 애제哀帝시절, 남의 고자질을 좋아하던 상서령尙書令 조창趙昌이 황제에게 정숭鄭崇에 대해 무고誣告했다. 그 무고 사건을 황제가 친국親鞫하는 과정에서 "그대 문 앞에 사람이 많아서 저자市와 같다는데(君門如市人:군문여시인)."라고 하문下問했던 데서 유래되었다. 동의어로는 문전약시門前若市, 문정고시門庭苦市, 문전여시門前如市가 있다. 한편 이와 정반대 의미로 문전작라門前雀羅가 쓰인다. 이는 '문 앞에 그물을 쳐 놓은 정도로 사람이 없다.' 혹은 '몰락한 권세가에는 사람들의 발길이 끊어진다.'는 의미로 통용되고 있다.

이를 전하는 출전出典은 《한서漢書》의 〈정숭전鄭崇傳〉과 〈손보전孫寶

傳)이다. 이들이 담고 있는 관련 내용을 대략 간추려 요약하면서 그 실체를 살핀다.

전한의 말기 무렵 황제인 성제成帝가 급서急逝하면서 이복동생인 유강劉康, 즉 정도왕定陶王의 아들인 애제哀帝가 어린 나이에 전한의 13대 황제로 등극했다. 애제가 즉위하면서 조정의 실권을 쥐고 있던 조부祖父 원제元帝의 비妃이었던 태황태후 쪽의 외척인 대사마大司馬 왕망王莽을 위시한 왕씨 가문王氏家門이 축출되었다. 여태까지 왕씨 가문이 독점하고 있던 조정의 권력이 이번에는 백부伯父 성제成帝의 비妃 쪽의 외척인 부씨 가문傅氏家門과 애제 자신의 어머니 쪽의 외척인 정씨 가문鄭氏家門으로 넘어갔다. 얼결에 황제의 자리에 올랐기 때문인지 어린 황제는 나라를 다스리는 국사에는 별로 관심이 없었다. 엉뚱하게도 동현董賢이라는 미소년과 동성연애, 즉 비역질에 빠져 국정은 등한시했다. 그런 연유로 조정의 모든 실권은 고스란히 외척外戚들의 손아귀로 넘어갔다.

애제가 국정엔 별로 관심이 없이 미소년 동현을 익애溺愛하여 정신을 못 차리는 게 안타까워 명유名儒 포선鮑宣, 중신重臣 왕굉王閎이나 정숭鄭崇 등이 간곡하게 간諫했다. 하지만 결과적으로 도로아미타불이 되었다. 이런 상황에서 외척들의 전횡專橫과 적폐를 그대로 두고 볼 수 없는 지경에 이르자 정숭이 앞장서 여러 차례 직간을 했지만 결과적으로 도루묵이었다. 그렇게 쇠귀에 경 읽기임에도 여러 중신들이 거듭 간언하자 무시하면서 되레 힐책이 따르기도 했다. 그 같은 과정에 대한 대강이다.

대쪽같이 곧고 충직했던 정숭은 애제가 잘못된 길을 걷는 꼴을 두고 볼 수 없었다. 즉위 초기엔 직언을 하면 반응이라도 보였는데 시간이 지나면서 반응이 냉랭하고 피하려 드는 기색이 완연했다. 그래도 미소년 동현과의 비정상적인 관계나 외척의 적폐에 대해 적나라하게 꼬집었다. 그러다가 또 동현에 대한 총애가 지나치다고 아뢰다가 불똥이 튀어 큰過度 죄가 되었고 정무政務에 대해 지적하다 책망을 들으며 미운털이 박혀 멀리하기에 이르렀다. 그런 와중에 정숭은 목에 큰 종기가 생겨 끙끙 앓으며 자리를 내려놓으려 생각했으나 기회를 잃고 말았다.

이런 이유로 애제와 소원해진 사실을 귀신같이 포착해 무고誣告를 한 게 상서령尙書令 조창趙昌이었다. 그는 평소 아첨꾼으로 오래전부터 정숭을 시기해 오다가 황제와 관계가 소원해진 틈을 타서 그가 종실宗室과 내통하여 내란이 의심되는 첩보가 있으니 철저한 조사가 필요하다는 투서였다. 황제의 입장에서 볼 때 사사건건 트집만 잡고 귀찮게 잔소리를 일삼는 늙은 신하였는데 어쩌면 잘됐다 싶었을지도 모르겠다. 그래서 '이 기회에 거추장스러운 늙은 신하 한 명 들어내자.'라는 심정이 아니었을까. 그 투서에 대한 친국의 자리에서였다. 황제가 책망하며 일갈했다.

/ … / 그대의 대문 앞에 사람이 많아 저자市, 즉 시장바닥 같다는데(君門如市人:군문여시인) / 어찌하여 내게는 (모든 것을) 금하고 끊기를 주문하는가(何以欲禁切主上:하이욕금절주상) / 정숭이 대답했다(崇對曰:숭대왈) / 신의 대문은 시장市과 같지만(臣門如市:신문여시) / 신의 마음은 물과 같

습니다(물처럼 맑고 깨끗합니다)(臣心如水:신심여수) / 원하옵건대 재고해 주시기 바랍니다(願得考覆:원득고복) / … /

위의 내용 중 "그대의 대문 앞에 사람이 많아 저자市, 즉 시장바닥 같다는데(君門如市人:군문여시인)"에서 문전성시가 비롯되었다. 한편 무고임을 강력히 주장하며 재조사해 줄 것을 간절히 청했으나 황제는 마음을 굳게 닫은 채 찬바람이 날 정도로 단호했다. 결국 진노震怒를 풀지 않은 채 혹독하게 심문하고 나서 곧바로 하옥下獄시켰다.

정승이 하옥되고 난 뒤의 일이다. 사간司諫인 손보孫寶가 적극적으로 나서 상서上書하고 조창의 중상임을 역설하며 적극적으로 변호했다. 그러나 황제의 노여움은 조금도 누그러지지 않았다. 도리어 무죄를 강력히 주창했던 손보를 서인庶人으로 강등시켰으며 다시 밝은 세상에 나오지 못하게 가둬 끝끝내 옥사獄死했다.

문전성시라는 성어를 대할 때마다 떠오르는 두 가지이다. 먼저 유사 이래 모든 정권에서 외척이 득세해 전권을 휘두르다 나라나 정권을 무너뜨리거나 가문이 멸문지화를 당하는 선례를 수없이 봐왔을 터이다. 그럼에도 깜냥도 되지 않는 주제에 왜 그리도 애면글면하며 덤벼들었을까. 하기야 속물들의 눈에는 권력보다 더 강하고 매력적인 것이 없었으리라. 그런 권력이 눈앞에서 유혹하는데 멀리하거나 내치는 탈속脫俗적인 단안은 부처나 예수의 경지가 아니었다면 절대로 불가능했을 게다. 한편 권력자에게 부나비처럼 모여드는 군상들은 부질없이 혼을 팔려는 천민이며, 대부호에게 불나비처럼 모여드는 위인들은 정신적 가난뱅이에 지나지 않으리라. 허황된 탐욕이나 망상은 허업虛業을 짓는 것일 뿐이다. 예로부터 뿌린 대로 거둔다, 즉 콩 심은 데 콩 나고 팥

심은 데 팥 난다고 하여 종두득두種豆得豆라고 일렀거늘….

2024년 6월 17일 월요일

반골

 반골反骨을 곧이곧대로 해석하면 '뼈가 거꾸로 된 것'을 뜻한다. 그렇다면 현실에서 어떤 의미로 쓰일까. 국어사전에 따르면 "세상의 순리나 명령 혹은 권력 따위를 순리대로 따르지 않고 저항하는 기질 또는 그런 사람"으로 정의하고 있다. 이를 바탕으로 생각할 때 독선적이거나 고집이 지나치게 센 상태보다는 권력이나 명령에 반항한다는 의미를 뜻했다. 한편 옛날엔 주로 역적을 지칭했었다. 하지만 최근에 이르러 부정한 권력이나 힘에 단호하게 저항하거나 불복종을 함축하는 긍정적인 의미를 지닌 개념으로 받아들이기도 한다. 아울러 부당한 억압이나 힘에 대항하는 투사 냄새를 풍기는 개념으로 이해하기도 했다. 이 성어의 진면목과 만남이다.
 실제로 반골이라 함은 어떤 뼈의 상태를 두고 이른 말일까. 일반적으로 '목덜미의 돌출된 목뼈 즉 튀어나온 경추頸椎를 반골反骨'이라고 한다는 얘기다. 우리가 목 뒤 부분에 손을 대보면 경추 중에서 한 마디 혹은 특이한 경우는 두 마디가 공룡의 등뼈가 낙타처럼 툭 튀어 나와 있다. 이처럼 돌출된 상태가 유독심해 기형적으로 보이는 경우를 지칭한다는 전언이다.

유래는 제갈량諸葛亮이 위연魏延을 보는 순간 '반골의 상相'이라고 판단하여 당장 참수斬首하라고 했던 명령에서 비롯되었다. 한편 이 내용을 전하고 있는 출전出典은 중국 원元나라의 작가 나관중羅貫中이 지은 장편 역사소설 《삼국지연의三國志演義》이다. 동의어로 반골叛骨이 있고, 유의어로 유아독존唯我獨尊, 벽창우碧昌牛가 있다. 아울러 반골에 관련된 위연과 제갈량에 대한 일화는 진晉나라 때에 진수陳壽가 지은 위魏·오吳·촉蜀 등 삼국三國의 정사正史를 기록하고 있는 《삼국지三國志》에는 없는 내용이라고 한다. 그렇다면 《삼국지연의》에서 새로운 내용을 추가적으로 삽입한 이유는 제갈량의 선견지명 능력을 한껏 높여서 소설을 재미있게 만들기 위한 의도적인 추가적 설정이 아니었을까. 출전의 내용을 바탕으로 반골에 얽힌 줄거리를 요약하는 것으로 실체에 다가간다.

제갈량이 처음 위연을 만나던 자리였다. 그 자리에 관운장關雲長이 위연을 데리고 와서 소개하던 순간이었다. 한동안 그를 뚫어지게 응시하던 제갈량이 망나니刀斧手들에게 그를 끌어내다 당장 참수하라고 큰 소리로 명갈슛했다. 옆에서 그 상황을 주시하고 있던 현덕玄德, 즉 유비劉備가 "위연은 공功이 있고 죄가 없는데 군사軍師께서는 무슨 연유로 그를 참수하라고 명하십니까?"라고 물었다. 이에 제갈량이 그의 죄목을 낱낱이 직간直諫했다.

/ … / 그는 녹봉祿俸을 받는 처지에 자기 주인(長沙太守 韓玄)을 해害했으니(食其祿而殺其主:식기녹이살기주) / 이는 불충입니다(是不忠也:시불충야) / (또한) 자기가 사는 땅을 들어 바쳤으니 (이는) 불의입니다(居其土而獻其也:거기토이헌기야) / (게다가) 이제 보니 위연의 뒷덜미에는 반골反骨이 있기 때문에(吾觀魏延腦後有反骨:오관위연뇌후유반골) / 미래에 반드시 배반할 것으로 예견됩니다(久後必反:구후필반) / 이 같은 이유에서 화근禍根을 뿌리 뽑기 위해 그를 참하려는 것이옵니다(故先斬之以絶禍根:고선참지이절화근) / … /

위 내용에서 반골이 비롯되었다. 한편 제갈량의 말을 듣고 "그를 참한다면 앞으로 항복할 사람들도 위협을 느껴 마음을 결정하지 못할 개연성이 다분하니 군사께서 용서해 줬으면 좋겠다."는 현덕의 적극적인 만류 덕에 위연은 위기를 면하고 목숨을 부지할 수 있었다. 그 뒤에 그는 한중태수韓中太守에 임명되기도 했다. 당시 촉나라에서는 관우關羽 · 장비張飛 · 조운趙雲 · 마초馬超 · 황충黃忠 등의 오호장군五虎將軍이 이미 세상을 떠난 뒤의 일로서 유능한 장수가 거의 없어 묘한 성격 소유자로서 적지 않은 문제가 있었음에도 불구하고 끌어 안고갈 수밖에 달리 묘책이 없는 난처한 상황이기도 했다.

세월이 흘러 유비도 제갈량도 저승으로 떠난 뒤의 일로 알려졌다. 어느 날 밤 위연이 자기 머리에 뿔이 두 개가 거꾸로 나있는 이상한 꿈을 꿨다. 이튿날 역술가易術家 조직趙直을 초빙해 꿈 해몽을 부탁했다. 한마디로 요약해 '뱀이 용으로 변해 승천하는 길몽 중에 길몽'이라는 말을 하늘같이 믿고 위연은 무모하게 반란을 일으켰다. 지난날 제갈량이 살아 있을 때 위연의 반란을 예상하고 몰래 마련해 두었던 대비책에 걸려들어 유비의 충직한 부하였던 마대馬岱에게 체포되어 삼족三族이 멸하는 화를 당했다. 결국 그의 꿈에서 현몽했던 뿔角은 칼刀을 쓴다用는 의미로서 악몽이었던 셈이다.

앞에서도 언급했지만 이와 같은 내용은《삼국지연의》에서 추가된 내용으로 정사正史를 기록한《삼국지》에서는 그의 반골 얘기가 전혀 없다. 한편《삼국지》정사에는 그가 반란을 일으킨 것이 아니라 제멋대로 전쟁을 하겠다며 자기 휘하의 군사를 기분에 따라 멋대로 동원해 내분을 일으킨 죄로 참수 당한 것으로 기술되었다는 전언이다.

신념이나 가치관에 반하는 부당한 권력 또는 명령에 직면하면 묵과할 수 없어 반골기질이 생기게 마련이리라. 특히 이를 밖으로 드러낼 수 없는 처지에선 겉과 속이 전혀 다른 이중인격의 모습을 띠게 마련이다. 여기에 다양한 불이익이나 위해가 따를 위험이 도사리고 있을 경우 저항운동처럼 익명으로 변장하거나 온라인으로 잠적한다. 이들 부류는 반골이라기보다는 불의에 맞서 항거한다고 인식될 가능성이 무척 높다. 바로 이런 경우가 불의에 굽히지 않는 투사 비슷하게 인식되기 마련인 반골의 긍정적인 사례이다.

그러므로 사회의 모든 분야에서 불의가 부정에 타협하거나 굴하지 않는 원칙주의 저항정신이 때로는 나라가 지탱되고 유지, 발전해 나갈 희망의 등불이며 향도嚮導가 되기도 한다. 결국 이상과 같은 이유에서 반골이 깨어있는 지성을 긍정적으로 지칭하는 개념으로까지 영역을 넓혀 자리 잡게 된 게 아닐까?

《문학춘하추동》2025년 봄호(통권 9호), 2025년 2월 20일
(2024년 6월 16일 일요일)

배수진

 배수진背水陣은 '물을 등지고 치는 군진軍陣'을 뜻한다. 이는 죽음을 각오하고 밀어붙이려는 결연한 의지나 자세를 뜻하기도 하고 오합지졸에 가깝고 사기士氣가 매우 낮은 군사에게 전부가 아니면 전무(All or Nothing)라는 결사적 각오로 쓰는 전술로 알려졌다. 현실에서 '배수진을 쳤다.'라는 말은 모든 것을 걸고 마지막 승부수를 던진 비상한 각오임을 뜻한다. 이와 만남이다.

 《병법兵法》에서는 최악의 방법이라고 금기시하던 전법이 배수진이다. 이를 조趙나라와 벌인 정형구井陘口 전투에서 보란듯이 성공시킴으로써 전략적 전술적 혹은 결사적 각오라는 의미로 재정립시킨 장군이 한漢나라 한신韓信이다. 그 전투에서 한신은 배수진을 쳐 대승을 거두며 조나라를 멸망에 이르게 했다. 배수진으로 승리한 또 다른 예이다. 동진東晉의 의희義熙 13년 유송劉宋의 개국開國 황제 유유劉裕가 북위北魏에게 거두었던 승전이다. 반대로 배수진을 펼치는 실수로 나라가 망했던 예는 남제南齊 영원永元 3년의 주작항朱雀航 전투이다. 한편 임진왜란 때 천혜의 요새인 문경새재에서 왜군과 싸우지 않고 엉뚱하게 충주의 탄금대彈琴臺에 배수진을 치고 대적하다가 대패했던 신립申砬 장군이 떠오른다.

관련된 내용을 전하는 출전出典은 사마천司馬遷이 쓴 《사기史記》의 〈회음후열전淮陰侯列傳〉이다. 출전에 나타나는 관련 내용의 줄거리를 요약한다.

한漢나라 유방은 초패왕楚覇王 항우項羽의 기세에 눌려 한중漢中 땅에서 숨을 죽이고 엎드려 지내야 했다. 그러다가 야심을 잠재울 수 없어 야금야금 밖으로 밀고 나오면서 크고 작은 전투를 통해 세력을 입증하며 통치 영역을 넓혀 나갔다. 그러자 이곳저곳의 장수나 제후들이 충성 맹세를 자청하며 협조하기 시작했다. 호사다마였을까. 잘 나가던 중에 팽성彭城에서 초楚나라 군사와 대적했는데 대패하는 수모를 겪었다. 이를 주시하던 여러 장수와 제후들이 초나라 편으로 돌아서며 등을 돌리는 배신이 이어졌다. 유방은 배신자들을 무력으로 굴복시켜 나갈 요량에서 군사적 행동을 펼쳤다. 그 정책의 연장선상에서 세력 확장을 겨냥해 한신과 장이張耳에게 2만여 군사를 주어 조趙나라를 치라고 명했다.

한나라가 자기 나라를 징벌하려고 출정했다는 첩보를 접한 조나라는 즉각 전략을 마련했다. 조나라 왕인 헐歇과 성안군成安君 진여陳餘는 20만에 이르는 큰 부대를 동원해 정형구井陘口에 진을 치고 한나라 군사를 기다리고 있었다. 이때 조나라 장수 중에는 뛰어난 광무군廣武君 이좌거李左車가 있었다. 그가 대적할 계책을 마련해 진여에게 올렸다. 원래 책상물림으로 병법에 밝지 못한 진여는 이좌거의 책략을 아군이 적군보다 10배 이상 많다는 이유를 들어 무시하고 자기 고집대로 밀어붙였다.

"한나라 군사가 조나라를 침공하기 위해서는 수백 리나 되는 매우 좁은 협곡을 지나와야 했다. 그 때문에 멀리에서 쳐들어오는 한나라 군사는 길게 한두 줄로 늘어서 협곡을 통과할 수밖에 다른 방법이 없었다. 이런 지리적 이점을 살리기 위해 중간에 군사를 매복시켰다가 군수물자 조달을 차단하는 한편 적을 협곡에 가둬놓고 기습하면 쉽사리 승전한다는 계책을 강력히 주창했으나 진여에 의해 단칼에 배척되었다."

이는 한신 입장에서 보면 하늘과 신이 돕는 형국으로 천우신조天佑神助인 셈이었다. 한신은 군사들을 이끌고 협곡의 좁은 통로를 빠져 내려와 정형구에서 30리쯤 떨어진 곳에 진을 치라고 명했다. 그리고 미리 풀어놓은 첩보 요원들의 다양한 보고가 있었는데 가장 기뻤던 첩보는 이좌거의 책략이 배척되었다는 사실이었다. 여러 정보들을 종합, 분석한 뒤에 무장한 기병騎兵 2천 명을 선발해 개인마다 한나라의 붉은 기旗를 가지고 샛길로 몰래 빠져나가 조나라 진지 앞 산속에 매복하라고 명했다. 내일 한나라 군사들은 조나라 군사들과 대적하다가 패한 척하고 도망가는 속임수를 쓸 예정이다. 그러면 조나라 군사들은 아무 생각 없이 모두가 추격에 나설 것이다. 무작정 추적하면서 진지를 텅텅 비웠을 때 매복했던 너희들이 적군의 진지에 바람같이 잠입해 조나라 깃발을 모조리 뽑아버리고 우리의 붉은 깃발을 꽂는 것이 임무라고 일렀다. 그리고 난 뒤에 일부의 군사들에게는 그 유명한 배수진을 치라고 명했는데 이는 공성계空城計*에서 아이디어를 따온 전략이지 싶다.

> / … / 한신은 병사 1만을 먼저 선발해서(信乃使萬人先行, 出:신내사만인선행, 출) / 물을 등지고 진을 치도록 했다(背水陣:배수진) / 조나라 군사들은 이것(배수진)을 바라보고 크게 웃었다(趙軍望見而大笑:조군망견이대소) / … /

위 내용에서 배수진이 비롯되었다. 한편 다음 날 이른 시각, 한신은 군사들을 이끌고 조나라 진영을 향해 돌진했다. 조나라 군사들이 즉각 항전해 접전이 벌어졌다. 한동안 겨루던 한나라 군사가 거짓으로 밀리는 척하면서 허접한 장비와 깃발을 버린 채 도망쳐 배수진을 치고 있던 부대와 합류해 전열을 정비하는 척 위장행동을 했다. 한껏 기세가 오른 조나라 군사는 한신이 예상했던 대로 자기 진지를 통째로 비워둔 채 호기롭게 뒤쫓아왔다.

한편 배수진을 쳤기 때문에 퇴로가 완전히 막힌 한나라 군사들은 모든 힘을 쏟아부으며 맞섰다. 그때 산속에서 매복하고 호시탐탐 기회를 엿보던 2000의 한나라 기병들은 쏜살같이 조나라 진지로 잠입하여 순식간에 조나라 기를 모조리 뽑아 버리고 수천 개의 한나라 붉은 깃발을 꽂음으로써 바람에 펄럭이는 모습이 붉은 물결처럼 출렁여 장관이었다. 한편 배수진을 친 한나라 군의 완강한 저항에 밀리던 조나라 군사들은 어쩔 수 없어 퇴각하기 시작했다.

퇴각하던 병사들이 자기들의 진지에서 붉은 깃발이 파도처럼 펄럭이는 아찔한 모습을 보고 대경실색해 하나둘 도망가기 시작하면서 도저히 걷잡을 수 없는 상황에 빠졌다. 장수들이 도망하는 병사의 목을 베며 호통을 쳤지만 백약이 무효였다. 이렇게 갈팡질팡하던 무리는 이미 이성이 마비되어 통제가 불가능했다. 이런 혼란을 틈타 조나라 병사들을 마구 도륙함으로써 한신은 엄청난 대승을 거뒀고 결국 조나라는 패망의 길로 들어섰다.

왜 배수진을 택했을까? 허점이 많은 배수진을 쳐 적이 방심하고 공격토록 유도하여 적을 제압하는 단기전을 펼치려는 전략으로 택하지 않았을까. 왜냐하면 배수진은 다른 전략을 펴려는 낚싯밥 같은 역할이 목적으로 단기전을 펼치는 데 방점을 두고 있기 때문이다. 아울러 한신은 자기의 군사가 오합지졸에 가까워 그들은 퇴로가 없는 절박한 상황이 아니면 강한 군대와 싸워 살아남을 가능성이 없기 때문에 벼랑 끝 전술을 펼치도록 택한 전략으로 유추된다. 예로부터 "살고자 하면 반드시 죽고(生則必死:생즉필사) 죽고자 하면 반드시 산다(死則必生:사즉필생)."라고 일렀다. 문외한이기는 하지만 내가 당시의 한신이었다면 어떤 전략을 세웠을까

---

* 공성계空城計: 성城을 비우는 계책. 성이 빈 것처럼 보이게 하여 적군을 혼란스럽게 만드는 작전이다. 고대 중국의 병법인 삼십육계비본병법三十六計秘本兵法의 제32계이기도 하다.

《한올문학》 2025년 월호(통권 　호)
(2024년 6월 13일 목요일)

배중사영

　배중사영杯中蛇影을 직역하면, 술잔 속杯中에 비친 뱀 그림자蛇影를 뜻한다. 하지만 현실에서는 하찮고 허접한 일 때문에 고심하거나 애를 태우는 것을 비유하는 말로 통용되고 있다. 그러므로 부질없고 무의미한 일에 의심을 품고 걱정과 근심에 사로잡히는 것을 지칭한다. 이 성어가 탄생한 고사故事를 담고 있는 출전出典을 중심으로 출현 배경과 유래와 만남이다.
　원래 의심은 끝내 두 가지 중 하나의 결론에 이르게 마련이다. 우선 긍정적인 결론으로 새로운 것을 창출해 내거나 문제점을 색출해낸다. 다음으로 부정적인 결론으로 무리한 감정의 낭비나 지나친 고민을 불러 일으켜 자신이나 주위에 해를 끼친다. 그런데 배중사영은 후자인 부정적인 결과를 초래하는 사례이다.
　배중사영에 관련된 고사를 담고 있는 출전出典은 두 가지이다. 이들 둘이 전하는 내용은 총론總論에서 큰 틀의 줄거리 의미는 맥을 같이한다. 하지만 각론各論에서는 주인공과 스토리(story)의 결이 약간 다르다. 이들 출전은 《진서晉書》의 〈악광전樂廣傳〉과 《후한서後漢書》의 〈풍속통의風俗通義〉이다. 동의어同義語로는 배궁사영杯弓蛇影, 궁배弓杯, 사영배궁蛇影杯弓이 있다. 아울러 유의어類義語로서 기우杞憂, 반신반의半信半疑, 의심암귀疑心暗鬼, 의심생암귀疑心生暗鬼 등이 있다. 두 책에 수록된 바에 따라 배중사영에 관련된 부분을 중심으로 간추려 살핀다.

《진서》의 〈악광전〉에 나타난 고사이다. 진晉나라 사람인 악광樂廣이 하남태수河南太守로 재직할 때의 일로 알려졌다. 이는 《세설신어世說新語*》에도 나온다. 악광이 어느 날 흉허물 없는 친구를 초대해 관사官舍에서 정담을 나누던 술자리를 마련했다. 그 자리에서 친구가 술을 마시려는데 술잔 속에 뱀이 어른거렸다. 그 얘기를 하면 분위기가 깨질 것 같아 티내지 않고 묵묵히 술을 마시고 자기 집으로 돌아갔다. 뱀이 어른거리는 술을 마셨다는 께름칙함 때문이었을까. 친구는 그날로 병이 들어 심하게 앓아 누웠다.

자주 들르던 친구가 여러 날째 나타나지 않자 궁금했던 악광이 친구 집에 찾아갔다. 병을 앓으며 누워있던 친구가 지난번 술자리에서 술잔 안에서 뱀이 어른거리던 것을 마시고 돌아와 병을 얻었는데 날이 지날수록 심해졌다는 어이없는 얘기를 듣고 민망해 서둘러 집무실로 돌아왔다. 친구로부터 터무니없는 배중사영 얘기를 듣고 생각을 거듭하며 고심하다가 지난번 술자리를 펼쳤던 자리를 찾아가 세세하게 살폈다. 그러다가 벽에 걸린 활에 뱀 그림이 그려진 것을 발견하고 그 원인을 유추해냈다. 악광은 즉시 그 친구를 다시 초대해서 똑같은 자리에서 술자리를 마련하고 술을 따랐다. 그리고 친구에게 물었다. "지금 술잔에 무엇이 보이느냐."고. 친구가 말했다. "지난번처럼 똑같은 뱀이 어른거린다."고. 그 말에 악광이 "그것은 저 활에 그려져 있는 뱀의 그림자杯中蛇影일세."라고 설명했다. 그러자 심각했던 병세가 그 자리에서 씻은 듯이 나았다고 전해진다. 이 얘기로부터 배중사영이 비롯되었다는 얘기다.

한편 후한말後漢末 응소應邵*가 쓴 《풍속통의》에서는 《진서》의 〈악광전〉에서 주인공으로 등장했던 '악광'과 '친구' 대신에 '응침應郴'과 '두선杜宣'으로 바뀐다. 《풍속통의》에서 배중사영에 관련된 부분의 요약이다.

응소의 조부인 응침이 급현汲縣이라는 곳의 장관으로 재직할 때의 이야기라고 밝히고 있다. 어느 해 하짓날 조부의 부하로서 주부主簿 벼슬을 하던 두선이 문안 인사를 왔을 때 응침은 술을 한잔 하사했다. 그 술자리에 대한 상황을 이렇게 묘사하고 있다.

/ … / (공교롭게도) 그 때 북쪽 벽北壁 위에 붉은활赤弩이 매달려 있었는데(時北壁上有懸赤弩:시북벽상유현적노) / (벽에 걸려있는 활이) 잔杯에 비치는(照於杯:조어배) / 모양새形가 뱀 같았다((形如蛇:형여사) / 두선杜宣은 그것(술잔에 어른거리는 뱀 모양)이 두려웠지만(宣畏惡之:선외오지) / 감히 마시지 않을 수 없었다(然不敢不飮:연불감불음) / … /

위의 내용에서 배중사영이 생겨났다는 얘기이다. 한편 상관이 하사하는 술자리에서 마지못해 술을 마셨던 두선은 집에 돌아가서 몹시 아파 백방으로 약을 써 봤으나 소용이 없었고 병세는 점점 악화일로로 치달아 중병을 앓는 환자같이 변했다. 그렇게 며칠 지난 어느 날 응침이 두선의 집 근처를 지나다가 안부를 묻기 위해 들렀더니 두선은 자리를 보전하고 누워 끙끙 앓고 있었다. 사연을 물었더니 송구한 듯 무겁게 입을 열었다.

얼마 전 자기가 하사했던 술자리에서 잔 속에 뱀이 꿈틀거렸는데 (응침이 어려워) 말도 못하고 술을 마시다가 잘못하여 뱀이 뱃속으로 들어가 발병했다는 푸념과 하소연이었다. 어이가 없고 달리 할말이 궁하고 난감해 서둘러 집무실로 돌아와 곰곰이 생각을 했지만 그 원인을 알 수 없었다. 그러다가 지난번 술자리가 펼쳐졌던 장소에 가서 세세히 둘러보는데 벽에 걸려있는 활을 보는 순간 연관된 생각이 떠올라 무릎을 탁치며 쾌재를 불렀다.

당장 가마를 보내 두선을 모셔오라고 하명했다. 두선이 도착하는 시간에 맞춰서 지난번 그 자리에 똑같은 형태의 술자리를 마련하고 잔에 술을 따라 준 뒤에 두선에게 물었다. "지금 술잔에 무엇이 보이느냐."고. 그러자 두선이 대답했다. "지난번처럼 술잔 속에 뱀이 어른거린다."고 했다. 이에 응침은 "그것은 징그러운 뱀이 아니라 저 벽에 걸려있는 활의 그림자"라고 설명했다. 그 말을 듣는 순간 두선의 병은 거짓말처럼 씻은 듯이 사라졌다.

현대는 어느 모로 봐도 풍요롭고 누릴 게 무진장해 살 만한 세상이다. 하지만 세상은 날이 갈수록 삭막하고 가짜와 거짓이 난무하고 있다. 이런 맥락에서 오직 진실된 삶이 어리석다고 느껴지는 경우도 숱한 현실이다. 그렇다고 양심을 저버린 채 모든 걸 지나치게 의심하며 피곤하게 살아갈 수도 없는 노릇이다. 왜냐하면 지나친 의심은 근심과 걱정을 불러 일으켜 백해무익하기 때문이다. 이렇게 극한 상황에 이르게 된다면 배중사영이라는 소모적인 의심을 근본적으로 없애기 위해 과유불급過猶不及의 문제를 고려하지 않을 수 없다. 그리하지 않아도 지나친 근심 걱정의 위험으로부터 자유로워질 혜안과 길이 있다면 좋을 터인데.

---

* 《세설신어世說新語》: 중국의 육조시대六朝時代 송宋나라 유의경劉義慶이 편찬한 일화집이다. 후한말기後漢末期에서 동진시기東晉時期에 걸쳐 명사들의 언어, 덕행, 문학 따위에 얽힌 일화를 36편으로 나누어 수록했다. 간결하고 참신한 문체는 육조문六朝文을 대표하며 모두 3권으로 되어 있다.
* 응소應邵: '응소'라는 이름 중에서 '소'를 '고을 이름 소邵'와 '힘쓸 소劭'로 표기하고 있으나 여기서는 '고을 이름 소邵'로 표기했다.

2024년 6월 6일 금요일

백문불여일견

　백문불여일견百聞不如一見은 누구나 잘 아는 바와 같이 백 번 듣는 것이 한 번 보는 것만 못하다는 뜻이다. 따라서 말로 수백 번 듣는 것보다 실제 눈으로 한 번 보는 게 훨씬 낫다는 의미이다. 따라서 결론적으로 어떤 것이라도 직접 경험해야 명확하게 알 수 있음을 강조하는 말이다. 이에 얽힌 고사故事를 중심으로 생성된 유래와 의의를 살핀다.
　유래는 이렇다. 중국 전한前漢의 황제였던 선제宣帝 때 오랑캐 중의 하나였던 강족羌族이 반란을 일으켜 골치를 앓던 선제가 토벌대장을 누구로 선정하는 게 좋을지 중지를 모으는 과정에서의 일이다. 젊은 시절부터 오랑캐인 흉노匈奴와 여러 차례 대적하며 혁혁한 공을 세웠던 늙은 신하인 장군 조충국趙充國의 의견을 듣던 과정에서 백문불여일견이 비롯되었다.

　관련된 고사 내용을 전해주는 출전出典은 《한서漢書》의 〈조충국전趙充國傳〉이다. 이를 토대로 백문불여일견에 관련된 고사를 중심으로 전체적인 대강을 간추리면 다음과 같다.

강족의 거센 반란을 척결할 토벌군 대장을 맡을 적임자가 떠오르지 않아 고민을 거듭했다. 그러다가 젊은 시절 오랑캐와 대적하는 과정에서 많은 경험을 쌓았으며 뛰어난 공훈을 세웠던 연로한 거기장군車騎將軍*인 조충국의 풍부한 경험을 바탕으로 하는 조언이 무척 궁금했다.

당시 조충국의 나이는 고희古稀를 훌쩍 넘겼던 때문에 너무 늙었다고 생각해 직접 출전시킨다는 것은 상상도 못했다. 그래서 어사대부御史大夫인 병길丙吉에게 "강족 토벌대장을 누구로 정하는 게 좋겠느냐?"고 여쭤 답을 얻어 오라고 명령했다. 병길의 얘기를 들은 조충국은 즉시 "신臣보다 적합한 사람은 없습니다."라고 답했다. 황제인 선제가 조충국을 직접 모셔 그의 복안을 직접 듣기로 했다.

장군께서는 "현재 오랑캐인 강족의 상태가 어느 정도의 상태이고 (그들을 평정하기 위하여 군사가) 몇 명이나 필요하다고 생각하느냐."고 하문下問했다. 이에 조충국이 기다렸다는 듯 머리를 조아리면서 확신에 찬 답을 했다.

/ … / 백 번 듣는 것이 한 번 보는 것만 못 합니다(百聞不如一見:백문불여일견) / 대체로 군에 대해서는 현지 상황을 보지 않고 멀리서 계획하기는 어려운 것이므로兵難隃度 / 원컨대 신이 금성에 가서(臣願馳至金城:신원치지금성) / 도면을 그리고 꼼꼼한 방책方策을 올리도록 하겠습니다(圖上方略:도상방략) / … /

위의 내용에서 백문불여일견이 최초로 등장했다. 한편 이 말에 이어 조충국은 강족은 난亂을 일으켰을지라도 한낱 작은 오랑캐 무리로서 천자(선제)에게 역모를 꾀하는 불경죄를 저질렀기 때문에 머지않아 멸망할 것으로 사료되오니 강족 문제를 소신에게 맡기고 염려하지 마시라고 안심시켰다. 이에 한껏 기분이 가벼워진 선제는 웃으며 "하락하겠소!"라고 화답했다.

금성金城에 도착한 조충국은 적의 동태를 주도면밀하게 관찰해 분석하고 포로들을 심문하는 한편 다양한 통로를 거쳐 수집된 수많은 정보를 종합 분석해 전략을 수립하여 선제께 보고 드렸다. 그 대책을 한 마디로 요약하면 일만一萬의 보병을 배치하여 평소엔 농사일을 하며 전쟁에 대비하는 둔전책屯田策이었다. 그렇게 농사로 군량을 자급자족하며 강족과 대치하면서 서서히 평화적으로 해결하는 대책을 펼쳐 큰 충돌 없이 일 년 만에 완전히 평정하는 전과를 거뒀다.

한편 역시 한나라 유향劉向이 편찬했던 《설원說苑*》에는 조충국이 얘기했던 백문불여일견에서 훨씬 더 앞으로 나간 표현이 전해지고 있다. 이에 대한 핵심의 요약이다. 결국 아래의 함의含意는 "백 번 듣는 것보다 한 번 보는 게 낫고, 눈으로 보는 것보다 발로 밟아보는 게 더욱 확실하며, 밟아 보는 것보다 손으로 한 번 만져 보는 게 가장 확실한 방법임"을 웅변하고 있음을 강조하고 있다.

/ … / 대체로 귀耳로 듣는 것은 눈目으로 직접 보는 것만 못하고(夫耳聞之不如目見之:부이문지불여목견지) / 눈으로 보는 것은 발足로 밟아踐 보는 것만 못하며(目見之不如足踐之:목견지불여족천지) / 발로 밟아 보는 것은 손手으로 만져보는(판별해 보는) 것만 못하니라(足踐之不如手辨(之:족천

지불여수변지) / … /

　오늘날의 지식이나 상식의 실체를 곱씹어 본다. 누구나 삶을 영위하면서 직접 눈으로 보고 손으로 만져봄으로써 실체를 인식했거나 깨우친 경우가 과연 얼마나 될까. 그런 경우보다는 간접경험 즉 책이나 다양한 매체 또는 남을 통해서 전해 들었던 게 훨씬 많은 게 현실이다. 게다가 오늘날엔 다양한 디지털 매체를 비롯해서 복잡다기해진 사회의 각처에서 발생하는 가늠하기도 힘든 엄청난 정보나 사건을 몽땅 직접 경험한다는 것은 어불성설이다. 따라서 오늘의 우리는 어느 때보다 물질적으로 가장 풍요롭고 교육을 많이 받아 똑똑하다고 자부할지라도 모든 분야에 대한 직접경험의 비율은 그 옛날에 비해 현저하게 떨어진다. 이처럼 야속하게도 간접경험은 헤아리기 어려울 정도로 폭발적인 증가를 거듭하고 있다.

　날로 늘어나는 간접경험이 폭증하면서 제대로 여물지 못함 때문일까. 노약자뿐 아니라 심지어 멀쩡한 고위층까지 툭하면 보이스피싱(Voice Phishing)을 당해 안타깝다. 또한 끝없이 생성되어 밀려오는 가짜 뉴스에 세상이 발칵 뒤집히기도 하는 작금이다. 여기에 금융전문가도 투자사기에 휘말려 곤혹을 겪는다. 이런 유형의 사례는 끝이 없을 정도로 요지경을 방불케 한다. 어쩌면 유사 이래 가장 문화가 발달하고, 가장 잘살며, 가장 많이 배웠는데 왜 이리도 빈 구석이 많아 허술할까. 직접 경험하지 못한 채 간접경험이 기하급수적으로 늘어나면서 여기저기 구멍이 숭숭 뚫렸음에도 제대로 채우지 못한 아둔함 때문은 아닐까, 라는 객쩍은 생각이 짓누름은 부질없는 궁상일까.

* 거기장군車騎將軍: 조충국이 젊은 시절 흉노전에 참여하여 이사장군貳師將軍 이광리李廣利 휘하로 참전했을 때 부대가 전체가 포위되는 절체절명의 상황에 처했었다. 그 때 조충국이 100여 명의 군사를 이끌고 죽을힘을 다해 포위망을 뚫음으로써 부대 전체를 구하는 혁혁한 공을 세웠다. 이를 높이 사 한무제漢武帝가 '거기장군'으로 임명했다.
* 설원說苑: 중국 한漢나라의 유향劉向이 편찬한 교훈적인 설화집이다. 군도君道, 신술臣術, 건본建本, 입절立節, 귀덕貴德, 부은復恩 따위의 20편으로 고대의 제후諸侯와 선현先賢들의 행적이나 일화를 수록하였다. 20권으로 되어 있다.

2024년 5월 28일 화요일

백아절현

 백아절현伯牙絶絃은 '백아伯牙가 거문고琴 줄을 끊었다絶絃.'는 뜻으로 절친한 벗, 즉 지음知音*의 죽음을 슬퍼함을 이르는 말이다. 이의 유래와 생성 배경을 비롯한 의의와 조우이다.

 중국 춘추시대春秋時代 진晉나라의 고관대작이었던 유백아兪伯牙라는 거문고 명장이 있었다. 그가 연주하는 거문고 소리를 들으면 악상樂想을 신통방통하게 끄집어내어 명료하게 얘기해 주는 나무꾼인 친구 종자기鍾子期가 있었다. 불행하게도 그처럼 각별했던 친구가 유명을 달리했다. 어느 날 백아는 묘소를 찾아가서 영혼을 위로할 요량으로 거문고를 타면서 이제는 자기의 거문고 연주를 이해할 사람이 없다고 생각했다. 따라서 앞으로는 연주할 이유가 없다고 판단하여 '거문고를 부수고 줄은 끊었다.'는 고사에서 백아절현이 탄생했다.
 출전出典은 《열자列子*》의 〈탕문편湯問篇〉을 비롯해서 《여씨춘추呂氏春秋》의 〈효행람孝行覽〉이나 《한어사휘漢語詞彙》 등이다. 유의어로서 절현절현絃絶絃, 지음知音, 백아파금伯牙破琴, 지기지우知己之友, 고산유수高山流水, 송무백열松茂栢悅, 막역지우莫逆之友, 문경지교刎頸之交, 관포지교管鮑之交 등을 비롯하여 수없이 많다.

《열자》의 〈탕문편〉에 나오는 내용을 근간으로 백아절현이 생겨난 배경의 줄거리를 요약 정리한다. 여기에 더해 《여씨춘추》의 〈효행람〉과 《한어사휘》에 나오는 내용의 핵심을 살펴본다.

백아伯牙는 득도에 이르렀다고 할 정도의 거문고 명연주자였다. 한편 종자기鍾子期는 거문고 소리를 듣고 그 악상樂想을 귀신같이 꿰뚫는 신묘한 능력을 지녔다. 백아가 높은 산을 오르고 싶은 심정으로 연주하면 종자기는 "얼씨구善哉! 높디높은 태산泰山 같구나."라고 했다. 또한 마음을 도도히 흐르는 물에 두고 연주하면 "얼씨구! 드넓은 강물이 유유히 흐르는 것과 같구나."라고 일갈해 놀라게 했다. 이처럼 그는 백아가 생각한 바를 신기할 정도로 족집게같이 짚어냈다.

어느 날인가 둘이서 태산 북쪽으로 여행을 떠났는데 갑자기 폭우가 몰아쳐 할 수 없이 바위 밑으로 피신하여 비를 피하다가 느닷없이 처량하다는 생각이 엄습했다. 그런 우울한 심정을 담아서 백아가 거문고를 연주하기 시작했다. 처음에는 비가 내리는 상황을 바탕으로 임우지곡霖雨之曲을, 그 다음에는 산이 무너지는 상상을 하며 붕산지곡崩山之曲을 연주했다. 그런데 종자기는 그 때마다 한 치도 어긋나지 않게 곡에 담겨있던 상황을 매구처럼 족집게 같이 집어내 얘기하곤 했다.

소름끼칠 정도로 정확하게 자기의 의중을 간파하는 종자기에게 감동해 백아는 연주하던 거문고를 한쪽으로 밀어놓으며 탄식하듯 말했다. 연주를 하며 마음속으로 상상했던 악상을 단 한마디 말로 표현하는 천부적인 능력을 지닌 자네 앞에서 어찌 내 음악을 감추겠는가, 라고 고백했다. 그렇게 아꼈던 종자기의 무덤을 찾아가 거문고 연주를 한 뒤에 이제는 자기 연주를 제대로 들어줄 사람이 세상에 없다고 판단했다. 처연한 마음에 애지중지하던 거문고를 깨부수고 줄絃을 끊고 다시는 연주하지 않았다는 고사에서 백아절현이 탄생했다.

한편 《여씨춘추》의 〈효행람〉에서도 대동소이한 내용이 전해진다. 여기서 백아절현이 나타나는 부분은 이렇게 기술되어 있다. 아래의 내용 중에 "백아伯牙가 거문고琴를 부수고破 줄을 끊고絶絃(伯牙破琴絶絃:백아파금절현)"에서 백아절현이라는 성어가 비롯되었다.

/ … / 종자기가 죽고鍾子期死 / 백아伯牙가 거문고琴를 부수고破 줄을 끊고絶絃(伯牙破琴絶絃:백아파금절현) / 죽을 때까지終身 다시復는 거문고를 타지 않으니(終身不復鼓琴:종신불부고금) / … /

그리고 《한어사휘*》에서 백아절현과 직접 관련되는 부분이 아래와 같은 형태로 기술되어 있다. 이 내용 중에 "거문고를 부수고 줄을 끊고(破琴絶弦:파금절현)"에서 백아절현이 탄생했다.

/ … / 거문고를 부수고破琴 줄을 끊고絶弦(破琴絶弦:파금절현) … 종신終生토록 다시는 거문고를 타지 않았다고 한다(終生不再彈琴了:종생불재탄금료) … /

백아와 종자기에 대해 다시 생각해 본다. 신분적인 관점에서 백아는 고관대작이고 종자기는 미천한 나무꾼에 지나지 않았기 때문에 서로 친구가 된다는 것은 상상하기 어려운 이변이다. 그럼에도 불구하고 이 세상에서 자신의 음악을 완전히 이해해 주는 유일한 사람이라서 온갖 사회 통념을 초월해 뜻을 함께하는 벗이 되었다. 그런 친구가 요절하자 이승에서 더이상 연주는 무의미하다고 여겨 자기의 전부나 마찬가지인 거문고를 부수고 줄을 끊는 마음을 헤아려본다. 하지만 도저히 따를 깜냥이 아닌 것 같다. 만일 내게 이와 유사한 상황이 발생한다고 가정했을 때 그처럼 단호한 결정을 내릴 수 있을까. 아무리 생각을 거듭해도 그렇지 못할 것 같은 게 숨김없는 진면목이다. 세상에 그런 진정한 친구 하나만 있어도 교우관계는 결단코 오그랑장사를 한 게 아닐 터인데.

---

* 지음知音: '소리를 알아 듣는다.'는 뜻이다. 이는 자기의 속마음을 알아주는 친구를 이르는 말로서 지기지우知己之友와 같은 의미이다.
* 열자列子: 중국 도가道家 경전의 하나이다. 전국시대戰國時代의 도가 열자列子와 그 제자가 썼다고 한다. 하지만 현재 전해지는 8편은 진晉나라 장담張湛이 쓴 것이다.
* 한어사휘漢語詞彙: https://leeza.tistory.com/19406

《현대작가》 2025년 봄호(제23호), 2025년 3월 12일
(2024년 4월 19일 금요일)

복룡봉추

　복룡봉추伏龍鳳雛는 본디 '엎드린 용伏龍과 봉황 새끼'라는 의미이다. 현실에서는 아직껏 세상에 알려지지 않았을지라도 걸출한 재주를 지닌 인재를 지칭하는 개념으로 통용되고 있다. 원래는 중국의 위魏나라, 촉한蜀漢, 오吳나라 등을 일컫는 삼국시대 인물인 제갈량諸葛亮과 방통龐統이 초야에 묻혀 지내던 시절에 불렸던 애칭이다. 그 무렵에 제갈량을 복룡, 방통을 봉추라고 호칭했다.
　고사故事를 담고 있는 출전出典을 토대로 생성과 배경을 비롯해 유래와 실제 표현 따위를 살핀다. 동의어로는 와룡봉추臥龍鳳雛, 용구봉추龍駒鳳雛가 있다. 한편 유의어로는 기린아麒麟兒, 일명경인一鳴驚人, 불비불명不飛不鳴 따위를 들 수 있겠다.
　일반적으로《삼국지三國志》라고 하면 두 개념이 겹치게 마련이다. 먼저 정사正史를 수록하고 있는 역사서인《삼국지》, 둘째로 우리가 소설로 많이 읽었던《삼국지연의三國志演義》가 그들이다. 하지만 역사서인 정사《삼국지》원문을 읽었던 적이 없는 경우가 대부분이리라. 이에 비해 소설 삼국지, 즉《삼국지연의》는 웬만한 사람은 최소한 한 번쯤 읽었을 게다. 소설인 까닭에 우리가 알고 있는《삼국지연의》내용은 역사와 일치한다고 단언할 수 없다. 왜냐하면 소설에 묘사된 내용 중에 상당한 부분이 역사서인《삼국지》에는 전혀 없는 허구라는 지적이기 때문이다. 그런데 복룡봉추에 관련된 고사는 양쪽 모두에 분명하게 서술되어 있다는 관점에서 가공이 아님이 입증된 셈이다.

먼저 정사를 기록한《삼국지三國志》〈촉서蜀書〉의 〈제갈량전諸葛亮傳〉에서 나타나는 고사 중에서 관련 부분을 대강 간추리면 이렇다.

유비劉備가 마음속에 천하를 품으려는 꿈을 꾸며 인재를 널리 구하고 지식을 쌓던 시절이었다. 어느 날 사마덕조司馬德操*에게 세상의 중요한 일世事에 대해 물었다. 그랬더니 겸손한 인품의 그가 자신은 오로지 유생儒生일 따름인 평범한 사람俗士인 까닭에 세상의 중대사時務를 꿰뚫을 재목이 아니라고 손사래를 치며 거절했다. 그런 일, 즉 세상사를 꿰뚫을 이는 준걸俊傑 중에 있다며 이렇게 얘기했다.

/ 가까이에는 '복룡'과 '봉추'가 있다고 했다(此間自有伏龍鳳雛:차간자유복룡봉추) /

위의 대화 내용에서 복룡봉추라는 성어가 비롯되었다. 한편 이 말을 듣던 유비는 구미가 당겨 그들이 누구냐고 재차 묻는 말에 대한 덕조德操의 답변이었다.

/ … / 제갈공명諸葛孔明과 방사원龐士元입니다(諸葛孔明龐士元也:제갈

Ⅲ. 마중지봉 | 157

공명방사원야) / … /

다음으로 소설로 읽었던 《삼국지연의三國志演義》에 복룡봉추에 관련되는 고사가 나오는데 해당 부분을 간추려 살핀다. 여기에서도 유비, 즉 현덕玄德이 천하를 품기 위해 인재를 널리 구하려던 시절 역시 사마휘, 즉 수경水鏡과 대화를 하던 중에 복룡봉추가 등장한다.

유비가 걸출한 인재를 널리 구할 묘책을 수경 선생과 진지하게 논의하던 중이었다. 수경이 "지금 천하에 뛰어난 인재奇才들이 모두 가까이에 있으니 공公, 즉 유비께서 그들을 찾아 나섬이 마땅하다."고 일깨워 줬다. 이에 그들이 누구냐고 묻자 이렇게 말했다. 이 대화에서 복룡봉추라는 성어가 비롯되었다.

/ … / 복룡과 봉추 둘 중에 하나만 얻어도(伏龍鳳雛兩人得一:복룡봉추양인득일) / 가히 천하를 평안하게 할 수 있답니다(可安天下:가안천하) / … /

그리고 이어지는 고사 내용에서 서서徐庶는 복룡과 봉추가 누구인지 분명히 밝혀주고 있다.

/ … / '봉추'는 곧 양양襄陽의 방통龐統이고(鳳雛乃襄陽龐統也:봉추내양양방통야) / 복룡은 바로 제갈공명이지요(伏龍正是諸葛孔明:복룡정시제갈공명) / … /

제갈공명과 방통에 대한 내용을 대하며 한 가지 의문이 생길 법도 하다. 어느 모로 봐도 천하제일의 책사였던 제갈공명은 한 시대를 풍미하며 승상丞相의 자리를 꿰차는 광영을 누렸다. 그에 버금가는 지략을 지녔다던 방통에 대해서는 기록을 찾기 어렵다. 그 연유이다. 방통이 유비에게 출사해 첫 데뷔 무대 격인 서촉西蜀을 공략하던 전투에서 낙성洛城을 포위하고 공성전攻城戰을 펼치며 밀고 당기던 과정에서 뜻하지 않게 적의 화살 한 방을 얻어맞고 비명횡사非命橫死했기 때문이다.

어쩌면 이 세상에 넘쳐나는 게 인재인지 모른다. 그럼에도 막상 특정 분야에서 필요한 인재를 구하려면 공사公私를 막론하고 무척 귀하다는 하소연이다. 특히 여야를 막론하고 정권을 틀어쥐었을 때 총리나 장관 후보의 구비 조건 중에서 기본적으로 충족해야 할 선결 조건이 5대 범죄(병역 미필, 부동산 투기, 위장 전입, 음주 운전, 논문 표절) 문제라고 나팔을 불어댔다. 그런데 여태까지 한둘을 제외하고 거의가 그들에 관련된 죄목으로 칠갑을 한 이들을 임명했던 경우가 즐비하다. '자기들 패거리 범주를 벗어나 널리 인재를 구해도 과연 그랬을까?' 코웃음에 절로 나는 대목이다.

현재 나라가 돌아가는 꼴이나 정나미 떨어지는 세상인심이 싫고 성에 차지 않아 아예 공직을 외면하거나 외부와 단절한 채 은거하는 복룡과 봉추들이 적지 않으리라. 다양한 분야에서 그들 잠룡을 불러내 나라와 사회(기업)를 위해 맘껏 기여할 기회를 부여해 춤추게 할 묘책은 어디에서 찾을 수 있으며 그 길이 무엇일지 고민해 볼 필요가 없는 걸까. 이런 맥락에서 아무짝에도 쓸데없는 마음의 벽을 허물고 넓게 보는 열린 사고思考와 혜안이 필요한 세월일지도 모르겠다.

* 사마덕조司馬德操: 그의 이름은 휘徽이고, 자字는 덕조德操이며, 호號는 수경水鏡이다.

2024년 5월 4일 토요일

부화뇌동

부화뇌동附和雷同을 곧이곧대로 해석하면 '우레(천둥) 소리에 맞춰 함께하다.'라는 뜻이다. 이 말에서 원래 뇌동雷同은 우레 소리에 맞춰 함께함, 즉 우뢰(천둥) 소리는 하도 커서 다른 소리가 몽땅 가려져 같은(우레) 소리로 들린다는 뜻이다. 아울러 부화附和는 그것에 붙어 따름을 뜻한다. 이를 종합할 때 부화뇌동은 우레 소리에 맞춰 함께함을 함축하고 있다. 하지만 현실에서는 자신의 주관이나 소신 없이 남의 의견을 추종하거나 지시에 따르는 것을 지칭하는 뜻으로 통용되고 있다. 이 뇌동에 부화가 붙여져서 부화뇌동이 되었다. 그러므로 결국은 소신이나 주관 같은 줏대가 없이 타인의 지시나 의견에 맹목적으로 따르는 동조, 타인의 의견을 무비판적으로 수용해 따르는 행동, 옳고 그름을 무시한 채 대세나 분위기에 따라 추우강남追友江南 식으로 덩달아 행하는 경거망동 따위를 범할 경우 부화뇌동한다고 한다. 이의 유래와 배경의 살핌이다.

출전出典은 중국의 《예기禮記》의 〈곡례편曲禮篇〉과 《논어論語》의 〈자로편子路編〉이다. 동의어로서 뇌동雷同, 뇌동부화雷同附和, 부부뇌동附付雷同 등이 있다. 한편 유의어로서 수중축대隨衆逐隊, 뇌동부화雷同附和, 추우강남追友江南, 아부뇌동阿附雷同, 아부영합阿附迎合, 고마문령瞽馬聞鈴, 여진여퇴旅進旅退, 경거망동輕擧妄動 따위가 있다.

《논어》의 〈자로편〉에서 아래와 같은 말이 나온다. 이 말을 바탕으로 부화뇌동이라는 성어가 탄생되었다.

/ 공자孔子가 이르기를(子曰:자왈) / 군자君子는 화합하되 부화뇌동하지 않고(君子和而不同:군자화이부동) / 소인小人은 부화뇌동하되 화합하지 않는다(小人同而不和:소인동이부화) /

군자君子는 화합하되 부화뇌동하지 않는 이유는 어디에 있을까? 자고로 군자는 의義를 소중히 여기면서 다름을 포용하고 어울리지만 줏대 없이 남의 말이나 지시에 따라 함부로 행동하지 않기 때문이다. 그에 비해서 소인들은 겉으로는 번드르르하게 행동하며 상부상조하는 것처럼 간살을 부려도 깊은 내면에 존재하는 다름을 받아들이거나 진정으로 이해하지 못함으로써 포용할 수 없어 화합이 불가능하다. 이상과 일맥상통하는 가르침을 역시 《논어》의 〈위정편爲政篇〉에서 다음과 같이 이르고 있다.

/ 군자는 사람을 넓게 사귀되 패거리를 짓지 않고(君子周而不備比:군자주이불비) / 소인은 패거리를 지을 뿐 넓게 사귀지 않는다(小人比而不周:소

인비이부주) /

한편《예기》의 〈곡례편 상上〉에서 "손윗사람을 대할 때의 예절"을 다음과 같이 이르고 있다. 이 내용에서 "타인의 의견을 자기 의견인 체하지 말고(毋勦說:무초설)와 타인의 의견에 생각 없이 무조건 공감, 즉 동조하지 않는다(毋雷同:무뇌동)"에서 부화뇌동이 비롯되었다는 얘기다.

/ (손윗사람을 대할 경우) 너의 용모를 바르게(단정하게) 하고(正爾容:정이용) / (한편) 말씀을 들을 경우는 반드시 공손하라(聽必恭:청필공) / 타인의 의견을 자신의 의견인 체하지 말고(毋勦說:무초설) / 타인의 의견에 생각 없이 무조건 공감, 즉 동조하지 않는다(毋雷同:무뇌동) / (또한 행동거지에 대해서는) 옛 성현들의 행동을 본보기로 삼고(必則古昔:필칙고석) / 선왕의 가르침에 따라 행동해야 하느니라(稱先王:칭선왕) /

외세의 지배를 받거나 사회적으로 걷잡을 수 없을 정도로 큰 혼란에 처한 경우 부화뇌동하는 부류가 특히 많이 준동蠢動했다. 우리 속담에 "꼴뚜기가 뛰니 망둥이도 뛴다."는 말처럼 일제 강점기 시절 매국노나 앞잡이를 위시해서 6·25 전쟁 때 붉은 완장을 차고 날뛰며 추종하던 별종 같은 망나니들이 대표적인 부화뇌동의 부류가 아니었을까. 요즈음 가상공간에 난무하는 가짜뉴스나 편견에 매몰된 이들이 여기저기를 패거리로 몰려다닌다. 그러다가 상대 진영이나 대척점에 선 개인에게 무자비할 정도로 심한 온갖 공격을 쏟아 붓는 팬덤(Fandom)현상 또한 상당한 측면에서 부화뇌동의 개연성이 다분하다.

여태까지 삶을 돌아본다. 미욱한 처지에 간단치 않은 세파를 헤쳐 나오는 과정에서 갈등을 겪으며 비틀거렸던 적이 한두 번이었겠는가? 그럼에도 기억의 보고에 어지럽게 갈무리되었던 지난 추억 중에 뚜렷하게 떠오르는 낯뜨겁고 추한 몰골은 없다. 이는 행동이나 주관이 올곧고 청직淸直함 때문이 아니라 웬만한 경우가 아니면 마음속에 새겨두지 않음 때문이리라. 어쩌면 이보다 더더욱 심각한 것은 수없는 부화뇌동을 범하고도 무감각했던 불감증이 아닐까 곱씹어 볼 일이다.

부화뇌동은 자신의 명확한 견해나 객관적인 원칙이나 기준을 외면한 채 물질적인 욕심이나 타인의 주장 혹은 지시를 무비판적으로 추종하면서 아부하고 아첨하는 경우에 발생한다. 때문에 이 상황에 빠지면 판단력의 기준이 불분명해질 뿐 아니라 감정의 통제가 제대로 되지 않는다. 따라서 적정선이나 한계 상황을 벗어나 또 다른 목적에 악용할 위험성을 전적으로 무시하기 어렵다. 이런 맥락에서 아무리 어렵고 힘들어도 삶을 꾸리며 시비지심是非之心 자세를 잃지 않는다면 그런 무자비한 행동에서 비켜 설 수 있지 않을까.

2024년 4월 21일 일요일

불치하문

　주지하는 바와 같이 불치하문不恥下問은 '아랫사람에게 묻는 것을 부끄러워하지 않는다.'는 뜻이다. 다시 말하면 신분의 높고 낮음이나 잘나고 못남에 무관하게 모르는 것을 타인에게 묻는 것이 흠이 되거나 부끄러운 일이 아니라는 의미이다. 우리 사회는 아침과 저녁이 다를 정도로 빠르게 급변하는 광속의 시대를 맞아 누구나 변신에 변신을 거듭하지 않으면 뒤안길로 밀려나 낙오할 개연성이 다분하다. 이런 위기의 시대에 살아남아 치열한 경쟁에서 선제적 대응을 위한 진취적인 정신이 담겨있는 이 성어가 생겨난 배경과 유래를 위시해서 의의를 살피는 여정이다. 유래의 요약이다.

　중국 위衛나라 대부大夫*이었던 공어孔圉의 사후死後에 시호諡號를 문文으로 내려 사람들은 그를 공문자孔文子라고 불렀다. 평소 공어에게 도덕적 흠결이 많다고 생각했던 자공子貢이 어느 날 "공문자는 왜 시호를 문이라고 했습니까?"라고 공자에게 물었다. 이 물음에 답하는 말 중에서 불치하문이라는 말이 생겨났다. 한편 유의어로서 공자천주孔子穿珠, 경당문노耕當問奴, 직당문비織當問婢, 삼인행필유아사三人行必有我師 따위가 있다.

이 성어를 소개하고 있는 출전出典은《논어論語》의〈공야장편公冶長篇〉〈제오第五〉이다. 그 내용의 대강을 간추리면 다음과 같다. 한편 이를 제대로 이해하기 위해서는 고사의 주인공 중에 하나인 공어라는 인물의 성격을 정확하게 파악해야 한다는 관점에서 장황하더라도 전체를 요약 조명한다.

공문자孔文子는 위衛나라 대부大夫로서 이름이 어圉이었다. 일반적으로 사람이 영민하지 못하면 배우는 것을 즐기지 않고, 지위가 높으면 무엇인가에 대해 묻기를 부끄러워한다. 이런 맥락에서 시호를 내리는 법諡法에서 '배우기를 부지런히 하고 묻기를 좋아하는 경우'를 문文이라고 한 경우가 있다. 하지만 이 역시 사람이 행하기 어렵다. 따라서 공어가 문이라는 시호가 내려진 것은 이 때문일 것이다.

그가 살아서 취했던 행동에는 보통 사람은 이해할 수 없는 도덕적 흠결이 적지 않았다. 관련 내용이다. 공문자는 부하인 태숙질太叔疾로 하여금 조강지처糟糠之妻를 버리게 한 뒤에 자기의 딸인 공길孔吉을 시집을 보냈다. 그 뒤 태숙질이 첫 아내(조강지처)의 여동생과 불륜을 저지른 사실을 인지하고 격노하여 향후 그(태숙질)를 치려고 획책하면서 중니(仲尼:공자의 자字)를 찾아가 최선의 대처 방안을 얻고자 했으나 알은체도 않고 수레를 타고 홀연히 어디론가 떠났다. 여러 가지 문제로 결국 태숙질이 송宋나라로 망명하자 공어는 공길(자기 딸이며 태숙질의 아내)을 시동생(태숙질의 동생)이었던 태유太遺와 또 결혼을 시키는 기이한 짓을 했다. 당시 중국의 예법으로는 적법했을지 모르지만 우리 기준으로는 천륜을 거스르는 괴이한 혼인이 분명하다.

이상과 같은 삶을 누렸기 때문에 도덕적 흠결이 적지 않음에도 죽은 뒤에 시호로 문을 받은 사실이 궁금하여 벼르고 벼르다가 어느 날 자공이 공자께 물어봤다.

그 대답 내용을 《논어》의 〈공야정편〉에서 이렇게 전하고 있다. 자공이 "공어는 도덕적 흠결뿐만 아니라 덕이 부족한데 어째서 문이라는 시호를 내렸을까요?"라는 물음에 공자께서 답했다. 이 답에서 "지위가 낮은 사람에게 물어보는 것을 부끄럽게 생각하지 않았다." 즉 불치하문이 비롯되었다.

/ 그는 영민하고 배움을 좋아했으며(敏而好學:민이호학) / 지위가 낮은 사람에게 물어보는 것을 부끄럽게 생각하지 않았다(不恥下問:불치하문) / 이런 까닭에서 그를 공문자孔文子라고 부른다(是以謂之文也:시이위지문야) / 라고.

위와 같이 이르면서 그의 선善한 점이 없지 않다며 덧붙였다. "이런 정도면 또한 문이라고 시호할 수 있다."고 하셨지만 경천위지經天緯地*의 문이 아니라고 했다.

반상班常의 구별이 지엄한 사회에서 신분이 높은 사람이 상것들에게 묻는다거나 현대에도 지위가 높은 윗사람이 아랫사람들에게 무엇인가를 물어보는 것을 부끄럽게 생각한다. 물론 경우에 따라서는 반상의 구별로 지체의 높고 낮음을 비롯해 지위의 높고 낮음을 완전 배제할 수 없더라도 각자의 역할이나 전문 영역은 엄연히 존재한다. 이런 맥락에서 서로를 인정하고 동행해야 하기 때문에 오호를 불문하고 공존 공생을 위해서는 불치하문 같은 열린 마인드가 더욱 필요했을 법하다.

승화된 열린 세상을 꿈꾸는 일깨움이었을까. 살면서 아무리 지체 높은 윗사람일지라도 농사 짓는 일은 머슴奴에게 물어야 하고(耕當問奴:경당문노), 베를 짜는 일은 계집종婢에게 물어야 하는(織當問婢:직당문비)게 이치가 아니던가. 이런 평범한 세상 이치도 모르고 백면서생과 무릎을 맞대고 북위北魏 정벌을 논하던 송松나라 4대 황제 효무제孝武帝에게 무관武官 심경지沈慶之가 죽음을 각오하고 직간直諫하며 일갈했던 경당문노耕當問奴라는 말은 디지털 문화가 만개한 오늘날 듣고 또 들어도 진부하지 않고 오히려 신선하게 다가온다. 나만의 착각일지 모르지만 말이다.

---

* 대부大夫: 중국에서 벼슬아치를 세 등급으로 나눈 품계品階의 하나이다. 주周나라 때에는 경卿의 아래 사士의 위였다.
* 경천위지문經天緯地文: 베를 짜는데 경經은 날줄이고, 위緯는 씨줄을 뜻한다. 아울러 경천위지는 천지天地의 도道를 밝히고 조화를 돕는 것으로 문왕文王과 문선왕(文宣王: 孔子)의 경우가 이에 해당한다.

2024년 4월 22일 월요일

사면초가

사면초가四面楚歌를 직역하면 '사방에서 초楚나라 노랫소리가 흘러나온다.'는 뜻이다. 이 같은 취지에서 아무에게도 도움을 받지 못하는 외롭고 곤고한 지경에 빠진 형편을 이르는 말이다. 그러므로 어려운 곤경에 빠져 어찌 할 수 없는 처지나 적에게 사방으로 포위당해 고립무원孤立無援의 상황에 빠졌거나 매우 어려운 처지에 몰려 극복할 길이 막막하고 난감한 상황을 비유할 때 통용하고 있다. 이 성어가 생성된 유래를 담고 있는 출전出典을 바탕으로 출현 배경과 의미와 만남이다.

유래는 초楚나라 항우項羽의 군사가 해하垓下에서 한漢나라 유방劉邦의 군사에게 겹겹이 포위된 상태에 처한 어느 날 밤 사방에서 울려 퍼지는 초나라 노랫소리에 비감한 마음에 빠지며 패배를 직감하고 전의戰意를 상실했던 상황에서 비롯되었다. 한편 관련 고사故事를 담고 있는 출전은 사마천司馬遷이 쓴 《사기史記》의 〈항우본기項羽本紀〉이다. 한편 동의어 혹은 유의어로는 초가楚歌, 고립무원孤立無援, 사고무인四顧無人, 진퇴유곡進退維谷, 낭패불감狼狽不堪, 진퇴무로進退無路, 진퇴양난

進退兩難, 사고무친四顧無親, 고립무의孤立無依 따위가 있다. 출전을 중심으로 '사면초가'에 관련 내용 부분의 줄거리를 요약, 정리한다.

 진秦나라 말기에 군웅할거群雄割據 양상을 보이다가 결국은 초나라의 항우와 한나라 유방이 천하의 패권을 두고 다투며 맞서 겨루기를 되풀이했다. 그러다가 우여곡절을 겪으며 어렵사리 종전 협정에 합의했다. 그 핵심은 홍구鴻溝를 기준으로 서쪽은 한나라 땅, 동쪽은 초나라 땅으로 정해 다스리기로 협정을 체결함으로써 천하를 양분하려고 합의한 꼴이 되었다.
 협약을 금과옥조金科玉條로 믿었던 항우는 포로로 잡고 있던 유방의 가족들을 석방하고 약속대로 군사를 이끌고 고향인 동쪽으로 떠났다. 하지만 유방은 모사謀士 장량張良과 진평陳平의 건의를 받아들여 무방비 상태로 철군하던 항우군項羽軍을 추격해 급습하기로 계획을 변경함으로써 신성한 협정을 휴지조각으로 만들었다. 결국 유방의 행동은 앞에서는 웃는 얼굴로 평화협정을 맺고 돌아서서 등에 칼을 꽂음으로써 시정잡배보다도 못한 비열한 술책을 택한 못난이 같은 짓을 택했다.
 유방의 군사들이 추격해 항우 군사와 대치한 곳이 해하垓下였다. 유방의 군사들이 벼락같이 항우 진영으로 공격했으나 완강한 대항으로 되레 피해만 입고 한 발 물러나서 진지를 공고히 다지며 전략회의를 열었다. 그런데 그때까지는 전장에 도착해서 돕기로 했던 제후와 그 군사들이 하나도 오지 않아 난감했다. 그에 대해 책사인 장량이 말했다. "그 제후들이 와서 공훈을 세워도 적정한 보상이 따르지 않을 개연성 때문이라고."
 그에 왕은 만일 이번 전쟁에서 공훈을 세운다면 한신韓信이나 팽월

彭越에게는 (나라를 세울) 땅을 내줄 것이라며 여러 제후에게는 공헌에 합당한 포상을 내리겠다는 약조를 확실히 전달토록 사자를 보냈다. 그 결과 한신과 팽월 등을 비롯한 여러 제후들을 비롯해서 초나라를 배반했던 대사마大司馬 주은周殷 등이 연합해서 군사를 이끌고 해하에 도착하여 항우 진영을 겹겹으로 포위해 옴짝달싹할 수 없는 상황으로 몰면서 숨통을 조였다. 완강하게 버티던 초나라 군사를 향해 심리전을 펴기로 작전을 세우고 어느 날 밤이 오자 곧바로 실천에 옮겼다.

/ … / *어느 날 밤에 한나라 진영에서 고향을 그리는 구슬픈 초나라의 노래가 사방에서 들려왔다*(夜聞漢軍四面皆楚歌:야문한군사면개초가) / … /

위에서 사면초가가 비롯되었다. 이 노래는 한군에 투항했거나 포로로 잡혔던 초나라 병사들을 시켜 자기들의 고향 노래를 부르게 했던 심리전이었다. 항우는 처연한 노래를 들으며 "한나라가 이미 초나라를 모두 손에 넣은 것인가. 어찌 저리도 초나라 사람들이 많다는 말인가?"라고 중얼거렸다. 이 심리전 이후 항우군의 사기는 걷잡을 수 없이 떨어졌고 탈영자가 줄을 이었으며 군량軍糧도 고갈되었다. 그 때 항우의 숙부인 항백項伯, 장군인 종리말鐘離眛과 계포季布 등도 탈영했다. 그 때문에 결국 초나라에는 환초恒楚와 항장降將 등을 위시해서 달랑 800여 명의 군사만이 남았다.

패배를 직감한 항우는 마지막을 정리하기 위해 결별연訣別宴을 열고 비분강개悲憤慷慨한 심정을 노래한 시가 그 유명한 〈해하가垓下歌〉이다.

/ 힘은 산을 뽑고 기개는 세상을 덮었느니(力拔山兮氣蓋世:역발산혜기개세) / 허나 시운이 따르지 않으니 추騅*도 나가지 아니하는구나(時不利兮騅不逝:시불리혜추불서) / 추騅마저 나가지 않으니 나는 어이해야 하려나(騅不逝兮可奈何:추불서혜가나하) / 우희虞姬여! 우희여! 그대를 어찌하면 좋을까(虞兮虞兮奈若何:우혜우혜나약하) /

이에 그의 총희寵姬였던 우희虞姬가 화답해 읊었다고 알려진 〈화항왕가和項王歌〉는 지금도 뭇사람들에게 회자膾炙되고 있다.

/ 한漢 군사가 이미 천하를 손에 넣었기에(漢兵已略地:한병이략지) / 사방에서 들려오는 것은 초나라 노랫소리(四面楚歌聲:사면초가성) / 대왕의 의기가 다하셨다면(大王義氣盡:대왕의기진) / 천첩賤妾이 살아서 무엇하리요(賤妾何聊生:천첩하료생) /

이 연회를 마치고 우희는 자결했으며 항우는 몇몇 충성스런 군사들과 있는 힘을 다해 한군漢軍의 포위망을 뚫고 나서 오강烏江에 이른 뒤에 자결했는데 그의 나이 겨우 서른하나였다.

전쟁이란 승자의 진리와 철학만이 존재한다. 거기에 보편타당한 진리나 원칙을 비롯해 가치관은 아무런 의미가 없다. 면전에서는 사탕발림으로 덕담과 도리를 들먹이다가 등 뒤에서 비겁하게 칼을 꽂아 승리하더라도 승리는 승리이다. 이런 철학이나 가치관이 있는 그대로 우리 사회에 통용된다면 얼마나 끔찍할까. 사면초가라는 고사성어를 대할 때마다 유방의 이중인격이 스멀스멀 떠올라 악몽을 꾸는 개떡 같은 기분이라면 내가 지나치게 삐딱한 걸까?

---
* 추(騅): 항우가 즐겨 타던 준마駿馬이다.

2024년 6월 12일 수요일

IV. 애옥급오

사무사
사족
소이부답
송양지인
수서양단
수신제가
수어지교
수주대토
애옥급오
양상군자
양패구상
양호유환

사무사

사무사思無邪라는 경구警句가 등산로 옹벽에 새겨져 있다. 기억이 가물가물할 정도로 아주 오래 전 언젠가 얼렁뚱땅 익혔던 글귀이다. 그런데 며칠 전 등산로 입구의 이끼가 덕지덕지 낀 시멘트 옹벽에 달필로 새겨진 것을 보면서 그 뜻을 새삼스레 되짚어봤다. 여태까지 삶에서 생각에 간사함이 없고 마음이 반듯하며 그릇됨이 없이 순정純正한 마음을 지니고 행동했던 적이 과연 얼마나 있었을지 모르겠다. 녹록지 않은 세파의 격랑을 헤쳐 나간다는 그럴듯한 명분을 앞세워 남을 미워하고 시기하면서 인간의 도리를 저버리지 않았었는지 맹성이 필요하다.

원래 사무사는 공자가 《논어論語》의 〈위정편爲政篇〉에서 다음과 같이 이른 말에서 비롯되었다. "시詩 삼백편三百篇을 한마디로 말한다면 사무사 즉 사악邪惡함이 없는 것이다(詩三百 一言以蔽之 曰 思無邪: 시 삼백 일언이폐지 왈 사무사)."라고 일갈했다.

이 말은 시를 사무사라고 정의한 셈이다. 왜 그렇게 판단했을까. 그가 교육적 목적을 겨냥해 《시경》을 편찬해 내면서 거기에 담긴 뜻을 단 한마디 말인 사무사로 함축하고픈 생각 때문이었으리라. 한편 이는 '사특邪慝함이 없을 뿐 아니라 그릇됨도 없다.'는 뜻이다. 그렇다면 왜 이런 단정을 했을까 그 연유의 유추이다. 원래 시詩는 정서나 사상 따위를 운율을 지닌 함축적 언어로 표현한 문학의 한 갈래이다. 결국 살아가면서 느끼는 다양한 정서나 생각을 순수하게 문학적으로 승화시켜 노래한 게 시詩이다. 이 같은 맥락에서 진솔한 표현의 산물인 시에는 사악이 포함되지 않고 순정하다고 일갈하지 않았을까.

《시경詩經》은 유교의 오경五經* 중의 하나로 공자가 은殷나라 시대부터 춘추春秋 시대까지 전해오는 수많은 시 중에서 305편을 골라서 편찬해낸 시가집詩歌集이다. 전체 작품을 풍風, 아雅, 송頌의 3부로 나누어 편집했다. 여기서 풍은 여러 나라의 다양한 지역에서 수집한 160개의 민요, 아는 연회석宴會席의 노래로 소아(小雅:74편)와 대아(大雅:31편)를 합해 105편, 송은 왕조나 조상의 제사를 모실 때 노래로서 40편 등의 풍아송風雅訟으로 구성되었다. 이들 모두는 고대의 무명 민중이나 지식인 노래들이다.

《시경》의 편찬자로서 자부심은 대단했던 것 같다. 그가 일렀던 《시경》을 읽으면 다음과 같은 측면에서 유익하다고 이렇게 읊조리고 있다.

/ "공자가 말하기를 제자들아 어찌하여 시를 배우지 않느냐(子曰 小子何莫學夫詩:자왈 소자하막학부시) / 시는 감동을 일으키게 하고(詩可以興:시가이흥) / 위정자의 잘잘못을 관찰할 수 있고(可以觀:가이관) / 사람들과 어울리게 하고(可以群:가이군) / 화를 내지 않고도 남을 원망할 수 있게 하며(可

以怨:가이원) / 가까이는 어버이를 섬길 수 있고(邇之事父:이지사부) / 멀리는 임금을 섬길 수 있으며(遠之事君:원지사군) / 새와 짐승과 초목의 이름을 많이 알게 한다(多識於鳥獸草木之名:다식어조수초목지명)."/

본디 생각에 간사함이 없다는 것은 마음이 바르고 그릇됨이 없다와 일맥상통한다. 이를 넓은 의미로 해석한다면 세상만사를 왜곡 없이 바로 보고 편견이나 더덜이 없이 받아들이라는 가르침이리라. 자기의 주관에 따라 편협하게 단정하거나 선입견이나 부정적인 시각이 불식되어야 함을 간과하는 어리석음에서 벗어나라는 철학을 담은 게 바로 사무사가 함축하는 대의大意가 아닐까. 왜냐하면 생각이 아집이나 번뇌에 이르면 일체의 대상을 바로 볼 수 없을 뿐만 아니라 본성까지도 있는 그대로 직관이 불가능하다는 이유에서이다.

자주 찾는 등산로의 이끼 낀 시멘트 옹벽에 누군가가 가뭄에 콩 나듯이 새긴 글귀이다. 맨 먼저 '최상의 선은 물과 같다.'는 상선약수上善若水, 다음엔 '물은 흐르고 꽃이 피네.'라는 유수화개流水花開, 그 다음엔 '다만 알지 못함을 아는가.'라는 단지불회但知不會를 화두 던지듯 띄엄띄엄 휘갈겨 남기더니, 최근에는 '생각에 간사함이 없다.'는 사무사를 새겨놨다. 글씨체로 볼 때 분명 같은 사람이 남긴 흔적으로 상당한 경지에 이른 은둔거사가 분명한데 어떤 메시지를 전하고파서 허접한 낙서장 같은 시멘트 옹벽에 귀한 글귀를 화두 던져주듯이 하나씩 남기는지 그 숨겨진 의도가 자못 궁금하다.

* 오경五經: 《역경易經》, 《서경書經》, 《시경詩經》, 《예기禮記》, 《춘추春秋》 등을 말한다.

《시와 늪》 2022년 여름호(통권 56호), 2022년 7월 20일
(2022년 4월 26일 화요일)

사족

　사족蛇足은 원래 화사첨족畫蛇添足의 준말로 동일한 의미로 쓰인다. 여기서 사족을 직역하면 '뱀蛇의 발足'을 뜻하고, 화사첨족은 '뱀을 그리고畫蛇 발을 더하다添足.'라는 의미이다. 원래 뱀은 발이 없다. 따라서 뱀의 발을 그린다는 것은 쓸데없는 짓으로 헛수고일 뿐이다. 이런 맥락에 따라 현실에서는 포괄적으로 쓸데없는 일을 지칭하는 의미로 통용되고 있다. 이에 관련된 고사故事의 유래와 출현 배경과 만남이다.

　중국 초楚나라 회왕懷王의 집권 초기의 일이었다. 초나라 영윤令尹*인 소양昭陽이 군사를 이끌고 위魏나라를 침공해 대승을 거두고 그 여세를 몰아 제齊나라를 공격하려고 할 무렵이었다. 위기를 직감한 제나라 민왕閔王은 유세가遊說家인 진진陳軫에게 밀명을 내려 초나라 소양을 만나 전쟁이 발발하지 않게 설득하라고 사신으로 보냈다. 이런 중차대한 임무를 맡았던 진진이 소양과 만나 담판을 짓는 자리에서 나누던 대화 중에 사족, 즉 화사첨족이란 말이 생겨났다. 한편 유의어로서 상상안상牀上安牀이 있다. 아울러 다소 무리가 있을지 모르지만 '지붕 위에 지붕을 씌운다.'는 뜻을 지닌 옥상가옥屋上架屋도 떠올릴 수 있겠다.

고사故事를 전해주는 출전出典은 《사기史記》의 〈초세가楚世家〉와 《전국책戰國策》의 〈제책齊策〉인데 둘의 내용은 큰 틀이나 줄거리는 동일하고 일부에서 다를 뿐으로 대동소이하다. 후자後者를 중심으로 사족과 관련된 부분의 줄거리 대강을 요약, 정리한다. 달변가達辯家인 진진이 소양과 담판을 지어야 하는 설득의 자리에서 교묘하게 마음을 휘어잡으며 유효적절하게 회유함으로써 결국 소양이 제나라 침공 계획을 거둬들이고 홀연히 초나라로 돌아가게 유도했다.

진진은 소양에게 "공公께서는 이미 초나라 최고의 관직인 영윤의 자리에 계셔서 더 올라갈 자리도 없으십니다. 게다가 이번 출정에서 위나라와의 전쟁을 크게 승리하면서 장수 여럿의 목을 베셨고, 여덟 개의 성城까지 얻는 역사에 길이 빛날 전과를 거두셨습니다. 그런 맥락에서 지금 제나라는 공公을 매우 두려워하고 있으니 그것으로 족하지 않으신지요? 그럼에도 불구하고 강공을 하다가 혹여 뜻하지 않은 낭패를 당하면 여태까지 이루신 모든 게 물거품이 됨"을 조심스럽게 짚어가며 조곤조곤 설득했다. 그러면서 예를 들은 고사 내용이 사족에 관련된 옛 일화였다. 그 얘기를 하면서 "혜량하고 끝까지 들어 주십사!"라고 당부하며 몸을 한껏 낮췄다.

초나라에 제사를 모시던 사람이 있었는데, 수고했던 사인舍人*들에게 술 한 잔을 하사했었지요. 그 술을 두고 사인들은 여러 사람이 마시기에는 부족하고 혼자 마시면 넉넉하다고 판단했습니다. 사인들이 땅바닥에 뱀 그림을 가장 먼저 그리는 사람 혼자서 모두 마시기로 합의했지요. 그래서 곧바로 사인들이 앞을 다퉈 땅바닥에 뱀을 그리기 시작했답니다.

그중에 하나가 뱀을 다 그리고 술잔을 집어들어 마시려다가 왼손에 잔을 거머쥔 채 오른손으로는 뱀의 발足을 그리면서 말했다.

/ … / 나는 발도 그릴 수 있다(吾能爲之足:오능위지족) / 아직 (발을) 완성하지 못했는데(未成:미성) / (다른) 한 사람이 뱀을 완성하고(一人之蛇成: 일인지사성) / 그 잔을 낚아채며 말했다(奪其卮曰:탈기치왈) / 원래 뱀은 발이 없는데(蛇固無足:사고무족) / 당신은 어찌 발을 그릴 수 있는가(子安能爲之足:자안능위지족) / 마침내 그 술을 마셔버렸다(遂飮其酒:수음기주) / 뱀의 발을 그린 사람은(爲蛇足者:위사족자) / 끝내 그 술을 잃었다(終亡其酒:종망기주) / … /

위의 뱀을 그리는 과정의 대화에서 "쓸데없는 일을 한다."는 뜻의 사족, 즉 화사첨족이 유래했다. 결국 진진의 유려하고 심오한 말을 새겨들으며 오랫동안 심각한 고민에 고민을 거듭하며 장고長考에 들어갔던 소양은 이윽고 용단을 내리고 군사들에게 하명했다. 더 이상 전쟁은 없다면서 군사를 거두어 고국인 초나라로 돌아갈 준비를 서두르라고.

우리가 즐겨 쓰는 글에서도 불요불급不要不急한 군더더기 같은 내용을 끌어다 덧붙인 경우가 허다한데 이 또한 사족의 예이다. 이런 글을 대하다가 핵심을 간결하고 맛깔스럽게 절제미가 도드라지게 쓴 글을 대할라치면 험한 산길을 오르며 목말라 쩔쩔매다가 정갈한 석간수를 만나 한 모금 마시는 청량감에 비유할 수 있다. 세상을 사노라면 하루에도 수많은 결정이나 행동을 하면서 관습 혹은 관행적으로 중언부언重言復言을 거듭하며 사족을 붙이는 어리석음은 없는지 진지하게 돌아보면서 자성自省할 일이다. 왜냐하면 촌철살인寸鐵殺人의 한 마디가 지루할 정도로 긴 사설辭說에 비해 훨씬 큰 공명共鳴을 불러일으키는 경우가 허다하지 않던가!

---

* 영윤令尹: 초무왕楚武王 때 설치했다. 국내에서는 정치의 수장首長을 맡고, 국외에서는 군사를 통솔하는 역할을 담당했다. 초나라가 진秦나라에게 멸망당하기 전까지 초나라의 최고위 관직이었고, 중원 제후국에서의 재상宰相이나 장수의 권력을 지니고 있었다.
* 사인舍人: 중국 전국시대戰國時代부터 한漢나라 초기에 귀족이나 측근이나 시종을 일컫던 말이다. 오늘날 하인下人 비슷한 의미로 쓰이던 말이다.

《한맥문학》 2024년 12월호(통권 411호), 2024년 11월 25일
(2024년 5월 15일 수요일)

소이부답

 소이부답笑而不答, 즉 '웃을 뿐 답하지 않는다.'에 대한 얘기이다. 어떤 경우 왜 그런 상황에 처하게 되는 걸까. 때로는 부정하고, 때로는 긍정의 뜻을 표현하기 위해 묵시적으로 통용되는 행동이다. 그 경계가 명확하지 않아 다양한 해석을 불러 일으켜 가끔 뜻하지 않은 다툼의 빌미가 되기도 한다. 왜냐하면 세상사라는 게 자칫하면 어於 다르고 아阿 다르다(於異阿異:어이아이)는 상황이 될 수밖에 없는 현실 때문이다. 그럼에도 다양한 인간관계에서 드물지 않게 맞닥뜨리게 마련인 상황이다.
 원래 중국의 당唐나라 이백李白이 호북성湖北省의 안릉安陵이라는 초야에 묻혀 살 때 지은 〈산중문답山中問答〉이라는 시에 소이부답이라는 구절이 있다.

 / 내게 왜 깊은 산속에 사느냐고 묻기에(問余何事栖碧山:문여하사서벽산)* / 빙그레 웃고 대답 않으니 마음이 절로 한가롭다(笑而不答心自閑:소

이부답신자한) / 흐르는 물위에 복사꽃이 아득히 떠가니(桃花流水杳然去: 도화유수묘연거) / 여기가 바로 별천지인가 하노라(別有天地非人間: **별유천지비인간**) /

불가佛家에서 얘기하는 해탈의 경지에 다다른 시선詩仙이 깊은 산중에 은거하는 깊은 뜻을 헤아리지 못한 우매한 누군가가 왜 오지에 사느냐고 여쭸으리라. 아귀다툼을 일삼고 풍진이 찌든 속세를 떠나 대자연과 동화된 즐거움을 누리던 도인이 무엇이라고 할말이 있었을까. 그저 빙그레 웃는 것으로 답할 밖에 달리 이를 필요성을 느끼지 않았을 게다. 이 상황을 생각하다가 갑자기 조선朝鮮 개국 무렵에 왕사王師이었던 무학대사가 일갈했다는 "돼지 눈에는 돼지만 보인다(豚眼見惟豚: 돈안견유돈)."고 했다는 말이 떠올랐다. 왜냐하면 왜 산속에 사느냐고 묻는 뱁새가 어이 첩첩산중에 유유자적 은거하는 봉황의 뜻을 지혜롭게 헤아릴 수 있으리오. 이런저런 정황을 살필 때 왜 산속에 사느냐는 물음에 답할 말이 궁해서가 아니었으리라. 남에게 구태여 주저리주저리 얘기할 필요를 느끼지 못해 입을 닫고 빙그레 웃는 것으로 대신했다는 맥락에서 소이부답이 생겨났을 법하다.

　세월이 지나면서 진리도 변하는 게 세상이다. 매일 입에 올리는 말 또한 조금도 다를 바 없다. 원래 소이부답은 누군가의 질문에 대해 설명하기 어려운 상황의 산중 생활의 만족과 즐거움을 말 대신 웃음으로 표현했던 말이다. 요즈음엔 이미 알고 있다거나 자신을 드러내 쑥스러워 겸양을 나타내는 긍정적 경우의 쓰임새는 대폭 줄어들었다. 반대로 애매모호하거나, 가치가 없고 어이가 없거나, 편들기 어렵거나, 입장이 난처하거나, 모르거나와 같이 복잡한 사정이 얽히고설켜 자기 주장을 선뜻 드러내기 쉽지 않은 상황에서 사용되는 왜곡 현상이 훨씬 많아졌다.

누군가로부터 받는 질문에 답 대신 웃음으로 답하고 따로 대꾸하지 않는 경우가 더러 있다. 그 원인을 따지자면 여러 갈래로 나누어 볼 수 있겠다. 하지만 대충 그렇게 응대하는 게 사정을 악화시키지 않고 조용히 마무리 지을 최선의 대응이라는 이유 때문이다. 물론 이런 경우 호오好惡나 긍정과 부정을 명확하게 밝히는 데는 한계와 오해의 소지가 다분하다. 그렇지만 생각을 뚜렷이 밝히는 것에 비해 득이 많다고 판단되어 그리 처신한다.

소이부답하면 어처구니없게도 석가모니인 부처와 그의 제자인 가섭迦葉이 떠오르곤 한다. 석가모니께서 인도 영취산의 대중 앞에서 설법을 하던 중간에 깨달음의 실체를 보여주기 위해 아무 말 없이 연꽃 한 송이를 들어 보였다. 모두가 그 참뜻을 헤아리지 못해 어리둥절할 때 좌중에서 백발이 성성한 한 제자가 그 뜻을 헤아렸다는 뜻을 담아 조용히 미소를 띠었다. 그가 바로 가섭이다. 이 미소가 바로 이심전심以心傳心과 일맥상통하는 염화시중拈花示衆의 미소微笑이다.

어지럽고 복잡하게 뒤엉킨 사회에서 좀생이처럼 시시콜콜 말로 표현하지 않고 웬만한 일은 이심전심인 소이부답으로 소통하는 문화가 뿌리내린다면 훨씬 부드럽고 여유로울 법하다. 물론 행위자의 의도에 반하는 왜곡으로 뜻하지 않은 문제가 돌발할 개연성을 도외시할 수 없다. 그럴지라도 믿음과 신뢰가 전제된다면 뒤로 돌아앉은 돌부처처럼 묵묵부답黙黙不答으로 뻗대는 상황에 견줄 때 찻잔 속의 미미한 파문에 지나지 않을 터이기에 사회적 문제가 되지 않을 것이다.

* 서栖: 이는 '깃들일 서棲'와 동자同字이다.

《한맥문학》 2022년 9월호(통권 384호), 2022년 8월 25일
(2022년 6월 11일 토요일)

송양지인

　송양지인宋襄之仁은 '송宋나라 양공襄公의 어진 마음' 혹은 '송宋나라 양공襄公의 어짊'을 뜻한다. 이는 현실적으로 분수에 어울리지 않게 명분만 앞세워 상대를 동정하는 어리석은 행위, 무의미한 관용, 자신 처지에 어울리지 않게 명분만 내세우다 낭패를 당하다와 같은 상황을 나타낸다. 다시 말하면 불필요한 인정의 베풂이나 불요불급한 동정이나 배려같이 오지랖 넓은 행위를 비유적으로 지칭한다.

　본바탕이 되는 고사故事의 출전出典은 《십팔사략十八史略*》의 〈권일卷一〉이다. 한편 이의 생성 배경을 제대로 꿰뚫으려면 먼저 주된 배경이 되는 송宋나라와 양공이 처했던 당시의 상황의 정확한 인식이 전제되어야 한다.

　송나라 환공桓公이 승하하고 태자였던 자보兹父*가 즉위(기원전 651년)하니 그가 바로 양공이다. 그는 서출庶出인 이복형異腹兄 목이目夷를 재상宰相에 앉혔다. 즉위 즉시 제齊나라 환공桓公이 이끄는 회맹會盟에도 참가했으며, 평소 예禮를 중요시하는 이상주의자였다.

춘추시대 최초의 패자霸者였던 제나라 환공桓公이 승하하면서(기원전 643년) 여러 제후국이 패자에 눈독을 들이며 호시탐탐 그 자리를 노렸다. 물론 양공도 마찬가지였다. 한편 제나라에서는 환공의 궐위로 여섯 공자公子 사이에 왕위 쟁탈 암투가 극심해 내분 상태에 빠졌다. 이런 틈을 타서 양공이 제나라로 쳐들어가 공자 소昭를 왕위에 앉혔으니(기원전 642년) 그가 제효공齊孝公이다. 그 영향력을 바탕으로 송나라, 초楚나라, 제나라가 회맹하면서 나란히 3국의 맹주로 자리 잡았다(기원전 639년).

하지만 맹주라는 것이 외화내빈으로 속 빈 강정같이 실속이 없고 허울뿐인 이름으로 아무것도 할 수 없는 종이호랑이에 불과했다. 아무리 이름뿐이라고 해도 송나라가 엄연히 맹주인데도 불구하고 일언반구도 없이 정鄭나라가 초나라와 맹약을 체결했다(기원전 638년). 양공의 입장에서 볼 때 3국의 맹주인 자신에게 허락도 받지 않고 초나라와 맹약을 체결한 정나라 처사에 분기탱천하여 군사를 일으켜 치려고 나섰다. 그러자 정나라를 돕기 위해 초나라 성왕成王이 군사를 보냈다. 이에 맞서 싸우기 위해 지금의 하남성河南省에 위치한 홍수泓水에 먼저 도착한 송의 군사들이 진을 치고 기다리던 중에 초나라 군사와 마주치는 과정에서의 일이다. 그 때 양공과 목이 사이에 적을 공격해야 할 시기와 방법을 위시해서 전쟁에 대한 철학과 원칙에 대해 나눴던 대화 내용이 《십팔사략》에 나오는데 주요 대목이다.

송양공이 홍수泓水에서 초나라와 싸울 준비를 하고 기다리고 있을 때였다. 그 때 송나라 군사는 이미 전열을 완전히 갖췄고 초나라 군사는 아직 강을 건너지 못한 상태였다. 이런 상황에서 사마인 목이目夷가 말했다. 우리는 수가 적고 적은 많기 때문에 아직 강을 건너지 전열을 제대로 갖추지 못한 지금이 공격 적기라며 쳐들어가자고 건의했다. 하지만 단호하게 거절하면서 이렇게 얘기했다.

/ … / 안 되오(不可:불가) / 초나라가 군사가 강을 건넜으나 아직 정렬을 갖추지 못했다(旣濟而未成列:기제이미성렬) / (목이가) 공격하자고 다시 말하자(又以告:우이고) / 양공은 허락하지 않았다(襄公, 未可:양공, 미가) / 초나라 군사가 대오를 갖춘 뒤에 공격했지만(旣陣而後擊之:기진이후격지) / 송은 대패했고(宋師敗績:송사패적) / 송양공은 다리를 다쳤다(宋傷股:송상고) / … /

또한 《십팔사략》에 다음과 같은 내용이 나타난다.

송양공이 제후諸侯의 패자가 될 야욕에서 초나라와 전쟁을 하려고 홍수泓水에서 초나라와 싸울 준비를 하고 대기하고 있을 때였다. 그 때 늦게 도착한 초나라 군사가 아직 일부만 강을 건너 진영을 제대로 갖추지 못하고 우왕좌왕할 때 공격 적기라며 공자公子 목이目夷가 진격 명령을 하달해 달라고 건의했다. 하지만 송양공은 진격명령 대신 이렇게 말했다

/ … / 양공이 말했다(公曰:공왈) / 군자는 다른 사람이 어려울 때 곤란하게 만들지 않는 법이오(君子不困人於厄:군자불곤인어액) / 그러다가 초나라에 패했다(遂爲楚所敗:수위초소패) / 세상 사람들은 이를 '송나라 양공지 인(宋襄之人)'이라고 비웃었다(世笑以爲宋襄之人:세소이위송양지인) / … /

위의 양공과 목이의 대화에서 둘 사이 전쟁을 대하는 생각이나 철학이 엄청나게 큰 차이를 발견하고 크게 놀랐다. 먼저 양공은 인의仁義의 틀에 갇혀 적과 대치 상황에서도 도덕 교과서 같은 원칙을 철두철미하게 지키려는 등신 같은 대응을 하다가 끝끝내 대패해 사람들의 조롱의 대상으로 전락했다. 이에 비해 목이는 현실론 신봉자로서 현명한 책략가이며 진정한 참모의 모습이었다. 그렇다면 전쟁에서도 인의의 틀이나 철학의 껍질을 깰 수 없었던 양공은 어디에서 영향을 받았을까. 자료를 찾다 보니 사마법司馬法*에 매우 낭만적인(?) 조항이 명시되어 있었다. 과연 이 같은 법이 실제 전쟁에서 얼마나 효과가 있을지 모르지만 그 시대의 보편적인 정서를 엿볼 수 있지 않을까. 양공이 보였던 사상은 당시의 사회적 분위기를 곧이곧대로 반영하고 있어 사마법에서 천명한 전쟁 원칙을 간추려 소개한다.

먼저 자기 나라 백성 보호 조치를 위한 준수해야 할 원칙을 이렇게 이르고 있었다.

/ 농사철에는 전쟁을 시작하지 않고(不爲時:불위시) / 질병이 돌 때는 전쟁을 일으키지 않고(不歷民病:불역민병) /

적국敵國의 백성을 보호하기 위하여 아래와 같은 내용을 적시하고 있었다.

/ 적국이 국상을 당하면 전쟁을 일으키지 않고(不加喪:불가상) / 적국의 기근을 틈타 전쟁을 일으키지 않는다(不因凶:불인흉) /

한편 자국민과 적국민을 동시에 보호하려는 맥락에서 이렇게 규정하고 있었다.

/ 한여름이나 한겨울엔 전쟁을 일으키지 않는다(冬夏不興師:동하불흥사) /

세상을 살다가 뜻하지 않게 도덕적 원칙과 현실적인 처세 원칙이 첨예하게 대치하는 절체절명의 순간에 어느 쪽을 택해야 하는 걸까. 그 옛날 송나라 양공이 인의를 바탕으로 전쟁에서 의사결정을 했다가 대패하고 세상 웃음거리로 전락한 경우를 어떻게 자리매김해야 할지 헷갈린다. 하기야 이를 두고 사마천司馬遷은 《사기》에서 송양공의 인은 칭송 받을 만하다고 했고, 주자周子는 춘추오패春秋五霸에 포함시키는 정반대의 평가를 했던 경우도 있었다. 결국 어떤 경우를 막론하고 도덕적 원칙과 현실적인 처세의 원칙이 궤軌를 같이할 경우는 하등의 문제가 없다. 하지만 취사선택이 불가피하게 상충될 경우에는 어디에도 정답이 없기 때문에 각자의 가치관에 따라 판단해야 할 개인의 몫이며 책임이 아닐까.

---

* 십팔사략十八史略: 중국 원元나라의 증선지曾先之가 《십팔사十八史》를 요약하여 초학자용初學者用으로 편찬한 책이다. 중국 태고太古에서 송말末末까지의 사실史實을 압축하여 기록하였다. 원간본原刊本 20이다.

* 부父: 대부분 '아비 부'로 쓰이나 여기서는 '남자 미칭 보'로 사용되었다.

* 사마법司馬法: 중국 춘추시대 제齊나라의 병법가 사마양저司馬穰苴가 저술한 병법서이다. 《무경칠서武經七書》즉 《손자병법孫子兵法》,《오자병법吳子兵法》,《사마법司馬法》,《육도六韜》,《위요자尉繚子》,《삼략三略》,《이위공문대李衛公問對》중의 하나이다.

2024년 5월 8일 수요일

수서양단

 수서양단首鼠兩端은 원래 '(쥐구멍에서) 머리만 내밀고 (망설이며) 주위를 살핀다.'는 뜻이다. 그러므로 결정을 내리지 못하고 양다리를 걸친 상황 즉 우유부단함이나 자신의 이해득실을 따지는 기회주의적인 행동을 비유적으로 이르는 말로 통용되고 있다. 이 고사성어가 비롯된 고사故事를 담고 있는 출전出典을 바탕으로 유래와 의의를 살핀다.

 먼저 유래由來의 간략한 요약이다. 중국 한漢나라 경제景帝 때 앙숙에 가까울 정도로 첨예하게 대립했던 위기후魏其侯 두영竇嬰과 무안후武安侯 전분田蚡이라는 두 외척外戚이 있었다. 어느 연회宴會에서 두영의 휘하인 관부灌夫의 실수로 상황이 완전히 엉망이 되었다. 이 사건이 빌미가 되어 두영과 전분의 다툼이 걷잡을 수 없이 커져 서로 헐뜯어도 해결의 실마리가 도통 보이지 않아 마침내 황제인 경제景帝가 가름해 주어야 할 지경이 이르렀다. 문제를 해결하기 위해 황제가 조정의 대소 신하를 비롯해 어사대부御史大夫인 한안국韓安國에게까지 하문下問했으나 껄끄러운 상황이 부담되었던지 눈치를 보면서 최종 판단을 유보한 채 황제가 결정하라고 떠넘겼다. 한안국의 태도를 빠짐없이 지켜봐왔던 전분이 어이가 없어 '우유부단함'을 힐책하는 말에서 수서양단이 비롯되었다.

출전은 《사기史記》의 〈위기무안후열전魏其武安侯列傳*〉이다. 유의어로서 좌고우면左顧右眄, 유예부결猶豫不決, 담전고후膽前顧後 등이 있다. 역사적인 사실을 제대로 훑어보기 위해 출전을 따라가며 고사 줄거리를 바탕으로 이 성어가 비롯된 사연의 대강을 간추린다.

원래 두영과 전분은 같은 외척外戚이라도 뿌리가 달랐다. 먼저 두영은 문제文帝의 외척이고, 전분은 문제의 아들인 경제의 외척이다. 그런 까닭에 문제가 승하昇遐하고 경제가 즉위하면서 위기후 두영의 권세는 지는 해처럼 쇠衰하기 시작했다. 이에 비하여 무안후 전분의 권세는 뜨는 해처럼 욱일승천하는 형국이었다. 따라서 둘 사이는 알게 모르게 견원지간犬猿之間을 방불케 할 정도로 사사건건 으르렁대며 힘을 겨뤄왔다.

앞에서 언급한 연회 사건이 걷잡을 수 없이 크게 확전되면서 두영과 전분은 앞을 다퉈 황제인 경제를 독대하여 서로 물어뜯고 할퀴며 후벼파기를 되풀이했다. 이에 황제는 대소 신하들의 의견을 두루 듣고 싶어 여기저기에 하문했으나 두영과 전분의 막강한 힘에 자칫하다가는 '고래 싸움에 새우 등터지는 꼴(鯨戰蝦死:경전하사)'을 우려했기 때문인지 좌고우면하며 애매한 태도를 보였다. 괴이하게 여긴 황제는 드디어 관리들의 죄를 규명하는 소임의 책임자였던 어사대부 한안국에 하문했다. 그가 말했다. "양쪽 말에 모두 일리가 있으니 판단하기 어렵습니다, 하오니 폐하께서 최종적으로 판단하셔야 할 것 같습니다."라면서 슬쩍 피해 나갔다. 마침 그 자리에 동석했던 내리內吏, 즉 '경사京師의 장관'에게 물어봤지만 기다렸다는 듯이 판박이 같은 대답뿐이었다.

매구 같은 무안후 전분이 한 발 비켜서서 이 광경을 낱낱이 지켜봤다. 그리고 한참 시간이 지나고 나서 조회朝會를 마치고 나오는 순간에 이렇게 행동했다.

/ … / 무안후 전분은 조회朝會을 마치고 나서(武安已罷朝:무안이파조) / 지거문止車門*을 나와서(出止車門:출지거문) / 어사대부 한안국을 불러 수레를 함께 타고載 가면서(召韓御史大夫載:소한어사대부재) / 성을 내며 말했다(怒曰:노왈) / 그대長孺*와 함께(與長孺共:여장유공) 어느 대머리 늙은이老禿翁*를 없애려 했는데(一老禿翁:일노독옹) / 어찌해 구멍에서 머리만 내민 쥐새끼처럼 좌고우면하며 우유부단하게 수서양단首鼠兩端의 태도를 취했다는 말인가(何爲首鼠兩端:하위수서양단) / … /

위의 하위수서양단何爲首鼠兩端이라는 표현에서 수서양단이 비롯되었다. 한편 무안후 전분의 비분강개한 푸념어린 질책을 꼼짝없이 끝까지 들은 뒤에 한안국이 조용히 입을 열었다. 그의 말은 무안후를 변명의 여지없이 궁지로 몰아넣기에 부족함이 없어 보여 간추려서 적시한다.

"하온데 승상丞相께서는 왜 자중자애自重自愛하지 못하신지요? 위기후 승상께서 비난하시면, 승상(무안후)께서는 인수印綬*를 풀어 황제께 바치며 '신은 황제의 하해 같은 은혜로 요행이 승상에 이르렀을지

Ⅳ. 애옥급오

라도 원래는 자질이 부족해 적임자가 못 되오니 모두 위기후의 말씀이 옳고 타당하옵니다.'라고 사뢰었어야 하옵니다. 그리 처신하셨다면 황제께서는 당연히 겸양지덕을 높이 사(多君有讓*:다군유양) 팽홍하지 않을 것으로 사료됩니다. 또한 그리하셨다면 위기후는 강한 자존심에 부끄러움을 견뎌내지 못해 끝끝내 혀를 깨물어(齰舌*:색설) 자결했을 것입니다. 그럼에도 위기후가 승상을 헐뜯는다고 맞서서 대응하시는 행동은 장사치(賈豎*:고수)나 아녀자의 말다툼爭들과 다를 바 없음을 왜 깨닫지 못하십니까?"라며 옴짝달싹하지 못하게 궁지로 몰아붙였다. 머쓱해진 무안후는 달리 둘러댈 말이 궁해져 "싸울 때는 조급한 마음에 그런 높고 깊은 이치를 생각하지 못했다네!" 이렇게 되면 누가 위이고 누가 아래일까?

사노라면 이념이나 사상, 이상과 현실, 물질적 혹은 정신적 측면에서 이해득실, 권력이나 무력 같은 힘의 논리 따위의 틈바구니에 끼이는 난감한 경우를 겪게 마련이다. 이런 상황에 처하면 단기적으로는 이러지도 저러지도 못하고 엉거주춤한 채 양다리를 걸치고 위험한 곡예를 할밖에 도리가 없을지 모른다. 불행하게도 이런 상황이 오랫동안 지속되면 아예 쥐새끼처럼 구멍에 숨어서 눈치만 살피는 수서양단의 길을 선택할 개연성이 매우 높다. 그런 길을 선택하면 자신도 모르게 눈은 가재를 닮아가고 양심 운운할 수 없이 지탄의 대상이 되어 모두가 경원시하게 마련이리라. 세상이 아무리 어렵고 힘듦의 연속이라 할지라도 사람이라면 모름지기 흑묘黑猫와 백묘白猫는 분명 다름을 잊는 어리석음은 범하지 않아야겠다. 막다른 벼랑 끝으로 몰려도 장기적인 맥락에서 수서양단의 처신을 바탕으로 하려는 삶의 자세는 결코 바람직하지 못해 응원하거나 격려를 보낼 수 없기에 덧붙이는 사족蛇足이다.

---

* 위기무안후열전魏其武安侯列傳: 위기후魏其侯 두영竇嬰, 무안후武安侯 전분田蚡, 관부灌夫 3인의 합전合傳이다. 여기서 두영과 전분은 한漢나라 초기 황실의 외척外戚이고, 관부는 오초칠국吳楚七國의 난亂에서 공을 세워 장군이 된 인물이다.
* 지거문止車門: 정거문停車門, 궁전의 외문外門
* 장유長孺: 어사대부인 한안국의 자字이다.
* 노독옹老禿翁: 늙고 벼슬 없는 노인. 대머리 노인. 여기서는 위기魏其를 지칭한다.
* 인수印綬: 벼슬의 등급을 나타내는 관인官印을 몸에 차기 위한 끈이다.
* 다군유양多君有讓: 겸양의 미덕이 있다며 칭찬하다.
* 색설齰舌: 혀를 깨물다.
* 고수賈竪: 상인商人을 지칭한다. "수竪"는 "수豎"의 속자俗字이다.

2024년 5월 25일 토요일

수신제가

제대로 수신제가修身齊家한 사람들일까. 나라님이 되겠다는 이가 가족에게 했다는 입에 담기 민망한 욕설, 장관 후보자라는 사람들의 구린내 나는 흔적, 선량選良으로 불러지기를 바라는 패거리들이 몰염치한 언행을 제대로 갈망하지 못해 허둥대는 추한 모습, 여야로 처지가 바뀌면 변신의 귀재인 카멜레온처럼 완전히 다른 모습으로 돌변하는 군상群像 등에 대한 얘기다. 가재나 게 어느 편도 아닌 처지에서 지켜보면서 불현듯 떠오르는 생각이다. 그들 하나하나를 살펴보면 나무랄 구석이 없는 수재들로 화려한 학력과 경력에 주눅이 들 정도이다. 그런 반듯한 지성인들이 무리지어 나라를 다스리며 허구한 날 붕당朋黨의 잇속만 챙기려 혈안이 된 채 날이 새고 해가 저물기 때문에 평천하平天下 즉 천하(나라)가 화평할 리 만무하다.

몸과 마음을 닦아 수양하고 집안을 가지런하게 하며 나라를 다스려 천하를 평화롭게 한다는 말이 수신제가치국평천하修身齊家治國平天下이다. 이는 원래《대학大學》의 〈경經〉 제1장에 내용 8조목(격물格物, 치지

致知, 성의誠意, 정심正心, 수신修身, 제가齊家, 치국治國, 평천하平天下) 에 나오는데 그 내용은 이렇다.

/ 마음이 바르게 된 후에야 몸이 닦아지고(心正而后 身修:심정이후 신수) / 몸이 닦아진 후에야 집안이 가지런해지고(身修而后 家齊:신수이후 가제) / 집안이 가지런해진 후에야 나라가 다스려지고(家齊而后 國治:가제이후 국치) / 나라가 다스려진 후에야 천하가 화평하게 되리니(國治而后 平天下: 국치이후 평천하) /

타고난 영민함이나 많은 배움이 그대로 인품으로 이어지지 않는 모양이다. 앞에서 등장했던 집단은 선천적으로 뛰어난 두뇌를 바탕으로 많은 배움을 쌓았다. 그럴지라도 도덕적으로 존경받을 품격과는 거리가 멀어 어쩌면 시정잡배와 별반 다름없는 언행을 보여 눈살을 찌푸리게 만드는 경우가 숱하다. 그런 위험성 때문에《채근담菜根譚*》에서 이렇게 일렀던가 보다.

/ 남을 대할 때는 봄바람과 같이 부드럽게 하고(待人春風:대인춘풍) / 자신을 대할 때는 가을 서리처럼 엄격하라(持己秋風:지기추풍) /

자신에게는 더할 수 없이 엄격하게 대하며, 인격 도야에 진력하고 남에게는 끝없이 관용을 베푼다는 마음가짐으로 살아간다면 뭇사람들에게 존경 받아 척을 지는 악업이 쌓이지 않을 터이다. 단순 명료한 이치임에도 제대로 지키지 못하는 편협하고 옹졸함 때문에 남과 쓸데없는 감정 낭비를 하면서 풀기 어려운 업장業障을 남기는가? 이런 어리석음을 범하지 말라는 견지에서 이런저런 유사한 맥락의 조언들이 생겨났나 보다.

"자신에게는 박하게, 남에게는 후하게"라는 뜻으로 박기후인薄己厚人, "남에게 자비로우면 적이 없다."는 자비무적慈悲無敵, 초楚나라 장왕莊王에서 비롯된 것으로 알려진 사자성어 얘기다. 즉 "남의 잘못을 관대하게 용서해 주면, 훗날 반드시 보답을 받는다."는 절영지회絶纓之會 또는 절영지연絶纓之宴이 눈길을 휘어잡는다. 한편 《논어論語》의 〈위령공편衛靈公篇〉에서 "자신을 엄하게 책망하고, 남을 가볍게 책망하면 원망이 없어질지어다(躬自厚而 薄責於人 則遠怨矣:궁자후이 박책어인 즉원원의)."라고 이른다. 또한 《명심보감》의 〈존심편存心篇〉에서는 "남을 책망하는 마음으로 자신을 책망하고, 자신을 용서하는 마음으로 남을 용서하라(以責人之心 責己以恕己之心恕人:이책인지심 책기이서기지심서인)."라고 일깨우고 있다.

일제로부터 해방과 민족상잔의 전쟁인 6·25에 이어 암울한 혼란기의 압축적 산업화 과정에서 물질적 가치를 지고지선인 양 신봉하며 정신적으로 피폐해진 때문일까. 천박한 물신주의의 병폐가 우리 사회 여기저기 음습한 구석에 똬리를 틀었다 해도 이제는 그런 유산으로부터 자유로워야 한다. 허망한 말장난이 사회를 혼란으로 빠뜨리면서 도덕이나 철학을 비롯해 원칙과 정의는 참담할 정도로 괴멸되었다. 그 대신 억지와 괴변, 진영 논리와 극한 대립에 매몰됨으로써 수신제가도 제대로 이루지 못한 무뢰배들에게 우리 사회를 통째로 맡긴 것 같은 불안에 떠는 궁상은 공연한 기우일 게다. 그래도 이쯤에서 그 옛날 청나라 4대 황제였던 강희제姜熙齊가 일갈했다는 "타인에게 관대하고,

나에게는 엄격하라."는 관인엄기寬人嚴己라는 말이라도 우리 모두가 곱씹어 봤으면 하는 욕심은 부질없고 헛된 망상일까.

---

* 《채근담菜根譚》: 명明나라 말기에 홍자성洪自誠이 지은 어록집이다. 유교를 중심으로 불교와 도교를 가미하여 처세법을 가르친 경구적警句的인 단문 약 350조로 구성되어 있다. 전집前集은 현실에 살면서도 현실에 집착하지 않는 마음가짐과 처세를, 후집後集은 자연을 벗하며 살아가는 풍류를 주제로 하고 있다.

2022년 5월 5일 목요일

수어지교

 물과 고기의 사귐을 뜻하는 수어지교水魚之交 얘기다. 물고기가 물을 떠나 단 하루도 살 수 없듯이 서로 떼래야 뗄 수 없는 사이를 이르는 말이다. 다시 말하면 사람 사이에 너무 친해서 서로 떼어낼 수 없는 관계를 뜻한다. 이의 생겨난 유래 들춰보기이다.

 수어지교는 옛 중국에서 위魏·촉蜀·오吳 등 삼국시대 촉한의 초대 황제인 유비劉備와 그의 책사인 제갈량諸葛亮 사이의 일화에서 유래했다. 유비가 지략가를 구하지 못해 노심초사할 때 휘하 인재였던 서서徐庶가 추천하여 삼고초려三顧草廬 끝에 어렵사리 모신 제갈량과 제왕인 유비 사이에 관계는 날이 갈수록 돈독해졌다. 그런데 도가 지나쳐 되레 유비가 신하가 되어 공명(孔明: 제갈량의 자字)을 주군으로 모시고 섬기는 처지처럼 비춰졌다. 주객이 전도된 것 같은 가당찮은 모습이 눈에 거슬렸던 관우關羽와 장비張飛가 유비에게 강력히 항의했다. 도원결의桃園結義로 형제의 연을 맺은 동생들의 충정어린 불만에 유비는 "내게 공명은 고기가 물을 가진 것과 같으니 다시는 그런 말을 하지 말게나."라고 타일렀다. 이 사귐을 계기로 수어지교라는 성어가 생겨났으며, 관우와 장비는 두 번 다시 같은 불평을 하지 않고 제갈량을 받들어 모셨다. 예로부터 수어지교와 엇비슷한 의미로 통용되던 것에는 어수지친魚水之親, 어수지락魚水之樂, 지란지교芝蘭之交, 문경지교刎頸之交, 관포지교管鮑之交 따위가 있다.

  삼고초려 끝에 제갈량을 책사로 모신 뒤에 유비는 여러 차례 조조曹操의 군대와 전투에서 혁혁한 승전을 거뒀다. 유비는 제갈량보다 20세나 위였지만 나이를 따지지 않고 돈독한 인간관계와 무한한 신뢰의 마음을 보여줌으로써 나이 차이를 잊은 우정인 망년지우忘年之友의 경지에 이르렀다. 철학과 가치관을 널리 공유하고 원대한 꿈과 지향하는 바가 같다면 나이에 무관하게 평생을 도모할 동지로서 우정을 쌓고도 남으리라. 고려 말에 《파한집破閑集》의 저자인 이인로(李仁老:1152)와 당대 최고의 시인이었던 오세재(吳世才:1133)도 적지 않은 나이 차이에도 망년지우의 관계를 맺었다. 결국 철학과 가치관을 바탕으로 하는 꿈이나 뜻하는 바에 따라 나이에 구애받지 않고 망년지우에 이를 수 있다.

  우리가 알고 있는 《삼국지》는 중국의 원말元末에서 명초明初 사람인 나관중羅貫中이 1300년대에 지은 장편 역사소설인 《삼국지연의三國志演義》이다. 이는 서진西晉의 진수陳壽가 짓고 남조南朝 송나라의 배송지裴松之가 주註를 달아 내용을 보완했던 정사正史의 역사책인 《삼국지三國志》를 바탕으로 창작한 소설이다. 결국 역사의 기록인 《삼국지》를 토대로 사실과 상상력을 조합시켜 이야기를 꾸며 나간 산문체의 문학 양식인 소설로 창작해낸 역사소설책이 《삼국지연의》이다. 때문에 《삼국지》와 《삼국지연의》는 겉으로는 같아 보여도 꼼꼼하게 대조하면 서로 다른 점이 무척 많다는 전문가들의 지적이다.

다시 한번 강조하지만 대략 200년대에 진수가 지은 《삼국지》는 실제 역사적 사실을 기록한 역사책이다. 이에 비해 1300년대 나관중이 쓴 《삼국지연의》는 《삼국지》를 토대로 하여 상상력 혹은 허구적인 설정을 통해 창작된 역사소설책이라는 사실을 바로 인식해야 한다. 그러므로 《삼국지》에는 등장인물들의 고유한 개성이나 능력, 권모술수가 판을 치는 정치상황, 다양한 외교력, 신묘한 무기, 잡다하지만 극적인 상황 전개나 얘깃거리 따위가 없어 무미건조한 기록의 연속인 역사책일 따름이다. 이에 비해서 《삼국지연의》는 다소 허황스럽고 작위적인 냄새가 도처에서 풍기며 흥미를 돋우는 사건들이 기획된 연출처럼 극적으로 반전되는 신기한 상황의 연속으로 독자를 소설 속으로 빠져들게 한다.

장편 역사소설인 《삼국지연의》를 읽은 사람이라면 인상적인 장면 두 가지가 매우 뚜렷하리라. 그중 하나가 유비와 관우 그리고 장비가 도원결의를 맺고 의형제가 되는 장면은 잊을 수 없이 인상적이었을 게다. 또한 유비가 지략가가 절실한 상황에서 한참 나이 어린 제갈량의 초가를 세 차례나 찾아가 어렵사리 모셔오는 삼고초려의 순간 등은 많은 생각과 감동을 안겨주었다. 그런데 이들 두 가지 내용은 《삼국지》에는 없는 내용이라는 지적이다. 물론 이들뿐 아니라 꼼꼼히 뜯어보면 소설 속의 내용이나 상황이 《삼국지》에서는 그 흔적을 찾을 수 없다는 얘기다. 왜 그럴까. 우리가 읽었던 《삼국지연의》가 역사소설이라는 사실을 똑똑히 상기한다면 헷갈릴 일도 아니다. 다행인 것은 '수어지교'라는 말은 《삼국지》에도 등장한다.

모든 것이 경제적 관점에서 평가되는 철학이나 가치관의 지배 때문일까. 언제부터인지 모르지만 인간적인 신의나 용서와 포용보다는 달면 삼키고 조금이라도 쓰면 망설임 없이 뱉어버리는 감탄고토甘呑苦吐 풍조가 지배하는 사회로 변했다. 그렇게 변절 또는 배신이 다반사처럼 흔해져 심각한 사회 문제로 대두되는 현실이다. 그런 까닭에 주위에서 수어지교의 돈독한 선린관계를 유지하는 아름다운 모습을 찾기 쉽지 않다. 어쩌다 이 지경에 이르렀을까. 인륜으로 맺어진 부모와 자식 사이에 불협화음이 빈발하며 관계가 틀어지기도 한다. 그런가 하면, 스승과 제자 사이에 법적 송사訟事로 다툼이 벌어지는 것을 비롯해, 자질구레한 사건 발단의 빌미를 제공하는 처지로 몰려 심각한 갈등을 겪어야 하는 매정한 사회가 떨떠름하고 마뜩잖다. 이런 맥락에서 자연스럽고 바람직한 수어지교의 참된 뜻을 곱씹어 보고픈 작금이다. 각박한 세파에 시달리다 보니 툭하면 천륜을 거스르고 소중한 것을 잃는가 하면 현실에 얽매여 갈팡질팡하기 일쑤인 우리는 진정 풍요로움과 행복을 제대로 누리는 걸까.

2022년 6월 28일 화요일

수주대토

　수주대토守株待兎와 만남이다. 직역直譯하면 '그루터기를 지키며守株 토끼를 기다린다待兎.'는 뜻으로 현실적으로는 다음과 같은 의미로 쓰이고 있다. 합당한 노력도 없이 원하는 바가 성취되기를 기대하는 헛된 꿈이나 몽상 또는 착각에 사로잡혀 불가능한 일을 고집하는 어리석음을 의미하는 개념으로 통용되고 있다. 이를 확대 해석하면 타성이나 폐습에 사로잡혀 사리 판단을 제대로 하지 못할 뿐 아니라 융통성까지 상실한 경우를 지칭하기도 한다.
　중국 춘추전국시대春秋戰國時代 말기에도 그 옛날 요순시대堯舜時代에 통치하던 유가儒家 사상을 바탕으로 하는 왕도정치王道政治, 즉 인의정치仁義政治를 펼쳐야 한다는 주장이 팽배했다. 오랜 세월이 지났음에도 고루한 철학을 토대로 나라를 다스려야 한다는 공자 후예들의 시대착오적인 주장은 변화에 역행하는 복고주의에 불과하다고 법가法家 사상 주창자들은 강력하게 비판했다. 왜냐하면 지난날에 견줄 수 없이 복잡해지고 발달한 대국을 통치할 바탕은 당연히 새로운 법가法家 사상으로 바뀌어야 한다는 신념의 발로였다. 한편 법가의 관점에서 봤을 때 '유가의 문제점'을 한마디로 요약해 나타낸 표현이 바로 '수주대토'이다.

  대표적인 법가 사상가思想家인 한비자韓非子는 그 옛날 요순시대에 유가 사상을 바탕으로 펴던 왕도정치, 즉 인의정치는 많은 세월이 지난 지금에는 어울리지 않는 사상이라고 강력히 비판했다. 그러면서 새로운 사상인 법가가 현실에 맞는 철학이라는 주장을 하면서 낡은 사고의 틀에 갇혀 변화를 수용하지 못하는 사람들에게 수주대토에 대한 일화를 틈만 나면 설說했다. 이런 맥락에서 수주대토에는 낡은 관습만 주장하고 많은 변화를 가져온 새로운 시대에 순응하지 못함을 조롱하는 의미도 담겨 있다고 하겠다.

  한비자는 변화에 적응하지 못하는 복고주의자, 즉 유가 사상을 고집하는 부류 중에는 교묘하게 민심을 이반離反시켜 붕당과 패거리를 만들어 나라를 좀 먹는 다섯 부류를 일컬어 오두(五蠹:다섯 벌레蠹)라고 불렀다. 여기에 속하는 다섯은 다음과 같다. 첫째로 학자學者 나부랭이들은 현란한 지식을 바탕으로 인의仁義를 들먹이며 임금을 헷갈리게 한다. 둘째로 근어자近御者는 임금의 측근으로 뇌물 수수나 매관매직賣官賣職할 위험이 다분하다. 셋째로 대검자帶劍者는 협객俠客인 체하며 의리를 앞세워 도당徒黨을 만들어 국정을 넘볼 위험이 있다. 넷째로 언담자言談者는 논객으로서 외세를 빙자하여 사익私益을 취하면서 공익公益을 외면할 개연성이 다분하다. 다섯째로 상공지민商工之民은 돈밖에 모르는 모리배로 전락해 수단 방법을 가리지 않고 자기 잇속만 챙길 위험이 도사리고 있다. 이들 오두를 살펴보다가 지난 1976년 김지하 시인이 발표했던 〈오적〉(五賊:재벌, 국회의원, 고급공무원, 장성,

장차관)이라는 시가 떠올랐다. 아울러 대한제국 때 을사조약에 찬동했던 다섯 매국노로서 을사오적乙巳五賊인 박제순朴齊純, 이지용李址鎔, 이근택李根澤, 이완용李完用, 권중현權重顯 등의 이름도 함께 연상되었다. 유래의 대강이다.

'어느 날 농부가 밭을 갈고 있는데 토끼 한 마리가 달려가다가 밭 가운데 있는 나무 그루터기에 부딪혀 죽었다. 이를 본 농부는 일은 하지 않고 매일 밭 머리에 앉아서 토끼가 달려와서 부딪혀 죽기만 기다렸다. 그것은 헛된 욕심일 뿐 다시 그런 기적은 재현되지 않았을 뿐 아니라 일손을 놓았던 까닭에 농사를 망쳐 주위 사람들에게 끝없는 조롱을 당했다.' 이상과 같은 얘기를 통해 한비자는 낡은 사고의 틀이나 잘못된 생각에 얽매여 시대의 변화에 제대로 따르지 못하는 사람들에게 경고하고 있다. 제아무리 좋은 제도나 사상도 세월 따라 달라져야 함을 강력히 주장하고 있다. 결국 한비자는 법가의 대표적 사상가로서 여러 사례를 예로 들어가면서 유가儒家를 비판했었다.

출전出典은 《한비자》라는 책의 〈오두편五蠹篇〉이다. 여기에서 나타나는 내용 중에서 수주대토와 직접 관련되는 일부 내용을 요약해서 적시한다. 한편 동의어로서 수주守株가 있고, 유의어로서 각주구검刻舟求劍이나 각선구검刻船求劍 등이 있다.

중국 송宋나라 농부가 밭田을 갈고 있을 때 토끼兎 한 마리가 달리다가 밭 가운데田中 있던 그루터기株에 부딪혀 목頸이 부러져 죽었다.

/ 이 순간부터 그는 쟁기耒를 내던지고 그루터기를 지켜보며守株(因釋其耒而守株:인석기뢰이수주) / 다시 토끼兎를 얻기得兎를 바랐다冀(冀復得兎:

기부득토) / (끝내) 토끼를 다시 얻을 수 없었고(兎不可復得:토불가부득) / (그는) 송나라宋國 웃음거리笑가 되었다(而身爲宋國笑:이신위송국소) / 지금今 선왕(요순임금)의 정치(政:도덕정치)로(今欲以先王之政:금욕이선왕지정) / 현세(當世:춘추전국시대)의 백성을 다스리려는治 것은(治當世之民:치당세지민) / 모두가 그루터기를 지키는 것과 같도다(皆守株之類也:개수주지류야) /

위의 내용 중에 앞의 두 문구文句에 포함된 수주守株와 득토得兎를 바탕으로 해서 수주대토가 탄생했다. 결국 한비자는 이 이야기를 통해서 요순시대의 낡은 인의정치로 춘추전국시대의 백성들을 다스리려 함을 성토하고 있다. 이는 모두가 토끼가 달려와서 그루터기에 부딪혀 죽기를 바라며 손놓고 지켜보는 것과 다름이 없는 어리석음과 같음을 역설하고 있다.

세상에 영원히 변하지 않는 게 얼마나 될까. 특별한 경우가 아니라면 아무리 좋은 제도나 사상 혹은 이념 따위라도 세월의 흐름이나 가치관에 따라 선호의 기준이 판이하게 달라지게 마련이다. 하지만 누구나 특정한 제도나 관습에 익숙해지면 변화에 길들여지려는 타성惰性 때문에 심각한 난관에 봉착할 개연성을 우려하지 않을 수 없다. 그럴지라도 넓고 긴 안목에서 생각할 때 변화에 따라 선제적인 자세로 적극적인 수용은 개인이나 공공의 발전을 위해 필연적으로 겪어야 할 구각舊殼을 깨뜨리기 위한 진통이 따르는 게 아닐까.

2024년 4월 26일 금요일

애옥급오

애옥급오愛屋及烏를 직역하면 '어떤 집屋을 사랑하면, 그 사랑이 그 집 지붕 위에 앉아있는 까마귀烏에도 미친다.'는 의미이다. 달리 말하면 어떤 집을 지극히 사랑하면 그 집에 까마귀도 사랑스럽다는 뜻이다. 중국에서 비롯된 성어로서 우리의 속담 중에 "색시가 예쁘면 처갓집 외양간 말뚝 보고 절한다."와 판박이처럼 닮은꼴이다. 이의 출현 배경과 관련된 고사故事를 통해 그 의의와 만남이다.

주무왕周武王이 상商나라를 멸멸滅한 직후 상나라 권신權臣과 귀족의 처리 방법에 대해 강태공姜太公, 즉 강상姜尙에게 문의 했을 때 대답했던 내용에서 비롯되었다. 관련된 고사의 출전出典은 《설원說苑*》의 〈권5卷五 귀덕편貴德篇〉이다. 동의어로서 옥오지애屋烏之愛가 있다. 유의어로 옥오추애屋烏推愛, 옥상첨오屋上瞻烏 등이 있다. 출전에 관련 내용을 중심으로 중요한 줄거리를 요약해 정리하며 실체를 살핀다.

중국 역사상 포악무도한 왕의 상징이 걸주桀紂*이다. 이 중에 상商나라 마지막 주왕紂王이 애옥급오라는 성어가 생겨나는데 사실상의 주인 공이다. 원래 주왕은 폭군인데다가 애첩 달기妲己의 치마폭을 헤어나지 못해 나라를 제대로 다스리지 않아 수많은 문제가 야기되었다. 그런 꼴이 마뜩지 않았던 서부西部 제후諸侯들의 우두머리인 서백후西伯侯 희창姬昌이 주문왕周文王으로 즉위하기 이전의 일이다. 그는 상주왕商紂王의 행동에 정면으로 문제를 제기하고 나섰다가 투옥되어 고초를 겪고 풀려나 고향인 기산岐山으로 돌아가서 이를 갈며 상나라를 멸망시킬 묘방 찾기에 골몰했다. 그 준비 일환이었을 게다. 주문왕 희창은 강태공姜太公, 즉 강상姜尙을 군사軍師로 모시는 한편 병사들을 조련하며 전쟁 준비를 차분하게 하면서 주변의 제후국들도 암암리에 복속服屬시키고 세력을 넓혀 나갔다. 게다가 상나라와 전쟁을 위해 수도까지 천도遷都 하고 나서 어느 날 갑자기 타계했다.

뜻하지 않게 주문왕 희창이 별세하고 나서 그의 아들 희발姬發이 왕위를 계승하니 그가 바로 주무왕周武王이다. 갓 즉위하여 야심만만한 주무왕은 선왕先王의 유지遺旨를 받들어 대업을 이루겠다면서 기어이 상나라를 정벌하기로 했다. 그리하여 강태공이 조언하는 책략을 바탕으로 전쟁을 선포하고 출정을 감행했다. 폭군 밑에서 시달리던 군사는 이미 전의를 상실해 제대로 된 군사가 아니라 오합지졸이나 다름없었다. 주무왕 군사들과 제대로 대적도 못하고 투항하거나 도망을 했기 때문에 힘들이지 않고 곧바로 수도 은허殷墟까지 일거에 점령했다. 그렇게 막다른 벼랑 끝으로 몰리자 상주왕은 자결했으며 자연스럽게 상나라는 멸망했다.

상나라가 멸망한 후에 주무왕의 가장 큰 고민은 '상나라 권신權臣과 귀족들을 어떻게 처리할 것인가.'이었다. 강태공에게 물었더니 이렇게 대답했다.

> / … / 신臣이 듣기로는 사람을 사랑한다면(臣聞愛其人者:신문애기인자) / 그 집의 지붕 위屋上에 있는 까마귀烏까지도 사랑하며(兼愛及屋上之烏:겸애급옥상지오) / … /

라고 하며, 만일 사람을 미워한다면 그 집의 종들까지 미워한다고 애기합니다. 그러하니 상나라에 충성하던 골수분자들을 모조리 처단함이 후환을 없애는 길이라고 아뢰었다. 위의 내용에서 애옥급오라는 성어가 비롯되었다.

강태공의 말에 상당한 일리가 있다고 생각되었다. 하지만 대상자가 너무 많아서 결코 내키지 않고 뭔가 찜찜해서 다른 신하의 의견을 들어보고 싶어 똑같은 질문을 했다. 그랬더니 돌아오는 답은 다음과 같았다.

"(그들을 모두 처단한다는 것은 지나친 처사 같사오니 은혜를 베푼다 생각하신다면) 마땅히 그들을 모두 자신의 둥지(집)나 터전(일터)으로 돌려보내시는 방법을 취하시는 게 민심을 안정시키는 최선의 길이라고 사료됩니다."

결국 주무왕은 뒤에 조언해준 신하의 뜻을 받아들여 상나라 모든 권신과 귀족을 아무런 조건 없이 풀어주니 민심은 놀라울 정도로 빠르게 안정되었다.

앞에서 이미 살폈듯이 애옥급오는 우리 속담의 '색시가 예쁘면 처갓집 외양간 말뚝 보고 절한다.'와 서로 빼닮은 꼴로 사촌쯤 되지 않을까. 결국 무언가를 사랑하면 그와 연관된 모두가 그렇게 여겨짐은 어쩔 수 없는 우리의 마음이다. 이런 무조건적인 감정이 결코 녹록지 않은 문제를 야기하거나 잉태함을 묵과하기 어렵다. 왜냐하면 특정한 개인이나 집단에 대해서 모든 걸 그렇게 대응한다면 씻을 수 없는 상처를 받거나 엄청난 대가를 치러야 하기 때문이다. 아무리 좋아하는 정치집단이나 특정 정치인이라도 잘한 것과 잘못한 것은 엄격히 구분해서 가름해야지 무조건 모두를 한 데 묶어 두둔하고 감싸는 분위기는 분명 개선되어야 할 암적癌的인 과제이다. 이런 정서는 건강한 사회를 해치고 좀蠹 먹는 독이 될 수밖에 없기에 이르는 독백이다. 그러므로 아무리 애옥급오라고 하더라도 흑묘백묘黑猫白猫 구별도 안하고 두루뭉술하게 감싸거나 두둔하는 병폐는 반드시 바로 잡아야 할 어렵고 어려운 난제이다.

---

* 《설원說苑》: 중국 한漢나라 시절 유향劉向이 편찬한 교훈적인 설화집說話集이다. 군도君道, 신술臣術, 건본建本, 입절立節, 귀덕貴德, 부은復恩 따위의 20편으로 고대의 제후·선현들의 행적이나 일화를 수록하였다. 모두 20권으로 되어 있다. 한편 〈권5卷五〉에서 〈귀덕貴德〉은 통치자가 갖춰야 할 정치의 덕을 담고 있다.
* 걸주桀紂: 중국 하夏나라의 걸왕桀王과 은殷나라의 주왕紂王을 아울러 이르는 말이다. 이는 천하의 폭군을 비유적으로 이르는 말이기도 하다.

《현대작가》 2024년 가을호(제21호), 2024년 9월 1일
(2024년 7월 9일 화요일)

양상군자

 양상군자梁上君子는 '대들보 위梁上의 군자君子'를 뜻한다. 자칫 잘못 생각하면 상당한 인격자를 지칭하는 것처럼 보일지 모른다. 하지만 실제로는 도둑을 점잖게 표현한 말일 뿐이다. 이를 포함하고 있는 고사故事를 전하고 있는 출전出典을 중심으로 살핀다.
 원래 이의 유래는 후한시대後漢時代 하남성河南城의 태구현령太丘縣令이었던 진식陳寔의 사가私家에 어느 날 도둑이 침입했다. 급박한 상황이 발생했던지 대들보梁 위로 숨어 들었던 도둑을 점잖게 호칭했던 일화에서 비롯되었다.

 진식은 학식이 발군으로 특출하고 인자한 성품을 지녔으며 매사에 공명정대할 뿐 아니라 청렴결백하여 뭇사람들의 존경을 받아왔었다. 한편 그에게는 진기陳紀와 진심陳諶 두 아들이 있었는데 삼부자三父子 모두가 학식과 덕망이 빼어나 그들을 삼군자三君子라고 일컬었다. 아울러 고사성어 난형난제難兄難弟는 이들 두 형제를 지칭해 "원방난위형元方難爲兄과 계방난위제季方難爲弟"라고 했던 말에서 유래했다.

진식으로부터 비롯된 고사 내용은 《후한서後漢書》의 〈진식전陳寔傳〉에 수록되어 있다. 이의 유사어로서 초두천자草頭天子, 무본대상無本大商, 녹림호걸綠林豪傑 따위가 있다. 출전에서 나타난 바에 따라 관련 부분을 큰 틀에서 요약해 정리하면 대략 다음과 같다.

진식이 고향인 태구의 현령으로 봉직할 때 멸사봉공의 자세로 주민들을 다스리며 베풀었다. 그렇게 모두가 믿고 따르도록 선정을 펼침으로써 주민 사이에 다툼爭訟이 발생하면 정당하게 판결해 달라고 의뢰했다. 그런 사안마다 원리 원칙대로 옳고 그름曲直을 세세히 일깨워줌으로써 어느 누구도 원망怨하는 경우가 없었다. 그런데 흉년이 들어 백성들이 초근목피로 연명하던 때의 어느 날 그의 사가에 도둑이 숨어들었다.

진식이 우연히 도둑의 존재를 인지하고 나서 옷매무새를 바로하고 아들과 손자를 불러 모아놓고 표정을 가다듬은 뒤에 말문을 열었다. "무릇 사람이라면 언제 어디서나 스스로 근면성실하게 일을 해야 하느니라."라고 이르면서 다음과 같이 뚜렷뚜렷한 목소리로 단호하게 말했다.

/ … / 착하지 않은不善 사람(이라고 해)도(不善之人:불선지인) / 꼭 근본이 악한 것이 아니며(未必本惡:미필본악) / 습성이 성품을 만들기 때문에(習以性成:습이성성) / 마침내 이렇게 되는 것이니라(遂至於此:수지어차) / (저) 대들보 위에 (숨어있는) 군자(도둑)도 이와 같은 것이니라(梁上君子是矣:양상군자시의) / … /

위의 마지막 부분에서 나타난 것처럼 진식의 말로부터 양상군자라는 성어가 탄생되었다. 이와 같은 일깨움의 말을 대들보 위에서 모두 듣고 있었던 군자(도둑)가 크게 놀라 방바닥으로 내려와 이마가 땅에 닿을 정도로 굽혀(稽顙:계상) 사죄하며 부끄러워 쩔쩔맸다. 그 꼴을 지그시 응시하고 있던 진식이 다독이며 조용조용히 일렀다.

　"자네의 용모와 행동거지로 볼 때 악한 사람 같지는 않네. 그러하니 자신을 잘 다독여서 착하고 쓸모 있는 사람으로 거듭 태어나게나. 아마도 도둑질을 하려고 내 집에 침입한 것은 가난에 시달리다가 부지불식간에 저지른 잘못 같네."

라고 이르며 에둘러 잘못을 일깨워줬다. 그리고 식솔들에게 말했다. 저 군자에게 비단 두 필疋*을 줘서 제 집으로 돌려보내라고. 그 후 이 고을에서는 남의 물건을 훔치는 도둑이 자취를 감췄다.
　지난 시절 분명 소설《삼국지》를 읽었는데 대충대충 얼렁뚱땅 책갈피를 넘기기 바빴던가. 그《삼국지연의三國志演義》의〈조조전曹操傳〉에 대한 기억을 아무리 떠올려 봐도 깜깜하다. 그런데 어떤 자료엔 여기에서 양상군자가 나타난다고 한다. 즉 자객에게 죽음 직전으로 몰렸던 진식의 아들 진기陳紀가 자기 하인의 뛰어난 무술로 위기를 벗어나 "자네 같이 무술이 출중한 무사가 왜 우리 집에 묻혀 지내는가?"라고 물으니 "제가 지난날의 양상군자입니다."라고 답했다. 이 사람이 바로 등전鄧展이었다는 얘기다. 결국 지난날 진식의 집에 도둑질을 하려고 잠입했다가 큰 은혜를 입고 풀려난 양상군자가 끝내 결초보은結草報恩을 한 아름다운 일화의 한 토막인 셈이다.

오늘날에도 크고 작은 죄를 짓는 사람 중에 선천적으로 나쁜 경우는 거의 없다. 태어나 삶을 꾸리면서 피치 못할 유혹이나 터무니없이 지나친 탐욕 때문에 죄를 짓거나 도둑질을 하는 경우가 대부분이다. 그런 범법자의 경우 지난날 후한말後漢末의 진식처럼 통 크게 용서하고 감싸 안고 일깨워 개과천선의 길로 이끌려는 경우가 오늘날엔 얼마나 존재할까. 공적인 법의 잣대로 치죄하는 방법 말고 개인적으로 포용하는 너그럽고 넉넉한 인간미가 물씬 풍기는 대인적인 인자한 풍모 말이다. 이런 엉뚱한 상상을 하면서도 내게 양상군자 같은 경우가 발생한다면 거두절미하고 경찰에 신고부터 하려고 휴대폰을 만지작거릴게 분명하다. 그릇이 작고 시야가 얕으며 좁은 소인배는 수월찮은 세상 경험을 하고 나이가 들어도 근본적으로 변하는 게 도통 없는가 보다.

---

* 필疋: 일정한 길이로 말아 놓은 피륙을 세는 단위이다. 1필疋은 30자尺이다. 그리고 1자는 30.3cm이다.

2024년 6월 3일 월요일

양패구상

양패구상兩敗俱傷은 '(싸우다가 혹은 다투다가) 양쪽이 패해 같이 상처를 입는다.'는 의미이다. 다시 말하면 서로 다투거나 싸우다 피아彼我가 아무 소득 없이 손해를 본다는 뜻으로 결국은 피차 모두가 패하는 꼴이 되어 상처만 남는다는 의미이기 때문에 결과적으로는 너와 내가 함께 죽자는 의미를 함축한다. 이의 유래와 의미를 출전出典에서 전하는 내용을 바탕으로 살피련다.

유래由來는 중국 춘추전국시대春秋戰國時代 제齊나라에 현명한 명신名臣 순우곤淳于髡이 위魏나라 정벌을 나서려는 선왕宣王에게 전쟁을 만류하기 위해 '사냥개 한자로韓子盧와 토끼 동곽준東郭逡에 대한 고사故事' 얘기를 하던 과정에서 비롯되었다. 유의어로 견토지쟁犬兎之爭, 동귀어진同歸於盡, 변장자호卞莊刺虎, 어옹지리漁翁之利, 방휼지쟁蚌鷸之爭, 전부지공田夫之功, 어부지리漁父之利 따위를 들 수 있겠다. '양패구상'을 전하고 있는 출전은 《전국책戰國策*》의 〈제책齊策〉으로 여기에서 나오는 고사의 줄거리를 요약 정리하는 것으로 이의 실체와 만남이다.

세력이 엇비슷한 제나라와 위魏나라가 밀고 당기며 지루하게 대치하면서 서로 패권을 차지하려고 경쟁했었다. 그러던 어느 날 제나라 선왕은 군사를 동원하여 위나라 정벌을 위해 출정을 결정해야 할 무렵이었다. 이 때 지혜로운 순우곤은 어떻게든지 전쟁을 막아야 한다고 판단해 죽을 각오로 어전에서 감히 직간直諫했다.
　순우곤은 왕께 조심스럽게 '한자로와 동곽준에 대한 고사'를 꺼내며 고했다. 여기서 한자로는 세상 제일의 사냥개犬이고, 동곽준은 천하에서 가장 날랜 토끼兎이다. 어느 날 한자로가 동곽준을 잡기 위해서 서로 쫓고 쫓기는 상황이 벌어졌다. 그런데 둘의 달리는 속도가 엇비슷해서 끝없이 쫓고 쫓기는 상황이 지속되었다. 그래서 몇날 며칠을 달리다 보니 산을 세 바퀴나 돌았고 산 정상을 다섯 차례나 오르내렸어도 결판이 나지 않았다. 이 때문에 결국은 이런 뜻하지 못했던 상황이 돌발했다.

/ … / 앞에서 달리던 토끼가 모든 힘이 소진되어 쓰러졌고(兎極於前:토극어전) / 뒤를 쫓던 개도 지쳐서 쓰러졌지요(犬廢於後:견폐어후) / 개와 토끼는 있는 힘을 모두 쏟았던 때문에(犬兎俱罷:견토구피)* / 그들이 있는 곳에서 각각 죽었다(各死其處:각사기처) / (우연하게) 그 광경을 지켜보던 농부田夫가(田夫見之:견부견지) / 아무런 노력이나 수고도 없이 그 공(죽은 개와 토끼를 주워감)을 차지하는 횡재를 했지요(無勞倦之苦而擅其功:무로권지고이천기공) / … /

　여기서 한자로와 동곽준은 결국 승자가 없이 둘 모두 패자였다. 결과적으로 양쪽 모두 죽어버림으로써 지나가던 농부에게 횡재만 안긴

꼴이 되었다. 이런 상황을 표현하는 성어로 양패구상이 비롯되었다. 이 정도 변죽을 울렸을 때 선왕이 순우곤의 뜻을 알아챘으면 좋으련만 유감스럽게도 그렇지 못했다. 그래서 어쩔 수 없이 얘기를 계속 이어 갔다.

신의 소견으로는 "우리 제나라와 위나라는 너무 오랫동안 첨예하게 대치하고 싸웠던 까닭에 병사들은 상상 외로 많이 지치고 사기는 극도로 저하되어 있는 상태입니다. 게다가 백성들의 민심은 우려할 만큼 흉흉해진 상태로 알고 있습니다. 이런 악조건에 전쟁을 일으켜 양국의 국력이 형편없이 약해진 틈을 타서 강대국인 진秦나라나 초楚나라가 아무런 힘도 들이지 않고 앞의 얘기에서 등장했던 농부처럼 우리 제나라와 위나라를 일거에 집어삼키지 않을까 그 점이 몹시 두렵습니다."라고 열변을 토했다.

왕은 깊은 생각에 잠겼다가 드디어 어명을 내렸다. "위나라 정벌 계획은 통째로 취소한다. 따라서 이 시간 이후에 모든 장수와 병사들은 편안하게 휴식을 취할 것이며 백성들은 흔들림 없이 생업에 최선을 다하라."고.

나라 사이에 명운을 걸고 다투는 전쟁이 아니더라도 개인이나 기업 간의 다툼이나 경쟁에서 서로 지나치게 모두 걸기를 하는 경우가 허다하다. 그러다가 함께 주저앉거나 망하면서 제3자에게 그 결실이나 효과를 통째로 진상하는 일은 흔하다. 이런 경우 피아彼我 모두에게 백해무익으로 '너 죽고 나 죽자.'는 의미일 뿐이기에 피하는 게 상책이련만 멈춤이 쉽지 않다는 게 심각한 문제이다. 어찌되었든 어쩌다 양패구상이 떠오를 때마다 자연스럽게 "죽 쒀서 개 좋은 일 시킨다."라는 속담이 떠오르는 연유는 뭘까.

---

* 《전국책戰國策》: 중국 한漢나라의 유향劉向이 전국시대戰國時代에 종횡가縱橫家들이 제후諸侯에게 논한 책략을 나라별로 모아 엮은 책이다. 주周나라의 안왕安王에서 진秦나라의 시황제始皇帝까지의 250년 간 소진蘇秦, 장의張儀 등의 변설辯說과 책략을 동주東周, 서주西周, 진秦 등 12개국으로 나누어서 엮었다. 모두 33권으로 되어 있다.
* 피罷: 보통 때는 '파할 파'로 쓰이나, 여기서는 '고달플 피'로 쓰였다.

2024년 6월 26일 수요일

양호유환

양호유환養虎遺患은 본디 '호랑이를 길러 후환을 남긴다.'는 뜻이다. 하지만 현실에서는 선심 혹은 덕을 베풀었다가 되레 해를 입거나 화를 당하는 것, 또는 훗날 화근이 될 소지를 키우는 것이라는 의미로 통용되고 있다. 그러므로 남의 어려운 형편을 고려하다가 오히려 훗날 후회할 사안이 발생할 수 있다는 의미도 내포하고 있다. 이에 대한 고사故事를 전하고 있는 출전을 중심으로 유래와 생성 배경과 의의 따위를 살핀다.

출전은 사마천司馬遷이 쓴 《사기史記》의 〈항우본기項羽本紀〉이다. 이를 바로 이해하기 위해서는 먼저 당시의 시대 상황 파악이 선행되어야 한다는 관점에서 역사적인 사실부터 요약한다.

중국의 전국시대戰國時代를 통일시켰던 진시황秦始皇이 급사急死하면서 혼란에 빠져 각처에서 민중의 반란이 일어나 휘청대다가 항우項羽를 비롯한 유방劉邦 등의 항진抗秦 세력에 의해 마침내 멸망했다. 진나라가 멸망하면서 막강한 힘을 과시하던 항우는 스스로 초패왕楚覇王이 되어 팽성彭城을 수도로 정해 정착하는 한편 여러 신하와 제후들에게 공적에 따라 보상을 했다. 한편 최대의 경쟁 상대였던 유방을 한왕漢王으로 봉해 오지인 파촉巴蜀 땅으로 내몰아 묶어 두는 데 성공했다.

그러한 조치로 모두가 안정기에 접어드는 듯했다. 그런데 뜻하지 않게 그 이듬해 의제義帝인 초회왕楚懷王이 영포英布에게 살해되는 사건이 빌미가 되어 지난 논공행상論功行賞에 크게 불만을 품고 있었던 여러 제후諸侯들이 항우에게 반기를 들고 일어섰다. 불같은 성격의 항우가 직접 나서 여기저기 반란군을 쫓아다니며 진압하는데 날이 새고 저물었다. 그런 와중에 변방으로 밀려나 호시탐탐 기회를 엿보던 유방이 대군을 일으켜 일거에 관중關中*에 이어 초나라의 수도인 팽성까지 점령했다.

분기탱천했던 항우가 다른 반란군 진압 대신 괘씸하기 짝이 없던 유방의 행위를 응징하기 위해 급히 회군해 기병을 중심으로 질풍노도처럼 공격했다. 그 기세등등한 항우 군사에게 유방 군사들은 속절없이 패퇴했다. 그 순간 얼마나 다급했으면 유방은 자기 아버지인 태공太公과 부인을 비롯한 자녀들을 모두 항우 진영에 남겨둔 채 황급히 후퇴하다가 영양榮陽에서 가까스로 진영을 정비하고 대치하는 수모를 겪었다. 군사적으로 우위를 점유하고 있음에도 불구하고 함부로 항우 진영을 공격하지 못했던 것은 볼모로 잡혀있던 자신의 가족 안위 때문이었다. 이 때문에 지지부진해져 장기직인 대치 상태를 벗어날 묘책이 없었다. 그즈음의 상황을 담고 있는 출전의 내용을 대략적으로 정리했다.

해하垓下 전투가 장기적인 대치 상황으로 바뀌었을 무렵 시간이 지날수록 한漢나라 군사의 사기는 높아지고 군량은 넉넉했다. 이에 비해 항우 군사는 여기저기 반란군을 찾아다니며 진압하면서 누적된 피로로 사기는 땅에 떨어지고 군량미는 바닥이 나기 직전으로 위태로웠다. 이를 정확히 꿰뚫고 있던 한나라에서 육고六賈를 항우에게 보내 유방의 아버지인 태공을 비롯해 가족을 풀어 달라고 제안했지만 일거에 거절당했다. 그럼에도 유방은 포기하지 않고 이번에는 변설가辨說家인 후공侯公을 항우에게 보내 파격적인 제안을 했다. "홍구鴻溝를 기준으로 천하를 똑같이 나눠中分 서쪽은 한나라, 동쪽은 초나라가 다스리기로 협약"하고 전쟁을 종식하자는 제안을 하자 항우가 수락했다.

항우는 종전협약에 따라 볼모로 잡고 있던 유방의 가족들을 모두 풀어주면서 군사를 돌려 해산하고 동쪽인 초나라로 돌아갔다. 유방도 서쪽으로 돌아가려고 할 무렵 모사謀士인 장량張良과 진평陳平이 강력하게 진언했다. "한 나라가 천하의 절반을 얻었을 뿐 아니라 모든 제후들이 자발적으로 줄을 서고 있는 실정입니다. 게다가 초나라 군사는 장기적인 토벌작전으로 사기가 땅에 떨어졌고 군량미는 바닥이 나서 다음 끼니를 걱정해야 할 지경입니다. 이는 초나라를 망하게 하려는 하늘의 뜻이옵니다."라면서 다음과 같이 말을 이어갔다.

/ ··· / 이 기회에 추적해 가서 (항우를)치는 게 상책입니다(不如因其機而遂取之:불여인기기이수취지) / 지금 놔주고 공격하지 않으면(今釋弗擊:금석불격) / 이것이야말로(此所謂:차소위) / 자진하여 근심을 남기는 것이지요(養虎自遺患 也:양호자유환 야) / 한왕(유방)이 그 주청을 수용했다(漢王聽之:한왕청지) / ··· /

위 내용에서 양호유환이 비롯되었다. 그리고 양호후환養虎後患은 동의어同義語이다. 한편 이리하여 유방의 군사는 항우를 추적하여 해하垓下에서 일전을 벌여 완벽한 승리를 거두고 나서 유방은 천하를 손에 넣고 한나라를 창업했으며 항우는 패주敗走하다가 끝내 오강烏江에서 자결했다.

이로써 유방은 양호유환의 뿌리를 뽑아낸 후에 천하를 수중에 넣고 새 나라를 세웠을지 모른다. 하지만 천지신명을 두고 상대방과 맺었던 정당한 종전협약을 손바닥 뒤집듯이 엎어버리고 비겁하게 등 뒤에서 칼을 꽂는 권모술수로 얻은 수치스러운 영광이 그에게 얼마나 값어치 있었을지 모르겠다. 제왕이 아니라 한 인간으로서 신의를 짓밟았던 자괴감으로 내면적인 갈등은 없었을까. 하지만 전쟁이란 수단과 방법을 따지지 않고 승자勝者가 독식하며 노래를 부르게 마련이 아니던가. 거기에 무슨 의리와 원칙 위시한 혈맹의 도리나 인류가 지향하는 정의가 낄 틈새는 눈곱만큼도 없다. 따라서 어쭙잖게 가치관을 운운하는 것은 무의미한 언어의 유희에 지나지 않을 것이다.

문화가 점점 더 발달하고 물질적인 풍요가 더해지는 요즘 우리 사회는 하루가 다르게 삭막하고 살벌해지는 기분을 떨칠 수 없다. 특히 정치인들이 상대 진영에 대고 내뱉는 날선 비판은 언어폭력을 뛰어넘어 불구대천不俱戴天의 원수에게 퍼붓는 저주 같아 섬뜩하고 아이들이 들을까 봐서 겁이 나기도 한다. 흔히들 정치란 요물妖物이라고 해서 걸림돌이 될 기미가 보이면 뿌리째 뽑아내기 위한 조치를 펼쳐 강자만이 살아남는 살벌한 현실에서 그런 모진 대응을 양호유환에 대비하는 최선의 방책이라고 여기는 걸까.

* 관중關中: 중국 북부의 산시성陝西省 웨이수이강渭水江 분지 일대를 이르는 말이다. 사방으로 한구관函谷關, 우관武關, 싼관散關, 샤오관蕭關의 네 관關안에 있다는 데서 유래한 이름이다. 주나라의 호경鎬京, 진秦나라의 셴양咸陽, 한나라·수나라·당나라의 장안長安이었다.

2024년 6월 2일 일요일

V. 장광설

오십보백보
완벽
유지경성
이목지신
이이제이
일거수일투족
일망타진
일신우일신
일자천금
입립신고
자포자기
장광설

오십보백보

오십보백보五十步百步는 원래 '오십 보(걸음) 도망친 사람이 백 보 도망친 사람을 비웃는다.'는 의미이다. 현실적으로는 정도의 차이가 있으나 본질적인 차이가 없다는 뜻으로 쓰이기 때문에 결국은 오십 걸음이나 백 걸음 혹은 거기서 거기라는 얘기이다. 한편 고사성어는 아니지만 도토리 키 재기, 그 밥에 그 나물, 그 놈이 그 놈, 피장파장, 도긴개긴 등과 흡사한 뜻으로 쓰인다고 할 수 있겠다. 이에 대한 고찰이다.

유래는 고대 중국의 맹자孟子가 패도정치霸道政治를 지향하던 여러 나라 황제皇帝들에게 인의仁義를 바탕으로 하는 왕도정치王道政治를 전도하는 차원에서 만났던 위魏나라 혜왕惠王에게 변설辨說할 때 예로 들어 설명하면서 비롯되었다. 이의 출전出典은《맹자孟子》의〈양혜왕상편梁惠王上篇〉이다. 동의어로 오십보소백보五十步笑百步가 있으며, 유의어로서 대동소이大同小異를 들 수 있겠다. 출전에 수록된 내용의 줄거리에 따라 생성 과정과 의미 등을 요약 정리한다.

맹자가 여러 나라 황제들을 두루 찾아다니며 나라를 다스리는 철학에 대해 많은 토론을 했던 시대적 배경을 파악할 필요가 있다. 당시 중국의 대부분 황제들은 무력을 바탕으로 천하제패의 위업을 달성하려고 패도정치를 겨냥했었다. 이에 반해 맹자는 인의를 바탕으로 한 왕도정치의 이상을 실현시키기 위해 여러 나라 황제들을 두루 만나 설득을 시도했다. 이런 변설辨說의 일환으로 맹자가 위나라 혜왕과 진지한 토론을 펼치던 자리로 유추된다.

황제는 자신이 백성을 위해 최상의 선정을 베푸는 것으로 착각하고 있었다. 예를 들어 하내河內에 기근이 들어 백성들의 끼니가 걱정되면 하동河東의 곡식을 가지고 와서 풀어먹이거나 백성들을 이주를 시켰고 정반대의 상황이 발생하면 그와 동일한 방법으로 대응해 왔다. 그러면서 주변국을 살펴보면 자신처럼 백성들을 지극정성으로 보살피는 경우가 없음에도 불구하고 주변국의 인구는 줄어들지 않고 우리의 백성은 늘어나지 않으니 무슨 조화인지 물었다.

황제의 얘기를 들었을 때 맹자의 견해는 사뭇 달랐다. 왜냐하면 위나라의 통치방법이 주변국에 비해 별반 차이가 없을 뿐 아니라 잦은 전쟁의 되풀이로 백성들이 고통을 받고 있었기 때문이다. 그런 생각에서 맹자는 "황제께서 전쟁을 선호하시니 전쟁에 비유해서 말씀을 드리지요."라고 말했다. 그러면서 치열했던 전투에서 패배를 직감한 병사 둘이 도망을 쳤습니다. 이 때

/ … / 한 병사는 백 보를 물러나다가 멈추고(惑百步而後止:혹백보이후지)
/ 다른 병사는 오십 보 물러나 멈췄지요(惑五十步而後止:혹오십보이후지)
/ (이 때) 오십 보가 백 보를 비웃는다면(以五十步笑百步:이오십보소백보)

/ 어떻다고 생각하는지요(則何如:즉하여) / … /

위의 내용에서 오십보백보가 비롯되었다. 황제가 이에 분기탱천하여 말했다. "둘의 차이가 무엇이란 말이오. 도망친 것은 마찬가지인데."라고. 황제의 말을 다소곳이 경청하던 맹자가 조용하지만 단호하게 "진정 그리 생각하신다면 인접국보다 백성이 많아지기를 기대하지지 않는 게 좋겠습니다."라고 아뢰고 나서 이런 얘기를 했다.

"징집徵集으로 일손이 부족해 농사를 실기失期하지 않으면 곡식은 먹고도 남고, 치어稚魚를 남획濫獲하지 않으면 물고기魚나 자라鼈는 남습니다. 아울러 산에 나무를 도끼斧로 남벌濫伐하지 않으면 재목도 부족하지 않은 세월이 되어 백성들은 산 사람을 잘 봉양하고 망자亡者의 장사를 잘 모실 것입니다. 이처럼 산 사람을 제대로 모시고 유명을 달리한 망자에 대해 예를 갖추는 게 바로 왕도정치의 첫걸음이지요."

또한 다섯 묘畝*의 집에 뽕나무를 심도록 하면 (양잠養蠶을 해서) 50세가 넘은 사람이 비단옷을 입을 수 있습니다. 그리고 짐승을 사육하고 새끼를 치면 70을 넘어도 고기를 먹을 수 있지요. 한편 백 묘畝의 전답田畓에 정상적으로 농사를 지으면 가족이 굶지 않을 것입니다. 아울러 학교(향교)에서 효의 법도를 제대로 교육한다면 반백의 사람이 등짐을 지거나 머리에 물건을 이지 않아도 될 것입니다. 이런 세상이 되면 왕 노릇을 누가해도 큰 무리가 없겠지요.

이에 비해서 가축이 사람 먹을 것을 먹어도 방치하거나, 길가에 아사자餓死者가 생겨나도 나라의 곳간을 열지 않으며, 백성이 굶어 죽을 지경임에도 이것은 "내 책임이 아니라 흉년 때문이다."라고 하는 것은 마치 다음의 비유와 다를 바 없습니다.

사람을 칼로 찔러 죽여 놓고 나서 "내가 한 짓이 아니라 칼이 그리한 것이다."

이와 같은 맥락에서 황제께서는 백성들이 아사餓死했을 경우 흉년을 핑계 대며 책임을 회피하지 않아야 합니다. 그 모든 게 과인이 부족한 때문이기 때문에 전적으로 내게 책임이 있다고 생각하고 대처하셔야 합니다. 그리하시면 자연스럽게 천하의 모든 백성들이 위나라로 떼 지어 모여들 것이옵니다. "통촉하시옵소서! 폐하~~~."

오십보백보에 대해서 이미 언급했듯이 '근본적인 차이가 거의 없기 때문에 어느 쪽도 나을 게 없는 상태'를 뜻한다. 따라서 이는 현실적으로는 외관이나 정도의 차이에 집착하지 않고 본질적인 문제를 파악하는데 도움이 되는 말이다. 결론적으로 다양한 상황에서 차이를 비판하거나 설명하는 데 사용된다. 그러므로 전향적인 활용을 통해 외형적인 특징이나 정도의 차이에 집착하지 않고 보다 근원적인 문제와 연관된 통찰력을 기르는 데 도움이 된다면 오십보백보가 함축하는 영역의 확대가 아닐까.

* 묘畝: 전답田畓의 넓이 단위이다. 한 묘畝는 한 단段의 10분의 1이다. 그러므로 30평坪으로 99.174m²(제곱미터)이다.

2024년 7월 3일 수요일

완벽

　사전에서 완벽完璧을 '흠이 없는 구슬'이라는 뜻으로 결함이 없이 완전함을 이르는 말이라고 풀이하고 있다. 이 같은 정서에 따라 보편적으로 결함이 없이 완전한 것을 뜻하기 때문에 '완전무결'을 의미하는 개념으로 통용되고 있다. 원래 이와 관련되는 고사故事를 담고 있는 출전出典을 바탕으로 내용에 접근한다.
　실제로 완벽에 대한 관련 고사故事를 전하는 출전은 사마천司馬遷이 쓴 《사기史記》의 〈염파인상여열전廉頗藺相如列傳〉이다. 여기에 적시摘示된 사실의 줄거리를 중심으로 생성 배경과 의의와 만남이다.

　중국 춘추전국시대春秋戰國時代 말기에 조趙나라 혜문왕惠文王이 (천하에 둘도 없이 귀한) 초楚나라 '화씨和氏의 구슬璧' 즉 화씨지벽和氏之璧*을 손에 넣었다. 원래는 신하였던 무현繆賢의 소유였는데 혜문왕이 탈취했던 것이다. 천하제일의 명품인 때문이었던지 소문이 인접국에 퍼져나갔다. 진秦나라 소양왕昭襄王의 귀에도 전해졌다. 탐욕스런 소양왕이 흑심을 품고 조나라 혜문왕에게 편지로 '화씨의 구슬'과 진나라 열다섯 개의 성城과 바꾸자는 제안을 했다.

편지를 받고 조나라 혜문왕은 대장군 염파廉頗를 비롯해 여러 대신들과 어찌 대응할지 숙의를 거듭했다. 왜냐하면 화씨지벽을 진나라에 넘겨줘도 소양왕이 열다섯 개의 성을 넘겨줄 것 같지 않아 기만을 당할 것 같았기 때문이다. 그렇다고 넘겨주지 않을 경우 진나라 군사가 곧바로 쳐들어올 두려움 때문에 그야말로 이러지도 저러지도 못하고 전전긍긍했다.

혜문왕을 비롯해 여러 대신들이 머리를 맞대고 고민을 거듭해도 솔로몬의 지혜를 찾을 수 없었다. 이에 따라 누군가를 진나라에 사신으로 보내 소양왕의 마음을 돌리는 책략밖에 없다는 결론에 이르렀다. 그런 궁색한 구석으로 몰린 상태에서 진나라에 보낼 사신을 누구를 보낼 것인가 저울질을 하며 고민을 거듭하고 있을 때였다. 식객食客이었던 인상여藺相如가 왕 앞에 나서 머리를 조아리고 진지하게 아뢰었다. "임금께서 (사신으로) 보낼 (마땅한) 사람이 없다면, 소신이 구슬璧을 가지고 갈 수 있기를 바라옵니다."라고. 그러면서 조곤조곤 자기 뜻을 명료하게 피력했다.

/ … / (약속한 열다섯 개의) 성城이 들어온다면 구슬和氏之璧은 진나라에 계속 머물게 될 것입니다(城入趙而璧留秦:성입조이벽류진) / 성이 들어오지 않으면(城不入:성불입) / 신이 구슬璧을 완벽하게 조나라로 돌려보내도록 하겠나이다(臣請完璧歸趙:신청완벽귀조) / … /

위 내용 중에 나타난 바와 같이 완벽은 인상여의 완벽귀조完璧歸趙라는 말에서 유래되었다. 한편 이런 우여곡절을 겪으며 인상여는 '화씨의 구슬璧'을 가지고 진나라에 갔다. 그리고 소양왕에게 정중하게 '화씨의 구슬'을 바쳤다. 좋아서 입이 헤벌어진 소양왕은 구슬에 온통 정신을 뺏겨 방방 뛰었지만 며칠이 지나도 약속했던 열다섯 개의 성城에 대해서는 일언반구도 없었다. 이런 사태를 충분히 예견했던 인상여는 구슬에 약간의 흠집이 있다고 속여서 돌려받았다.

구슬을 넘겨받고 나서 약속했던 열다섯 개의 성을 주지 않으면 자신의 머리와 구슬을 벽에 부딪쳐 완전히 부숴버리겠다고 단호하게 대처하자 소양왕도 별다른 묘수가 없었다. 소양왕은 아쉽지만 가까스로 욕심을 접고 인상여와 구슬을 조나라로 돌아가도록 허락할 수밖에 달리 대응책이 없었다.

이따금 완벽이라는 말을 곱씹으며 생각에 잠길 때가 있다. '결함이 없이 완전한 것'을 입으로 말하기는 누워서 떡 먹기보다도 쉽다. 하지만 뭔가를 실행해야 하거나 현실에서 맞닥뜨리는 난제 앞에서는 거의 불가능한 화두가 아닐까. 아무리 하찮은 것 일지라도 완벽을 이룬다는 것은 사막에 떨어진 바늘 찾기보다도 어렵다. 태어나 여태까지 해왔던 일이 누군가를 가르치면서 썼던 전공서적을 비롯해서 수필집을 합하면 모두 쉰 권쯤 된다. 그럼에도 완벽하게 가르쳤다고 자부하거나 집필했던 경우는 하나도 없다. 이는 지금까지 내가 해왔던 모두에 대해 적당히 시늉을 냈을 뿐 해탈이나 득도의 경지에 이르러 완벽했던 게 아무것도 없다는 진솔한 실토이기도 하다. 뒤집어 얘기하면 여든의 문턱을 넘어선 처지에 무엇 하나 제대로 했거나 할 수 있는 게 없다는 얘기이다. 그런 나는 누구일까? 정색하여 내게 나를 묻는다.

* 화씨지벽和氏之璧: 초楚나라 화씨和氏가 발견한 구슬璧로 천하의 보물을 뜻하는 고사성어이다. 줄여서 화씨벽和氏璧이라고도 하는데 오늘날 화씨지벽은 값을 매길 수도 없는 진귀한 보물, 즉 무가지보無價之寶의 대명사처럼 쓰이고 있다.

《한맥문학동인사화집》 2025년 제25호, 2025년 2월 28일
(2024년 5월 22일 수요일)

유지경성

　유지경성有志竟成은 본디 '뜻이 있으면 마침내(반드시) 이룬다.'는 의미이다. 여기서 유지有志는 '뜻이 있다.'라는 의미로 목표가 있다는 사실을 함축하고 있다. 따라서 유지, 즉 목표가 있어야 뜻을 이룰 수 있다는 얘기가 성립된다. 그러므로 이는 현실에서 뜻하는 바가 있으면 반드시 성공한다, 또는 뜻이 있는 곳에 길이 있다라는 의미를 지니고 있다. 이에 대한 생성 배경과 유래 및 의의와 만남을 위한 나들이다.

　유래는 중국 후한後漢의 광무제光武帝인 유수劉秀와 그의 휘하의 장수인 경엄耿弇이 장보張步와 전쟁에서 승리한 뒤 마련했던 자리에서 광무제가 했던 치하의 말에서 비롯되었다. 한편 동의어로 유지자경성有志者竟成이 있다. 그리고 이를 전하는 출전出典은 《후한서後漢書》의 〈경엄전耿弇傳〉이다. 여기에 나타나는 관련 내용을 간추려 정리하면 다음과 같다.

　한漢나라 사람인 경엄은 특이한 인물이었다. 원래 선비였던 그는 말을 타고 칼을 휘두르며 끝없이 펼쳐진 광야를 종횡무진으로 누비던 무관武官에 매료되어 자신도 장군이 되길 꿈꿨다. 당시 사회가 불안정하여 도처에서 반란이 빈번하게 발생했다. 이런 시절에 한나라 왕족이었던 유수(훗날 광무제)도 한漢 왕조 부흥을 위해서 군사를 일으켰다. 경엄은 유수가 병사를 모은다는 소식을 듣자마자 곧바로 지원하여 그의 휘하로 들어가서 여러 전장에서 크고 작은 빛나는 공을 세웠다.

경엄이 유수와 함께 남양南陽에 갔을 때 자신의 가슴 깊이 숨겨두었던 원대한 꿈을 진지하게 건의했었다. 이른바 경엄의 남양전략南陽戰略을 건의했다. 이에 대해 깊은 생각을 거듭한 후에 원칙적으로 수용했지만 너무도 거창한 목표라서 내심으로는 반신반의했다. 그 건의를 하고 나서도 경엄은 계획대로 주변 세력들을 차례로 진압해 나갔다.

경엄이 유수의 명을 받고 장보의 군대를 치러 출정했을 때의 일이었다. 장보의 군사는 상상 이상으로 튼튼했고 요소마다 병사를 배치해 놓고 항전하기 때문에 호각지세互角之勢를 이뤄 전투는 치열해졌다. 피아彼我가 사력을 다하던 중에 경엄은 적군의 화살을 맞아 다리에 큰 부상을 당해 고통이 컸을 뿐 아니라 운신이 어려운 지경이었다. 이런 불리한 상황으로 몰리자 부하 장수가 건의했다. "잠시 퇴각해서 전열을 재정비하고 다시 공격하는 것이 어떻겠느냐."고. 이에 경엄은 단호하게 그럴 수 없다는 의지를 천명했다.

"한 시라도 빨리 승리를 거두고 연회를 베풀어 주군主君을 맞이해야 하거늘 어찌 적을 섬멸시키지 못해 주군께서 걱정하실 근심거리를 남겨 둘 수 있겠는가!"라고 일갈했다. 그리고는 부상당한 다리를 이끌고 적을 공격하는 선봉장으로 나섰다. 이에 용기 백 배倍한 병사들도 성난 파도처럼 적을 밀어 붙이니 장보의 군대는 마침내 전의를 상실한 채 패주敗走했다.

  유수는 장군 경엄이 다리에 큰 부상을 당하고도 군사들 앞에 서서 독려督勵해 적을 제압한 사실이 한없이 고맙고 더할 수 없이 가상하게 여겼다. 크게 치하하면서 이렇게 얘기했다. 이 대화 내용에서 유지경성이란 성어가 비롯되었다. 한편 결국 경엄은 유수가 동한東漢을 건국하고 광무황제光武皇帝로 즉위하는 데 지대한 공헌을 했던 건국 공신의 장수였다.

> / … / 장군(경엄)이 지난날 남양에서 천하를 얻을(將軍前在南陽:장군전재남양) / 큰 계책(南陽戰略)을 건의할 때는(建此大策:건차대책) / 아득해 실현성이 없는 것으로 치부했는데(常以爲落落難合:상이위낙낙난합) / 뜻이 있는 자는 끝끝내 성공하는군(有志者事竟成也:유지자사경성야) / … /

  오늘날 유지경성은 주지하는 바와 같이 올바른 뜻 즉 목표를 가지고 진인사대천명盡人事待天命의 자세로 최선을 다한다면 반드시 성공할 수 있다는 의미로 통용되고 있다. 여기서 간과할 수 없는 사항이 허황된 목표에 대한 관점이다. 누구나 처음부터 감당해 낼 수 없이 지나치게 큰 계획을 겨냥함은 실패를 자초하는 첩경捷徑이라는 사실은 곱씹어 봐야 할 원초적인 문제이다. 왜냐하면 지혜로운 사람이라면 처음에는 현실적으로 감당할 범위 내의 목표를 수립해 이룬 뒤에 단계적으로 목표를 높여가며 다음 단계의 꿈을 이뤄 나가는 게 순리이며 정도이다. 실제로 처음부터 허황된 목표를 겨냥했다가 엄청난 실패의 늪에 빠져 헤어나지 못해 일생을 허송하는 경우가 드물지 않을 현실을 두고 이르는 얘기이다.

우리가 성공을 논할 경우 거의가 결과에 초점을 맞추게 마련인데, 유지경성 또한 같은 맥락이 틀림없다. 그렇지만 관점을 바꿔 생각할 때 유지경성은 '결과' 보다는 되레 시작에 무게를 두고 있다. 왜냐하면 이 성어는 뭔가를 성취하기 위해서는 반드시 목표(뜻)가 있어야함을 전제로 하고 있다는 이유에서이다.

2024년 7월 4일 목요일

이목지신

　이목지신移木之信은 본디 '나무를 옮기는 믿음' 즉 신뢰 혹은 나무를 옮기는 (행위로) 믿음을 주다 또는 받다라는 뜻이다. 이 같은 맥락의 연장선상에서 나라(위정자)는 기필코 약속을 지켜 백성의 믿음을 얻어야 한다 또는 나라(위정자)는 백성들과의 약속은 반드시 지켜야한다를 비롯해서 어떤 법일지라도 모든 백성들에게 차별 없이 공명정대하게 적용되어야 함을 함축하는 넓은 의미로 통용되고 있다. 이의 출현 배경과 의의 따위에 대한 살핌이다.

　유래는 중국 전국시대戰國時代 진秦나라의 상앙商鞅*이 '나라에서는 거짓말을 하지 않으므로 믿고 따라야 한다는 인식을 심어주기 위해' 도성都城의 남문南門에 '3장(丈*:약 9m)'의 나무 기둥을 세워 놓고, 이를 북문北門으로 옮기는 사람에게 십금十金*을 주겠다고 약속했으나 아무도 옮기지 않았다. 그러자 다시 오십금五十金 주겠다고 상금을 늘려 공고했다. 그때서야 어떤 사람이 설마 옮긴다고 "그렇게 많은 금을 포상으로 줄까?"라고 의심하면서도 밑져야 본전이라는 마음에서 옮겨

V. 장광설　|　241

났다. 약속대로 그 어마어마한 포상금을 주고 대대적으로 선전했다. '나라에서는 거짓말을 하거나 속이지 않으며 약속은 반드시 지킨다.'고. 따라서 모든 백성들에게 나라에서 하는 일이나 법 따위는 믿고 따라야 함을 은근히 세뇌시켰다. 이를 계기로 비롯된 성어이다.

출전出典은 사마천司馬遷이 쓴 《사기史記》의 〈상군열전商君列傳〉이며 동의어는 사목지신徙木之信이고 반의어는 식언食言이다. 출전에서 전하는 내용을 바탕으로 그 실체와의 만남이다.

진효공秦孝公에 의해 발탁된 상앙은 법률과 병법에 대해 남다른 해박한 지식과 능력을 지니고 있었다. 그런 장점을 충분히 살려 법치주의를 근간으로 다스리는 나라를 지향하며 그에 따른 부국강병책을 겨냥한 자신만만한 혁명적인 법안을 만들었다. 하지만 백성들의 반대나 저항이 염려되어 적당한 공표시기와 방안 마련에 골몰할 무렵 한 가지 묘책이 떠올랐다. 나라는 백성을 상대로 거짓 정책을 내놓지 않으니 모든 정책이나 법을 따르라는 확신을 심어주려는 가스라이팅(gaslighting:洗腦) 같은 책략이었다.

도성都城의 남문南門에 '3장丈' 정도의 나무 기둥을 세워 놓고 나서 백성들에게 이를 북문으로 옮겨 놓는 사람에게는 십금十金을 포상으로 준다고 공표했다. 그럼에도 괴이하다고 여겨 아무도 나서는 사람이 없었다. 상황이 그렇게 되자,

/ ··· / 다시 말하기를 "옮기는 자에게 오십금을 줄 것이다."라고 천명했다(復曰 能徙者予五十金:복왈 능사자여오십금) / (그러자) 어떤 사람이 (반신반의하며 밑질 게 없으니 해보자라는 마음에서) 그 나무기둥을 (북문으로) 옮

기니(有一人徙之:유일인사지) / (그러자 기다렸다는 듯이) 곧바로 50금을 지급함으로써(輒予五十金:첩여오십금) / (나라에서는 백성들을) 속이지 않는다는 것을 분명히 했다(以明不欺:이명불기) / … /

위의 내용에서 이목지신이 비롯되었다. 한편 이를 계기로 나라에서는 절대로 허튼소리로 현혹시키지 않으며 약속은 반드시 지킨다고 집요하게 나팔을 불어댔다. 이를 통해 백성은 나라를 믿고 모든 법령도 잘 지켜야 한다는 것을 인식시키기 위한 세뇌洗腦 술책의 일환이었다. 그렇게 국민적 공감대를 형성시키고 나서 이미 만들어 뒀던 법령을 공표했다.

효공의 절대적인 신임을 바탕으로 소위 상앙변법商鞅變法으로 대변되는 강력한 법을 집행해 나간 뒤 일 년年이 되었을 때 여러 곳에서 법이 불편하다는 불만이 쏟아져 나왔다. 그 즈음 공교롭게도 태자太子가 법을 어겼다. 이에 상앙은 위에서부터 법을 어기면 안 된다면서 태자를 벌하려 했다. 그러나 그것이 불가능해지면서 태자 대신에 그의 스승인 공자公子 건虔의 코를 자르는 의형劓刑에 처했다. 그리고 교육을 담당하던 스승인 공손고公孫賈에게는 먹실墨絲로 살갗에 죄명을 새기는 경형黥刑에 처했으며, 시종侍從은 처형했다. 이와 같이 모든 범죄에 대해 누구도 예외 없이 강력하고 준엄하게 다스렸다.

군주의 전폭적인 지지를 받으며 엄정한 법을 시행하고 10년이 지난 진나라는 예와는 사뭇 다르게 발전했다. 물론 겉으로 드러난 변화는 다양한 관점에서 몰라보게 발전하고 안정된 모습을 보였을지라도 내면적으로 불만이 쌓였던 경우도 숱했다. 그렇게 나라를 위해 헌신했음에도 그가 이승에서 맞은 마지막은 비극으로 막을 내렸다. 절대적인 신임을 해주던 군주 효공이 타계하고 세자가 왕위를 계승했다.

지난날 세자 주위를 지나칠 정도로 가혹하게 처벌했던 악연이 빌미가 되어 상앙은 역적으로 몰려 형장의 이슬로 사라졌다. 이 과정에서 아이러니한 것은 역적으로 몰릴 분위기를 직감한 상앙이 도성을 몰래 빠져나가려는 순간 자신이 만든 신분을 확인하는 검문제도 때문에 옴짝달싹못하고 체포되었다. 게다가 설상가상이었다. 자기가 처형당한 거열형車裂刑*도 그 자신이 직접 고안했던 방법이었다. 상앙의 삶과 자기가 만들었던 법이나 형 집행 기법이 자기의 마지막 길을 스스로 옭아맸다는 사실에 삶이 무엇이고 어떻게 사는 게 바른 길인지 갈피를 잡기 어렵고 마냥 헷갈린다. 정신을 차리기 어려울 정도로 말이다.

---

* 상앙商鞅: 중국 진秦나라의 정치가이며 군사 전략가이고 명재상名宰相이었다. 아울러 제자백가諸子百家의 한 사람으로 씨氏는 공손公孫이고 이름은 앙鞅이다. 그는 위衛나라 공족公族 출신이라고 해서 위앙衛鞅이나 공손앙公孫鞅이라고 불렀으며, 훗날 나라에 공을 세운 대가로 상商지역을 하사下賜받고 후작侯爵이 되었다는 의미로 상앙商鞅이라고 불리기도 했다. 한편 그가 제후급諸侯級 위상을 누렸다는 뜻으로 상군商君이라고도 불렀다. 한편 법가法家 인물로서 춘추시대春秋時代를 관중管仲이 대표한다면, 전국시대戰國時代의 대표적인 인물은 상앙商鞅이다.
* 장丈: 길이의 단위로서 한 자尺의 열 배로 약 3m에 해당한다. 그러므로 3장丈은 대략 9m 정도이다.
* 십금十金: 요즘 표현으로 바꾼다면 천금千金을 뜻하는 것으로 사료되며, 엄청난 포상금으로 여겨진다.
* 거열형車裂刑: 죄인의 다리를 두 대의 수레에 한 쪽씩 묶어서 몸을 두 갈래로 찢어 죽이던 형벌이다.

2024년 6월 27일 목요일

이이제이

　이이제이以夷制夷는 '오랑캐夷를 오랑캐夷로 제압한다.'는 뜻이다. 그러므로 이는 적 또는 경쟁 상대를 또 다른 적이나 경쟁 상대를 교묘하게 이용하여 제압 혹은 응징한다, 혹은 어떤 집단으로 또 다른 집단을 제압 혹은 응징한다는 의미로 통용되고 있다. 원하는 대로 성공한다는 보장만 된다면 얼마나 좋은 방법인가. 왜냐하면 내 손에 피 한 방울 묻히지 않고 골치 아픈 상대를 제압하거나 무력화시킬 수 있으니 말이다. 이의 출현 배경과 그 의미를 살피는 나들이다.

　중국 후한後漢의 제3대 황제였던 장제章帝 시절 소수민족 업무를 총괄하던 책임자인 호강교위護羌校尉 등훈鄧訓이 오랑캐인 강족羌族과 호족胡族인 월지족月氏族*과 맞붙어 싸우려는 상황에서 월지족 편을 들어 전쟁을 저지시키며 주위 사람들이 했던 말에서 유래했다. 한편 이를 전하고 있는 출전出典은 《후한서後漢書》의 〈등우·구순열전鄧禹·寇恂列傳〉 중에 〈등훈전鄧訓傳〉에 나오는 이이벌이以夷伐夷라는 구절句節에

V. 장광설　｜　245

서 비롯되었다. 동의어로는 이이벌이以夷伐夷, 이이공이以夷攻夷, 이이치이以夷治夷가 있다. 그리고 유의어로는 이열치열以熱治熱, 이독제독夷毒制毒, 이독공독夷毒攻毒, 이혈세혈以血洗血 등을 열거할 수 있겠다. 출전을 중심으로 관련된 부분의 내용을 간추려 살핀다.

중국 중원의 드넓은 평야지대에 자리 잡았던 모든 나라들은 변방에 사는 다른 민족을 일괄적으로 오랑캐라고 호칭했다. 한편 자존심 상하는 얘기지만 심지어는 우리 선조들을 동이東夷라고도 호칭했다. 이런 맥락에서 발생했던 오랑캐들의 반란이나 침략 행위로 인해서 기인된 사건에서 유래되었다.

후한의 제3대 황제였던 장제章帝 시절이었다. 소수 민족의 업무를 총괄하던 직책인 호강교위 장우張紆가 강족羌族의 우두머리인 미오迷吾를 비롯해 몇몇에 중대한 혐의가 있어 간과할 수 없다고 판단되어 체포해 단호하게 처형시켰다. 이에 비분강개했던 강족을 위시한 여러 오랑캐들이 원수를 갚겠다고 벼르며 하나로 결집해 쳐들어 올 것을 한나라 조정에서는 크게 우려했다. 이에 대한 대비책으로 호강교위를 즉각 등훈으로 교체해 만약의 사태에 대비했다.

격분한 강족을 비롯한 여러 오랑캐들이 서로 원한을 풀며, 인질을 교환하고, 상호 혼인을 허락하면서 혈맹을 맹세를 했다. 그리고 수만 명의 병력을 연합군으로 편성하여 삼동三冬인 결빙기에 강을 건너와서 한나라의 등훈을 치기로 약속했다. 그 일환으로 미오의 아들 미당迷唐이 무위강武威羌과 병력 1만 명의 기병騎兵을 이끌고 한나라 접경에 도착한 다음에 정작 등훈은 공격하지 못했다. 꿩 대신 애먼 닭에게 화풀이하려고 했던가? 엉뚱하게도 그 지역에 집단을 이루어 거주하고 있던 호족胡族인 월지족月氏族에게 생트집을 잡으며 시비를 걸고 겁박하면서 전쟁을 벌이려고 수작을 부렸다. 이에 등훈은 평소 협조적이었던 월지족 편을 들면서 이렇게 대응했다.

/ … / 등훈이 병사를 동원해 호족을 보호하여(訓擁衛稽故:훈옹위계고) / (강족이) 공격을 못하게 했다(令不得戰:영불득전) / 주위의 모든 사람들이 (議者:의자) / 강족과 호족이 상호 공격함은(咸以羌胡相攻:함이강호상공) / 한나라에 유리하기 때문에(縣官之利:현관지리) / 오랑캐로 오랑캐를 치는 격이기에(以夷伐夷:이이벌이) / 그들의 싸움을 막는 것은 현명하지 못하다(不宜禁護:불의금호) / … /

위의 내용 이이벌이以夷伐夷에서 이이제이라는 성어가 비롯되었다. 한편 당시 중국의 중원에 자리 잡았던 모든 나라들의 오랑캐에 대한 정책의 기본은 기미정책羈縻政策*이었다. 한편 경우에 따라서는 강족과 월지족의 경우처럼 여건이 충족되면 누구도 눈치 채지 못하게 은밀히 이이제이 방책을 선택하기도 했다. 한편 한나라 조정에서는 등훈의 방침을 국론으로 결정함으로써 두 민족 사이에 발발할 뻔했던 일촉즉발의 전쟁을 슬기롭게 막았다. 그래서 결국 강족은 자기들 땅으로 돌아갔으며 그 뒤로 월지족은 한나라 방침을 적극 따름으로써 등훈의 선택이 옳았음을 증명했다.

이이제이는 어쩌면 손가락 하나 까딱하지 않고 눈엣가시 같거나 버거운 경쟁 상대를 제거 또는 무력화 시킬 묘책이다. 하지만 장단점을 분명히 동시에 안고 있다. 그러므로 형편상 직접 대결이 어려운 상대에게 시도해 볼 만하다. 우선 직접 대결하며 지불해야 할 노력과 비용이 절감되고 상대가 세월이 지나면서 강해질 위험을 막을 수 있다. 게다가 당장 상대하기 어려운 상대를 일시적으로 피해 자신의 능력을 기를 시간을 버는 효과도 있다. 이렇게 득이 많지만 자칫하면 자승자박의 함정에 빠질 수 있으며 장기적인 책략은 아니다. 게다가 이 책략은 서로 대적해 싸워야 할 적들을 필요하다면 언제든지 자신의 힘으로 제압하거나 뜻하는 대로 조종할 힘이나 능력이 없을 경우는 사실상 채택이 불가한 하책下策임을 간과하는 어리석음을 범하지 않아야 한다.

---

* 월지족月氏族: 우리는 "氏"자를 일반적으로 "성姓 씨"로 사용한다. 하지만 이 경우에는 "나라 이름 지"로 쓰였음을 상기해야 한다.
* 기미정책羈縻政策: 중국의 역대 왕조王朝가 다른 민족에게 취한 간접 통치정책이다. 여기서 기미羈縻는 '굴레와 고삐'라는 뜻으로, 이민족異民族에 대해 자치自治를 인정하여 간접적으로 지배하는 통치 방법을 말한다.

2024년 7월 5일 금요일

일거수일투족

일거수일투족一擧手一投足은 '손 한 번 들고 발 한 번 내딛는다.'는 뜻으로 원래에는 손바닥을 뒤집는 여반장如反掌처럼 '매우 쉬운 일'이라는 의미로 사용되었다. 하지만 오늘날에는 대부분이 '사소한 동작이나 행동'이라는 의미로 통용되고 있다. 따라서 만일 '그의 일거수일투족을 지켜봤다.'고 할 경우 그가 하는 손을 한 번 들고 발을 한 번 내딛는 것 같은 하찮은 행동도 빠짐없이 모두 지켜봤다는 의미가 된다. 실제로 일거수일투족의 출현 과정과 배경을 위시해서 의의와 만남이다.

원래 당송팔대가唐宋八大家* 중의 하나인 한유韓愈가 쓴 '과거에 응시하며 시험관에게 띄우는 편지'라는 뜻의 〈응과목시여인서應科目時與人書〉에서 비롯되었다. 이를 제대로 이해하기 위해서는 먼저 당나라의 과거제도에 대해서 개략적으로 살펴야 할 필요가 있다.

당나라의 과거는 1차로 예부禮部에 응시해 합격한 자들이 2차로 이부吏部의 시험을 치렀다. 그런데 한유는 25세에 1차인 예부는 거뜬하게 합격했지만 2차인 이부는 몇 차례 고배를 들고 나서 당시 관습에 따라 시문詩文을 지어 시험관에게 보냄으로써 자신을 소개하려 했다. 당시 과거에 응시한 서생書生들이 시문을 지어 시험관에게 보내 자기를 과시하거나 소개하는 풍습이 보편화 되었었다. 이는 어떤 측면에서 보면 오늘날 우리 사회로 치면 자기 소개서와 엇비슷한 성격이 아니었을까. 한편 동의어로 일거일동一擧一動이 통용되고 있다.

 출전出典은 《문장궤범文章軌範*》이다. 여기에서 나타나는 한유의 〈응과목시여인서〉를 중심으로 이에 관련된 주요 내용의 간추림이다. 한유는 이 편지에서 자신을 우화寓話에 등장하는 괴물로 비유하여 '자신을 알아 달라.' 혹은 '꼭 합격토록 배려해 달라.'는 심정을 절절하게 피력하고 있다. 간단한 자기소개에 이어 우화 같은 얘기를 한다.

 천지天池와 큰 강 가(濱:빈)에 살며 보통 물고기나 조개와 전혀 다른 괴물이 있다고 했다. 그 괴물은 물을 만나면 풍우風雨를 다스리는 조화나 하늘을 오갈 신통력을 지니고 있다. 하지만 물을 만나지 못하면 보통 물고기와 다를 바 없을 뿐 아니라 산이나 구릉이 없으면 길이 끊겨 갈 수 없고 날 수도 없다고 했다. 그런데다가 괴물은 물이 옅어지거나 마르면 스스로 물이 많은 곳으로 찾아갈 능력이 전혀 없어 하찮은 수달水獺에게까지도 조롱이나 업신여김을 당할 수밖에 없다고 했다. 그런 상황이지만 이렇게 얘기하고 있다.

 / … / (그렇지만) 능력(힘)있는 사람이 물이 마른 것을 안타깝게 여겨 괴물을 (물이 많은 곳으로) 옮겨주는 것은(如有力者哀其窮而運轉之:여유력자애기궁이운전지) / 손 한 번 들고 발 한 번 내딛는 노고에 불과할지라도(蓋

一擧手一投足之勞也:개일거수일투족지로야) / (이렇게 해주는 것은) 이 괴물에게는(然是物也:연시물야) / 다른 동물들과 사뭇 다르다고 자부하리라(負其而於衆夜:비기이어중야) / … /

위 내용에서 일거수일투족이 비롯되었다. 한편 한유의 편지는 다음과 같은 애절한 사연으로 이어지고 있다.

괴물이 모래沙나 진흙泥에서 불타 죽는 한이 있더라도 그것을 (하늘의 뜻으로 알고) 오롯이 받아들이지 (구차하게) 측은지심을 불러일으킬 짓(머리를 조아리거나 귀를 늘어뜨린 채 꼬리를 치며 아부하는)으로 구걸하지 않을 것임을 단호하게 밝히고 있다. 이 같은 자존심을 지키기 위해 힘 있는 사람을 만나면 최선을 다하겠지만 (알랑방귀 뀌지 않고) 아무것도 보지 않은 듯이 태연자약하게 행동할 것이다. 실로 삶과 죽음의 문제는 참으로 알 수 없지요. 지금 힘 있는 사람 앞에 있답니다. (그래서 절실한 마음에서 도와달라고) 헛될지라도 고개를 들어 마음속으로 외쳐봅니다. 그리고 이렇게 편지를 이어가고 있다.

/ … / 힘 있는 사람이 궁窮을 어여삐 여기지 않는다면(庸詎知有力者不哀其躬:용거지 유력자불애기궁) / 손 한 번 들고 발 한 번 내딛는 수고를 잊고(而忘一擧手一投足之勞:이망일거수일투족지로) / 그(괴물)를 맑은 물로 옮겨줄 것을 어떻게 깨달을까요(而轉之淸波乎:이전지청파호) / … /

라고 하면서 가엾게 여김도 그렇지 않게 생각함도 모두 운명이리라고 하고 있다. 여기서 일거수일투족이 또다시 나타나고 있다. 이와 같은 진솔하고 절절한 마음을 솔직하게 진술한 한유는 결론적으로 아래와 같은 말로 〈응과목시여인서〉를 마무리하고 있다.

"지금 소생은 이상과 같은 절체절명의 처지라서 부족하고 어리석음이 많음에도 진솔하게 간곡한 사연을 올리니 각하閣下께서 어여삐 여기시고 너그럽게 보살펴 주시옵소서."라고.

앞에서 살폈듯이 한유가 처음 사용했을 때는 힘들이거나 어려움 없이 매우 쉽게 해결 가능한 경우 즉 '매우 쉬운 일'을 뜻하는 의미로 사용되었다. 하지만 오늘날엔 원래의 의미로 쓰이는 경우는 거의 사라졌다. 대신에 '하찮은 작은 것까지도 하나도 빠짐없이 몽땅', '사소한 동작이나 행동까지 모두'라는 뜻으로 쓰이는 경우가 대부분으로 처음의 의미로 사용되는 사례를 찾아보기 어렵다. 한편 고사성어에 관심을 가지고 관심 있게 들여다보면 생성 초기의 의미와 현재의 의미가 상당히 달라져 궤軌를 달리하는 경우가 꽤나 많다. 따지고 보면 세월이 지나면 일상생활에서 사용하던 언어도 마찬가지이지만 말이다.

---

* 당송팔대가唐宋八大家: 중국 당송시대唐宋時代 여덟의 뛰어난 문장가로서 당唐의 한유韓愈 · 유종원柳宗元, 송宋의 구양수歐陽修 · 왕안석王安石 · 증공曾鞏 · 소순蘇洵 · 소식蘇軾 · 소철蘇轍 등을 일컫는다.
* 《문장궤범文章軌範》: 중국 송宋나라의 사방득謝枋得이 편찬한 산문선집이다. 처음 배우는 사람이 모범으로 삼아야 할 문장 약 69편을 수록하고 있다. 각 문장마다 비평 · 주석 · 권점圈點을 달아놓았다. 당 · 송의 문장가 한유韓愈와 소식蘇軾을 비롯하여 촉한蜀漢의 제갈량諸葛亮, 진晉나라의 도잠陶潛 등의 글이 수록되어있다. 모두 7권으로 되어 있다.

2024년 6월 30일 일요일

일망타진

일망타진一網打盡은 원래 '한 차례의 그물질로 물고기를 전부 잡는다.'는 의미이다. 이런 맥락에서 한 번의 시도로 다양한 목표를 전부 달성한다, 혹은 다양한 문제를 각각 조사하거나 처리하지 않고 한꺼번에 포괄적으로 해결하다, 따위와 유사한 개념으로 통용되고 있다. 가장 쉽게 다가오는 예로서 '범죄 집단 일당을 일망타진했다.'와 같은 정황의 표현에 궁합이 잘 맞는다. 이에 얽힌 사연과 생성 배경의 만남이다.

유래由來는 북송北宋의 4대 황제 인종仁宗 시절 어사중승御史中丞 왕공진王拱辰이 반대파인 두연杜衍의 사위 소순흠蘇舜欽이 공금을 횡령한 혐의를 기화로 두연의 일파를 굴비 엮듯이 줄줄이 체포했다. 그러고 나서 기고만장하여 나는 "한 번 그물질로 모두를 잡았다(一網打盡)."라고 일갈한 데서 비롯되었다. 출전出典은 《송사宋史》의 〈인종기仁宗紀〉, 북송의 위태魏泰가 집필한 《동헌필록東軒筆錄》, 《십팔사략十八史略》 등이다. 한편 일망타진을 줄여서 망타網打로 쓰기도 한다.

이를 좀 더 포괄적으로 이해하기 위해서는 당시 북송과 황제 인종이 처했던 상황 파악이 선결되어야 한다는 관점에서 우선 그에 관련된 사실들을 간략하게 살핀다.

당시 북송을 둘러싼 주변 정세나 상황은 불안정해 고도의 외교가 필요함에도 인종의 외교정책은 별다른 특색이나 내세울 업적이 미미했다. 하지만 내치에서는 어진 황제로서 진정한 위민정책과 함께 학문을 숭상했고 인재를 골고루 등용하는 등 군주정치의 귀감을 보여 소위 "경력慶曆*의 치治"라는 칭송을 받았다. 한편 인종은 전한前漢의 5대 황제 문제文帝와 함께 어진 임금으로 널리 회자되고 있다.

어진 임금의 성세聖世였던 까닭에 인종 휘하에는 기라성 같은 조신朝臣들이 즐비해 조회나 어전회의를 할 때마다 다양한 의견들이 줄지어 속출해 토론하는 과정이 길어지고 격하게 전개되어 충돌도 숱하게 발생했다. 그런 까닭에 부지불식간에 신하들이 두 갈래로 갈라져 으르렁왈왈대며 서로 정권을 주고받다 보니 20년 동안 통치 주도세력이 17번이나 뒤바뀌며 엎치락뒤치락하는 폐단을 피할 도리가 없었다. 후세 사람들은 이를 "경력慶曆의 당의黨議*"라고 일컫는다.

청렴결백하기로 소문난 두연도 인종의 수많은 중신 중에 하나였다. 나라의 정사에 공명정대하고 곧았던 그가 재상宰相으로 승직했다. 당시 관행이지만 황제가 상신相臣, 즉 상대등上大等에게도 알리지 않고 독단으로 판단해 조서詔書*를 내렸는데, 이를 내강內降이라고 호칭했다. 두연은 황제가 아무런 통보나 상의도 없이 내리는 것은 현실에 부합하지 않는 조서, 즉 은조恩詔* 관습은 나라의 기강을 어지럽히는 원인이라고 판단했다. 그러므로 바로 잡아야 한다는 생각에서 10개 정도씩 모아두었다가 펼쳐보지도 않은 채 황제에게 나아가 돌려 드리는 행위를 되풀이했다.

이런 두연의 행태에 대해 황제는 간관諫官*에게 자신의 소회를 이렇게 피력했다. "두연은 짐朕의 내강을 무시하고, 한편에서는 은조를 더 많이 내려달라고 야단이니 처신이 몹시 어렵구나."라고. 황제에게 그 얘기를 듣고 난 명신 구양수歐陽修는 두연의 생각이 옳다며 적극 두둔하고 나섰다. 하지만 뜻을 달리하던 반대파 패거리들은 두연의 쓸데없는 고집 때문에 어진 임금의 뜻, 즉 성지聖旨가 무시되는 불충을 저지르고 있다고 투덜대며 못마땅해 길길이 날뛰었다. 그렇게 내적으로는 으르렁 왈왈대며 호시탐탐 기회를 엿보고 있던 차에 두연의 사위가 중대한 사고를 저지름으로써 울고 싶은데 뺨을 때려주는 격이 되었다. 이에 관련된 내용의 축약이다.

기회를 엿보며 벼르고 있을 때 진주원進奏院의 감독으로 재임하고 있던 두연의 사위인 소순흠이 공금을 횡령하여 신에게 제사를 지내고 손님을 접대하며 기녀를 불러 주연을 베풀었다. 이 사실이 두연의 반대파反對派로서 어사중승御史中丞 왕공진王拱辰의 첩보망에 걸려들자 기다렸다는 듯이 혹독한 수사가 이루어졌다. 주범인 소순음을 위시해서 여러 연루자들을 지나칠 정도로 취조한 뒤에 줄줄이 피의자로 판결하여 투옥시켰다. 그런 왕공진이 두연을 쳐낼 구실을 잡아 기쁘다는 듯이 개선장군이라도 된 것처럼 득의양양해 흰소리를 쏟아냈다.

/ … / 왕공진은 희색이 만면한 채 말했다(拱辰喜曰:공진희왈) / 나는 단 한 번의 그물질로 몽땅 잡았다(吾一網打去盡矣:오일망타거진의) / (그 사건

때문에) 두연은 재상의 자리에 오른 지 70일 만에 파직되었다(衍相七十日而罷:연상칠십일이파) / … /

앞에서 언급한 바와 같이 일망타진은 한꺼번에 여러 문제를 해결하거나 정리하는 상황을 묘사할 때 통용되고 있다. 이런 유형의 일 중에서 특히 어렵고 복잡한 상황에서 일거에 효율적으로 해결하는 방법을 강조하는 경우에 곧잘 쓰인다. 그러므로 조직이나 개인이 업무를 효율적으로 처리하거나 목표를 달성하는 데 취할 수 있는 방안 중의 하나이다. 이 같은 관점에서 일망타진은 업무 처리 절차나 문제 해결을 위한 최적화 전략으로도 충분히 고려할 가치를 지니고 있는 개념이기도 하다.

---

* 경력慶曆: 인종仁宗의 연호年號이다.
* 당의黨議: 전당에서 내세우는 의견. 정당의 결의.
* 조서詔書: 임금의 명령을 일반에게 알릴 목적으로 적은 문서이다.
* 은조恩詔: 은혜로운 조서라는 뜻으로 임금이 내린 명령을 적은 문서를 이르던 말이다.
* 간관諫官: 천자天子의 잘못을 간諫하는 벼슬이다. 이는 우리 선조들의 경우 사간원과 사헌부 관리의 통칭이기도 하다.

2024년 6월 29일 토요일

일신우일신

　지난 세월에 견주면 오늘날엔 모든 분야에서 정신을 차릴 수 없이 빠르게 변화하고 있다. 좀 과장하면 광속으로 변하는 세상이다. 속절없이 변하는 세월에 둔감하거나 뒤처지면 경쟁에서 밀려 퇴출되거나 패배자로 전락해 설자리를 잃을밖에 도리가 없다. 따라서 살벌한 경쟁에 선제적으로 대응해 살아남기 위해서는 끊임없는 변신을 거듭해 다시 태어나야 한다. 오래전부터 선현들은 이런 세월에 적응 방법으로 진실로 새로워지려면, 날마다 새로워져야 하고, 또 새로워져야 한다는 의미로 '일신우일신日新又日新'이라고 일깨웠을까.
　이를 대하다가 지금은 타계한 어느 기업 총수가 급변하는 세상에 기업이 경쟁에서 살아남기 위해서는 "마누라와 자식 빼고 다 바꿔야 한다."고 일갈했던 기억이 불현듯 떠올랐다. 당시로서는 매우 파격적이었던 열린 선견지명 때문이었던지 뒷말이 많았다. 하지만 지금 그 기업은 반도체와 전자 분야에서 세계 초일류 기업으로 승승장구하고 있다.
　일신우일신은 중국의 고전인 《대학大學*》의 〈전傳2 신민新民〉에 나오는 탕湯의 반명盤銘에서 비롯되었다. 여기서 탕왕湯王이란 은殷나라 즉 상商나라를 세운 제왕이다. 그는 세숫대야에 〈구일신일일신우일신苟日新日日新又日新〉이라는 반명을 새겨 놓고 세수할 때마다 스스로를 돌아보고 새롭게 변화하려고 다짐하며 채찍질했다. 이들 아홉 개의 글자를 앞뒤로 줄여서 오늘날 일신우일신으로 사용하고 있다. 한편 유사어로는 나날이 발전한다는 의미를 함축하고 있는 일진월보日進月步, 일취월장日就月將 따위가 있다. 그리고 탕반명湯盤銘의 원문原文 내용은 《대학》의 〈전傳2 신민新民〉에 이렇게 기술되어 있다.

/ 탕湯의 반명盤銘에서 이르기를, 진실로 새로워지면(湯之盤銘曰苟日新: 탕지반명왈구일신) / 나날이 새로워지고(日日新:일일신) / 또 날로 새로워진다(又日新:우일신) /

/ 강고康誥에 이르기를, 새로이 백성을 만들었다(康誥曰作新民:강고왈작신민) / 시경詩經에서 이르기를, 주周나라는 비록 옛 나라이나(詩曰周雖舊邦:시왈주수구방) / 그 명命은 새롭기만 하다(其命維新:기명유신) /

/ 이러하기 때문에(是故:시고) / 군자는(君子:군자) / 그 극極을 쓰지 않는 바가 없다(無所不用其極:무소불용기극) /

위 원문을 통해 알 수 있듯이 일신우일신의 본디 뜻은 "진실로 새로워지면(苟日新:구일신), 나날이 새로워지고(日日新:일일신), 또 날로 새로워진다(又日新:우일신)."는 의미이다. 그렇다면 그 같이 새롭게 되기 위해서는 어떻게 해야 할까?라는 의문을 갖지 않을 수 없다.

합당한 대응 조치가 없으면 구두선口頭禪에 머물러 새로워질 수 없다. 그러므로 변화를 촉진할 행동 즉 노력이 전제되어야 한다. 다시 말하면 변화를 꾀하려면 새로운 지식을 터득하기 위해 진지한 노력이 따라야 한다. 결국 급변하는 세상에서 물밀듯이 밀려오는 수많은 지식을 받아들이고 새로워지기 위해서는 각고의 노력이 뒤따라야 하는 경우가 숱하게 많다. 때문에 때로는 공자가 말년에 《주역周易》에 심취하여 읽고 또 읽다가 죽간竹簡의 끈이 세 차례나 끊어졌다고 하는 위편삼절韋編三絶이나 조선의 정약용丁若鏞이 지나치게 오랫동안 방바닥에 앉아 책을 읽다가 복숭아뼈踝骨의 살갗이 세 차례나 까졌다는 과골삼천踝骨三穿에 버금가는 노력이 따라야 한다.

지난 세월에는 변화가 느려 대부분 하나의 직업으로 일생을 살았다. 하지만 하루가 다르게 변화와 진화를 거듭할 미래 사회에서는 여러 차례 직업을 바꿔야 하는 경우가 비일비재하리라. 단적인 예로 현재에도 젊은이들이 직장에서 퇴출되어 다른 일거리를 찾기 위해 이런저런 기관을 통해 다양한 교육을 받고 있지 아니한가. 이런 상황에서는 젊은 날 집중적으로 교육하고 끝내는 현재의 교육제도는 큰 틀에서 변화가 불가피하다. 왜냐하면 변화나 진화를 수용하기 위한 제도권의 추수교육追修教育이나 여러 기관을 통한 보수교육이나 평생교육 같은 특별한 교육 시스템의 도입은 필연적이기 때문이다. 이들 배움이란 현재의 상태에서 제자리걸음을 하거나 퇴보가 아니라 앞으로 나아가기 위한 노력은 새로운 경지로 향하는 진일보인 것이다.

만인지상萬人之上의 임금은 아무것도 부족하고 아쉬움이 없었을 게다. 그런 제왕이 세숫대야 바닥에 〈구일신일일신우일신苟日新日日新又

日新)이라는 내용을 새겨놓고 세수할 때마다 결의를 다지며 선정을 베풀 것을 되새겼다는 사실이 도통 믿겨지지 않는다. 왜냐하면 그렇게 해도 왕 자신이 얻을 게 별로 없으리라는 생각 때문이다. 하지만 여기에 담긴 숭고한 위민爲民 정신 때문에 여태까지 뭇사람들의 입에 자주 회자膾炙되거나 덕을 쌓기 위해 좌우명座右銘으로 삼기도 했으리라. 오늘날 패거리 지어 몰려다니면서 사리사욕과 당리당략에 혈안이 된 채 겉으로는 국민을 위한다고 나팔을 불어대는 정상배들이 탕왕의 반명盤銘에 담긴 진솔한 위민爲民 사상을 한 번만이라도 올곧게 되새겨 보라고 넌지시 일러줘도 될까.

---

* 《대학大學》: 수신修身 · 제가齊家 · 치국治國 · 평천하平天下의 정치 철학과 학문을 직접 연결한 유학의 정수精髓를 담고 있는 전문 1,750여 자字의 짧은 글로 된 책이다. 한편 B.C. 430년경에 펴냈다. 그리고 유교의 경전인 《대학大學》·《중용中庸》·《논어論語》·《맹자孟子》 등을 통틀어 중국의 사서四書라고 일컫는다.

《한맥문학》 2025년 4월호(통권 415호), 2025년 3월 25일
(2024년 4월 24일 수요일)

일자천금

일자천금一字千金이란 '한 글자가 천금'의 가치가 있음을 뜻하기 때문에 매우 뛰어난 글자 혹은 시문詩文을 일컫는 말이다. 이는 중국의 전국시대戰國時代 진秦나라 승상丞相이었던 여불위呂不韋가 자기 집 식객食客*들에게 집필토록 해서 펴낸 책인 《여씨춘추呂氏春秋*》를 두고 걸었던 황금 천 냥에서 비롯되었다. 출전出典에서 전하고 있는 고사故事를 바탕으로 함축하는 바를 살핀다.

직접적인 관련 내용에 앞서 주인공인 여불위의 독특한 인간적인 면모부터 살피는 게 고사를 정확하게 이해하는 첩경이라는 생각에서 간략하게 요약한다.

중국의 전국시대에는 개인의 재능만 있으면 국적과 신분을 불문하고 출세할 수 있는 사회였다. 그런 사회 분위기에 편승하여 탁월한 거상巨商으로 엄청난 부를 축적한 그는 최고의 부와 명예를 얻기 위한 방안 모색을 거듭했다. 고심 끝에 제왕을 만드는 게 정도이고 첩경이라는 결론에 이르렀다.

기화가거奇貨可居*를 할 결심을 굳히고 때마침 진나라의 서얼庶孼 왕자로서 조趙나라에 인질로 잡혀 와 있던 자초子楚를 진나라 황제를 만들겠다는 무모한 계획을 했던 이인異人이었다. 그러고 나서 그 계획을 위해 모두 걸기를 했다. 그는 목적 달성을 위해 패륜도 서슴지 않았던 것 같다. 어느 날 술에 취한 자초가 여불위의 첩인 조희趙姬를 보는 순간 한눈에 반해 자기에게 달라고 매달려 끝내 조희까지 자초에게 넘겨주었다는 믿기지 않는 설說이 전해진다. 더더욱 놀라운 사실은 그 때 조희가 임신을 했음에도 그 사실을 숨기고 자초에게 재가해 결국 출산했다는 내용을 접하는 순간 어디까지 믿어야 할지 난감했다. 그렇게 탄생한 아이가 영정瀛政으로 훗날 황제에 등극한 진시황秦始皇이며, 그 진시황 생모인 조희의 시호諡號는 제태후帝太后라는 얘기다. 개인적으로 이런 일련의 내용은 터무니없이 왜곡된 괴담으로 사실이 아니었으면 좋겠다.

여불위의 갸륵한 정성과 바람이 하늘에 통했던가. 꿈을 이루기 위해 거상으로서 벌어들였던 많은 재물을 투자한 보람이 드디어 결실을 맺었다. 기적처럼 자초가 장양왕莊襄王에 오르면서 여불위는 승상이 되었고 문신후文臣侯에 봉해지면서 엄청난 식읍食邑*을 하사 받았다. 한데, 단명했던 왕이 즉위 3년 만에 요절을 했다. 이 때문에 어린 태자 영정瀛政이 왕위를 승계 받았는데 그가 바로 진시황秦始皇이다. 이렇게 되자 여불위의 힘은 황제에 버금갈 정도로 막강해지며 승승장구했다.

거상으로 돈을 벌어 자초에게 기화가거奇貨可居해 승상의 자리에 올랐지만 속내로는 고매한 학문에 심한 열등감 때문이었을까, 아니면 진정으로 관심이 많았던가. 아마도 그런 생각에 커다란 영향을 끼쳤던 것은 당시 전국사공자戰國四公子였다. 당시 위魏나라 신릉군信陵君, 조

趙나라 평원군平原君, 제齊나라 맹상군孟嘗君, 초楚나라 춘신군春申君 등은 선비들을 후하게 대해 각각 식객이 3천 명에 이를 정도였다. 그 때 여불위가 생각하니 약소국에서도 선비를 대접하며 학문에 전념토록 하는데 당시 최강국인 진나라에는 변변한 사례를 찾아 볼 수 없음에 대해 많은 생각을 거듭했다.

그 후부터 식객들을 후하게 대접하며 학문에 전념하도록 돌보기 시작하면서 얼마 되지 않아 식객이 3천에 이르렀다. 또한 그 무렵 다른 나라 명사들의 식객이 좋은 책을 집필해 발표하는 모습이 무척 부러웠다. 그중에 여불위가 탐났던 경우가 순자荀子, 즉 순경荀卿이 책을 집필해 펴내는데 자극을 받아 자기도 그렇게 하기로 작정했다. 이에 관련된 고사故事를 담고 있는 출전出典이 사마천이 펴낸《사기史記》의〈여불위열전呂不韋列傳〉이다. 관련되는 핵심 부분을 대강 요약 정리하면 다음과 같다.

그가 자기 식객들에게 각자 들었던 것을 글로 쓰게 한 결과물을 모아 팔람八覽 육론六論 십이기十二記로 나뉘어 펴냈는데 20여 만 글자로 방대했다.

/ … / 여기에는 천지 만물과 고금의 일들이 두루 담겨 있으니(以爲備天地萬物古今之事:이위비천지만물고금지사) / 이를 지칭하여 여씨춘추라 했다 (號曰呂氏春秋:호왈여씨춘추) / 함양咸陽 성문에 (여씨춘추를) 매달아 놓고(布咸陽市門:포함양시문) / 그 위에 천금을 (함께) 걸어놓고는(縣千金其上:현천금기상) / (여러) 제후諸侯나 세객說客 또는 빈객賓客 중에서(延諸侯遊士賓客:연제후유사빈객) / 한 글자로라도 첨삭添削을 한다면(有能增

損一字者:유능증손일자자) / 천금을 하사하겠노라(予千金:여천금) / … /

위 내용으로부터 책 이름《여씨춘추》가 공식화 되었고 고사성어 일자천금이 비롯되었다. 어쩌면 오만방자하기 짝이 없는 여불위의 방약무인한 태도가 떠오를 때마다 삐딱한 생각을 되풀이하는 내가 덜떨어진 푼수데기일지도 모른다.

지엄한 승상으로서 무소불위의 권력을 휘두르는 처지일지라도 그의 표현은 지난날 자기가 식견이 짧고 얕은 장사치였다는 사실을 스스로 광고하는 꼴 같아 왠지 떨떠름하고 씁쓸했다. 만약 그가 어려서부터 학문을 단계적으로 익히고 바른 교육을 받으며 덕을 쌓았다면 득도의 경지에 이르렀어도 그 같은 경박한 말을 함부로 내뱉지 않았을 게 자명하기 때문이다. 아무리 식객을 후하게 대접해도 당대의 모든 지식인이 자기 집의 식객은 아니었으리라. 기껏해야 최고의 학문을 자랑하던 기라성 같은 고수들이나 은둔 거사들에게 학문을 전수받았을 식객들이 저술한 내용을 아무도 손댈 수 없으리라는 오만불손했던 꼬락서니는 곱씹고 또 곱씹어 봐도 치기어린 허튼짓이다.《여씨춘추》에 단 한 글자라도 첨삭한다면 천금을 주겠다는 같잖은 방문榜文에 어이가 없어 한 발 비켜서 묵묵히 지켜봤을 고수들은 그저 냉소를 금할 수 없었으리라. 자고로 "벼는 익을수록 고개를 숙이고, 물은 깊을수록 고요하다."고 일렀거늘……

---

* 식객食客: 예전에 세력이 있는 대갓집에서 얹혀 있으면서 문객 노릇을 하던 사람. 하는 일 없이 남의 집에 얹혀서 밥만 얻어먹고 지내는 사람.

* 《여씨춘추呂氏春秋》: 최초에는 팔람八覽 육론六論 십이기十二記 순으로 편집되어 책이름을 《여람呂覽》이라고 불렀으나 훗날 십이기 팔람 육론으로 순서가 바뀌었다. 먼저 십이기十二記(孟春, 仲春, 季春, 孟夏, 仲夏, 季夏, 孟秋, 仲秋, 季秋, 孟冬, 仲冬, 季冬)의 각각 5편과 서의편序意篇을 합해서 61편, 팔람八覽은 효행孝行, 신대愼大, 선식先識, 심분審分, 심응審應, 이속離俗, 시군恃君의 각각 8편과 유시有始의 7편(有始, 應同, 去尤, 聽言, 謹聽, 務本, 諭大)을 합하여 63편, 육론(開春, 愼行, 貴直, 不苟, 似順, 士容)의 각각 6편씩 하여 36편을 합해 모두 160편이 26권의 책으로 만들어졌으며 20여만 자를 넘는 방대한 저작물이다.
* 기화가거奇貨可居: 진기한 물건은 잘 간직하여 나중에 이익을 남기고 판다는 뜻으로 좋은 기회를 놓치지 말아야 함을 이르는 말로 여불위의 행동에서 비롯된 고사성어이다.
* 식읍食邑: 고대 중국에서 왕족이나 공신 혹은 대신들에게 공로에 대한 특별보상으로 주는 영지領地이다. 그 지역 조세를 받아먹게 했으며 봉작封爵과 함께 대대로 상속되었다.

《수필과비평》 2025년 4월호(통권 282호), 2025년 4월 1일
(2024년 5월 31일 금요일)

입립신고

입립신고粒粒辛苦를 직역하면 '낟알마다 고생이 어리다.'는 의미이다. 다시 말하면 곡식 알 알, 즉 낟알 하나하나粒粒에 지극한 농부의 피땀이 배어있는 결정체辛苦라는 뜻으로 곡식의 소중함을 이르는 말로 통용되고 있다. 그러므로 '곡식 한 톨 한 톨에 농부의 피땀이 스며있기 때문에 그들의 고생을 기억하며 곡식을 중히 여기는 마음이 담겨있다고 할 수 있다. 한편 이런 수고와 지극정성을 담은 뜻이라는 맥락에서 목적하는 바를 이루기 위해 열성을 다하며 최선을 다하는 경우를 뜻하기도 한다. 또한 열심히 농사를 지으며 살면서도 한편으로는 탐관오리들의 끝없는 수탈을 견뎌내며 살아가야 하는 농민들의 어려움을 비유할 때도 쓰이고 있다. 이의 조우이다.

유래는 당唐나라 시인이었던 이신李紳이 지은 〈민농憫農〉이라는 시의 한 구절句節에서 비롯되었다. 원래는 입립개신고粒粒皆辛苦이었다. 그런데 언제부터인지 다 개皆 자字를 삭제하고 줄여서 입립신고粒粒辛苦라고 한다. 〈민농〉이라는 시를 중심으로 생성 과정과 의미 따위를 살핀다.

당나라 중기 사람인 이신은 백거이白居易, 원진元稹, 장적張籍, 왕건王建 등과 신악부운동新樂府運動을 했다. 신악부운동이란 일종의 시가詩歌 혁신운동인데, 시詩로서 사회를 개혁하려 했던 일련의 창작활동을 뜻한다. 이 운동은 새로운 시대에 걸맞은 문장과 사건에 합당한 시가詩歌를 주창하면서 도탄에 빠진 백성들의 고달픈 삶을 노래했다. 한편 신악부新樂府란 지난날인 '한대漢代의 악부樂府'에 대응해 새로운 '중당시대中唐時代 악부'라는 의미이다.

이신의 대표작이 '고생하는 농민이 가련하다.'는 뜻으로 쓴 〈민농〉은 달랑 두 수首로서 다음과 같다. 첫 수와 둘째 수의 내용이다.

/ 봄에 한 알의 씨앗을 파종하여(春種一粒粟:춘종일입속) / 가을에 풍성한 수확을 거둔다(秋收萬顆子:추수만과자) / 세상에 휴경休耕하는 전답田畓은 없거늘(四海無閑田:사해무한전) / 농부들은 되레 아사餓死한다(農夫猶餓死:농부유아사) /

/ 김을 매다 보니 어느덧 정오(鋤禾日當午:서화일당오) / 땀방울汗滴이 벼禾 아래 흙으로 떨어지누나(汗滴禾下土:한적화하토) / 뉘 알까 그릇에 담긴 밥(誰知盤中餐:수지반중찬) / 한 알 한 알이 모두 (농부의) 피땀인 것을(粒粒皆辛苦:입립개신고) /

위의 시에서 작가는 농부들이 휴경休耕하는 땅 없이 알뜰살뜰하게 농사를 지어도 탐관오리들의 온갖 수탈로 헐벗거나 굶어죽는 경우가 속출하는 모순된 현실을 신랄하게 고발한다. 그러면서 농민들의 노고를 높게 사는 일종의 고발 시이다. 이 시의 두 번 째 수의 마지막에서 입립개신고라는 내용에서 성어가 비롯되었다.

그 옛날 나라가 다르고, 시대가 다르며, 엄연히 문화가 판이해도 사는 형편은 별반 차이가 없었던가. 당나라 이신의 생몰生沒 해(780~846)와 고려의 이규보李奎報의 생몰 해(1168~1241)를 견줄 때 거의 3백 년 가까운 차이가 난다. 다시 말해 당나라 이신에 비해 고려의 이규보가 대략 3백 년 늦게 태어났다. 그럼에도 사람들의 가치관이나 삶의 형편은 엇비슷했던 모양이다. 그 단적인 예이다. 고려의 문호文豪로 알려진 이규보의 시 〈신곡행新穀行〉이 바로 그 징표이다.

/ 한 알 한 알을 어이 가벼이 여길쏘냐(一粒一粒安可輕:일립일립안가경) / 사람이 죽고 삶과 빈부가 달렸거늘(係人生死與富貧:계인생사여부빈) / 내가 농부를 부처처럼 존경할지라도(我敬農夫如敬佛:아경농부여경불) / 부처도 굶주린 사람은 살리기 어려우리라(佛猶難活已飢人:불유난활이기인) /

여기에 나타난 바와 같이 이규보는 사람의 생사와 빈부를 가름할 곡식 낟알 하나하나를 중히 여기며 농부를 존경한다. 그래도 아사餓死의 위험에 처한 백성은 구제하기는 매우 어렵고 힘든 문제임을 일갈하고 있다. 이런 관점에서 옛날 당나라와 오래 뒤인 고려시대의 관념이나 사회 모습은 별반 다르지 않았던 것 같다.

삶에서 뗄 수 없는 요소가 식량이다. 그런 까닭에 유사 이래 어느 민족 어느 국가도 농업은 반드시 필요한 분야였다. 그럼에도 불구하고 농부들은 상대적 약자인 경우가 대부분으로 최근 우리 사회에서는 너나없이 기피하려는 경향이 강해지면서 사정은 더욱 악화되고 있다. 오늘날 도시에서 막노동을 해도 주週 몇 시간 이상은 일할 수 없으며 알바를 해도 임금은 최저임금제도가 강력하게 시행되고 있다. 게다가 특별한 국가 재난이 아니라면 5일제 근무를 원칙으로 한다. 그 외에도 법정 휴가 제도와 월급이라는 정액 보상이 보장된다.

그렇다면 농업은 어떤가. 하루 여덟 시간 근무하면 퇴근하고 주말은 쉬고 때가 되면 휴가 떠난다는 사고思考는 아예 남의 나라 얘기이다. 풍수해에 농작물이 유실되는 상황에 제때 대처하지 못하는 경우를 비롯해 수확기를 놓치거나 파종 시기를 실기하면 실농 혹은 폐농에 이르기 십상이다. 그런 까닭에 법정 근무시간, 연장근무, 휴가 따위의 타령은 도저히 있을 수 없다. 게다가 농산물 가격 하락으로 인건비를 못 건져도 어디다 하소연할 곳도 없다. 이런 때문에 문전옥답 버리고 도시로 몰려들게 마련이다. 다른 분야에 비해서 상대적으로 높은 대접을 받고 소득과 사회적 지위가 확보된다면 그렇게 이농 행렬에 동참했을 이유가 없다.

하나의 예이다. 적어도 수천 년 재배해온 쌀 얘기다. 우리의 주식主食이었다가 식생활 변화로 애물단지로 전락했지만 그렇다고 거둬치울 수 없다. 흔히들 쌀을 뜻하는 한자漢字인 '쌀 미米'를 파자破字하면 '팔십팔八十八'이 된다. 이는 쌀을 생산하기 위해서는 적어도 여든여덟 번의 손을 봐야 한다는 뜻이라고 얘기한다는 사실은 농사란 원래 손이 많이 간다는 의미일 게다. 벼농사뿐이 아니라 모든 농사는 끝없이 돌봐야함을 뜻한다. 이렇게 어렵다고 모든 농민이 손 털고 다른 산업 분야로 이직한다거나 포기한다는 것도 어불성설이다. 아울러 현재 농업 문제는 농민들 자력으로 감당해 낼 수 없다. 따라서 다양한 전문가들의 중지를 모아 어떤 방법과 접근으로 풀어 나가야 농민들이 꿈과 희망을 가질 수 있는지 심각한 고민이 따르는 난제 중의 난제이다.

《한맥문학》 2024년 9월호(통권 408호), 2024년 8월 25일
(2024년 7월 13일 토요일)

자포자기

　자포자기自暴自棄는 본디 '스스로 해치고 스스로 버린다.'는 의미이었다. 하지만 많은 세월이 지난 지금은 꿈과 희망을 모두 잃어 절망에 빠져 되는 대로 방치한 채 돌아보지 않음이라는 뜻으로 쓰여 결국은 꿈과 희망을 잃어 절망한 상황에서 스스로를 포기하고 돌보지 않는다는 개념으로 통용되고 있다. 따라서 오늘날엔 절망적인 상태에서 아무런 기대나 꿈을 기대할 수 없어 될 대로 돼라는 뜻으로 사용되고 있다. 이의 출현에 관련되는 시대적 배경과 유래 및 고사故事와 만남이다.
　유래는 맹자가 인仁과 의義, 즉 인의仁義에 대해 설說하는 과정에서 비롯되었다. 그는 이 정의에서 '스스로 해친다.'는 자포自暴와 '스스로 버린다.'는 자기自棄의 의미에 대해 명쾌하게 천명했다. 여기서 별개의 의미인 자포와 자기를 하나로 합쳐서 만들어졌다. 이를 줄여서 자포自暴, 포기暴棄*, 자기自棄라고도 호칭한다.
　출전出典은 맹자가 펴낸 《이루離婁*》의 〈상편上篇〉이다. 여기에 나타나는 관련 고사의 줄거리를 요약해 살피면서 자포자기와 관련된 내용을 중심으로 출현 배경과 의미의 실체에 접근한다.

인의에 대해 얘기를 나누던 자리이었다. 맹자가 "'스스로 해치는 자自暴者'와 더불어 대화할 수 없으며, '스스로 버리는 자自棄者'와는 더불어 행동할 수 없다."라고 단정하면서 이런 말을 이어갔다.

> / … / 예의禮義를 비방하는 사람을 일컬어 '스스로 해치는 자自暴'라 하여(言非禮義:언비예의) / 자포自暴라 하고(謂之自暴也:위지자포야) / 인의人義를 실천할 수 없다는 사람을 일컬어 '스스로 버리는 자自棄'라 하여(吾身不能居仁由義:오신불능거인유의) / 자기自棄라고 규정한다(謂之自棄也:위지자기야) / … /

위에서 "자포自暴라 하고(謂之自暴也:위지자포야)"라는 데서 '자포', "자기自棄라고 한다(謂之自棄也:위지자기야)."라는 내용에서 '자기'를 취하여 자포자기가 비롯되었다. 한편 맹자는 위의 내용에 이어 다음과 같은 취지의 말을 이어갔다.

"인仁이란 편안하게 기거할 집이요, 의義란 걸어가야 할 바른 길이다. 그럼에도 사람들은 편안한 집을 비워 둔 채 살지 않고, 바른 길을 외면한 채 따르지 않으니 그것이 매우 애통하도다."라고.

맹자의 말씀에서 비롯된 자포자기의 원래 의미는 오늘날 사용하는 보편적인 의미와는 다소 궤軌를 달리하고 있다. 왜냐하면 앞에서 살펴본 바와 같이 최초에는 예의를 비방하는 경우를 스스로 해친다, 즉 '자포自暴'라고 했다. 한편 인의를 지킬 수 없다는 경우를 스스로 버린다, 즉 '자기自棄'라고 했다. 이에 비해서 오늘날엔 대부분이 이런저런 문제로 꿈과 희망을 잃고 사면초가에 몰려 모든 것을 내려놓은 최악의 상태를 의미하는 용도로 쓰이고 있다. 결국 원래의 자포자기가 뜻했던 바는 뜻하고 원하는 대로 풀리지 않은 상황에서 절망하여 포기하는 것을 뜻하는 게 아니었다. 이 같은 함의가 아니라 다양한 핑계를 둘러대며 인의나 도덕적 규범에 반하는 행동을 하는 어리석은 사람들을 꾸짖고 경계하던 의미로 사용했었다. 이 성어가 생겨난 것은 오랜 옛날이었다. 당시에도 오늘날처럼 목전의 이해에 혈안이 되어 얍삽한 행동을 자행하며 인의를 멀리하던 반인륜적인 풍조가 거셌던 것은 아닐까?

생을 누리는 과정에서 누구라도 한두 차례의 실패 혹은 낭패를 겪었을 터이다. 이는 보통 사람이라면 누구나 겪게 마련이기에 어쩌면 병가지상사兵家之常事에 지나지 않을지도 모른다. 그 같은 경우를 거울삼아 모자란 부분은 채우고 잘못된 부분은 고쳐 도전하면 더 큰 난관도 거뜬하게 헤쳐 나갈 수 있으리라. 한데도 적지 않은 사람들이 지레 겁에 질려 모든 것에 의욕을 잃고 자포자기한 채 무위도식하는 경우를 어렵지 않게 목격할 수 있다.

지난해 우리나라 국민소득은 1인당 3만 몇천 달러라고 한다. 취업 빙하기氷河期의 거센 한파 영향 때문일까. 국부國富에 반비례하여 일자리는 줄어들었는지 젊은이들이 제대로 된 일자리를 찾기는 하늘의 별 따기라는 볼멘 푸념이다. 그런 영향인지 요즘 우리 사회는 성인이 되었음에도 하는 일 없이 부모에 얹혀 사는 캥거루족이 점점 늘어나고 있단다. 그들 대부분이 여태까지 살아오면서 다양한 경쟁에서 한두 차례 낙오의 쓴잔을 들어봤으리라고 예측되지만 모든 것을 포기하고 부모의 둥지에 숨어들어 옹색하게 칩거하는 자포자기자가 아니길 바란다.

---

* 포기暴棄: 이는 하려던 일을 중도에서 그만 두어 버림, 혹은 자기의 권리나 자격이나 물건 따위를 내던져 버림을 뜻하는 '포기抛棄'와 전혀 다른 의미이므로 이점 유의할 필요가 있다.
* 《이루離婁》: 상편上篇 28장, 하편下篇 33장으로 구성되어 있다. 여기서 자신의 본성을 추구하라고 이르는 맹자의 주장에서 자신을 바르게 하라고 일깨우고 있다. 제목의 《이루離婁》는 중국 고대 전설상의 인물로서 백 보步 떨어진 곳의 털끝도 볼 정도로 시력이 뛰어 났던 사람으로 전해지고 있다.

2024년 6월 21일 금요일

장광설

장광설長廣舌은 본디 '길고長 넓은廣 혀舌'라는 뜻이다. 하지만 원래 쓰임새는 긴 것을 논리적으로 질서정연하게 잘 표현하는 말솜씨를 이르는 긍정적인 의미로 통용되었다. 그런데 언제부터인지 보통의 경우는 쓸데없이 길고 장황하게 늘어놓는 말이라는 부정적인 의미로 사용되고 있다. 장광설의 유래를 중심으로 그 생성 배경과 함축했던 의미를 살핀다.

원래 장광설은 부처의 신체적 특징이 보통 사람들과 다른 여러 특징을 '삼십이상팔십종호三十二相八十種好*'라고 한다. 이들 중에 삼십이상三十二相의 하나인 "길고 넓은 혀"를 일컬어 대설상大舌相 혹은 장광설長廣舌이라고 하며 여기서 비롯되었다. 불교 경전에서 이르고 있는 삼십이상 내용 중 몇몇 예이다.

/ … / 발바닥이 평평한 모습(足下平安立相) / 발바닥에 2개의 바퀴가 있는 모습(足下二輪相) / 손가락이 긴 모습(長指相) / 손발가락에 갈퀴가 있는

모습(手足指網相) / 손이 무릎까지 내려간 모습(正立手摩膝相) / 터럭이 위로 향한 모습(毛生上向) / 몸이 금색으로 된 모습(金色相) / 40개의 이가 있는 모습(四十齒相) / 혀가 긴 모습(大舌相) / 연꽃 같은 눈(眞靑眼相) / … /

예로부터 인도에서는 도道를 깨우친 자는 혀가 길다고 여겼다. 따라서 혀가 긴 경우는 깨달음이 일정한 경지에 이른 사람을 상징했다. 그런데 부처의 혀는 이마에 닿을 정도로 길고 넓은 대설상 혹은 장광설이었다. 혀가 넓고 길고 부드러워 진리를 설법하기 좋은 혀를 일컬어 초기에는 '길고 긴 내용을 논리적으로 질서정연하게 잘 표현하는 말솜씨'를 가리켰다. 이처럼 높은 지혜를 나타내는 장광설이 언제부터인지 시부지기 '쓸데없는 너스레만 늘어놓는 수다'를 뜻하는 부정적인 의미로 변용되어 버렸다. 그럼에도 불교에서의 장광설은 여전히 변함없이 '모든 중생을 제도하여 성불에 이르도록 이끌어주는 부처의 가르침'을 의미하고 있다. 이상과 같은 맥락에서 '넓고 긴 혀'는 뛰어난 지혜나 빼어난 웅변을 상징했다. 한편 불가에서는 부처의 말씀인 장광설은 깨달음을 얻는 이의 성스러운 말씀이면서 우매한 중생을 제도하기 위한 자비의 말씀이었다는 견해이다.

우리 역사에서 '길고 넓은 혀'를 가졌던 인물의 예이다. 신라 48대 왕위에 오른 경문왕은 화랑 응렴膺廉이다. 그가 왕위에 오른 뒤 그의 침전엔 매일 밤마다 뱀 떼가 몰려왔다고 한다. 모든 궁인들이 혼비백산하여 뱀을 내쫓으려 하자 왕이 자기는 뱀이 없으면 잠을 이루지 못한다며 그대로 두라고 했다. 또한 잘 때는 혀를 내놓고 자는데 얼마나 혀가 큰지 배를 모두 덮을 지경이었다고 한다. 그런데 경문왕의 혀는 자기를 지켜주는 존재(뱀 떼)가 옆에 있을 경우에 한해서 내밀었다고 한다. 이는 자신의 지혜를 함부로 드러낼 경지에 이르지 못함을 뜻하는 것으로 해석하고 있다. 여기서 뱀 떼는 왕실에 튼튼한 기반이 없었던 왕을 지켜주기 위해서 모여든 지지 세력으로 지난날 생사고락을 함께 했던 화랑도를 묘사한 것이라는 전문가들의 귀띔이다.

아마도 고등학교 2학년 때의 일로 60여 년 전의 일이었다. 어느 날 수업 시간에 조금은 꼬장꼬장한 선생님의 수업이 시작될 무렵에 누군가 한 친구가 심기를 건드리는 불경죄를 저질렀다. 분기탱천한 선생님이 아예 책을 덮어놓고 한 시간 내내 강력한 질타와 훈계(?)를 계속하셨다. 숨을 죽이고 들었지만 야단치는 게 전부로 분노를 여과 없이 직설적으로 마구 쏟아냈던 장광설이 분명했다. 그렇게 한 시간 내내 50여 명이 야단을 맞았음에도 무슨 훈계 말씀을 들었는지 남는 게 하나도 없었다. 그 때 얼마나 끔찍했던지 지금 생각해도 숨이 막힐 지경이었다. 오늘날 장광설의 대표적인 예는 국회에서 합법적으로 허락되는 고의로 긴 발언을 함으로써 의사일정을 지연시키는 행위인 필리버스터(Filibuster)가 아닐까. 그 내용을 들어보면 참으로 한심한 장광설이 분명해 쓴웃음이 절로 나기도 하며 때로는 어린 청소년들이 그 내용을 볼까 걱정이 되기도 했다.

올해 고등학교 2학년인 손주가 함께 생활하고 있다. 무언가 일이 생길 때마다 자초지종을 따져가며 세세히 얘기해 이해를 도우려고 할 경우 이따금 내 말을 중지시킨다.

"할아버지 뜻은 충분히 알겠는데 요약해서 간단히 얘기해 주시면 안 돼요?"

라는 주문을 한다. 쓸데없이 중언부언하며 장광설 펴지 말고 요약해서 핵심만 얘기해 달라는 솔직한 속내의 표현이다. 물론 현대의 세속적인 장광설을 염두에 두었던 얘기는 아니다. 그럴지라도 예로부터 쓸데없는 다변多辯이나 요설饒舌을 교묘히 끌어다 붙여 말을 많이 하지 말라는 경고로서 "말 많은 집(言甘家:언감가)은 장맛도 쓰다(醬不甘:장불감)."라고 일깨웠다.

요즈음은 간단한 에세이(essay)도 조금만 길면 읽지 않으려는 경향이 강해지는 풍조 때문에 어쩌면 예수나 부처의 알토란같은 말씀도 길면 외면할 개연성이 다분하다. 이러한 관점에서 오늘날 세속적으로 통용되는 장광설은 가능한 사라져야 한다. 하지만 점점 정신적으로 메마르고 팍팍해지는 현실에서 모든 중생을 제도해 줄 불법佛法의 장광설은 더더욱 증가해야 할 필요가 있지 않을까. 닫힌 소견이나 편견의 벽을 깨고 열린 마음으로 대인적인 견지에서 다시금 되새겨 볼 문제이다.

---

* 삼십이상팔십종호三十二相八十種好: 부처가 인간과 다른 모습을 지닌다는 믿음하에 부처의 형상을 표현한 32가지 모습과 80가지 특징을 가리키는 불교 용어이다.

《문학춘하추동》 겨울호, 2024년 11월(제8호), 2024년 11월 5일
(2024년 5월 16일 목요일)

VI. 철면피

점입가경
중과부적
중구난방
중석몰촉
천고마비
천리안과 좌시천리
철면피
충신불사이군
칠종칠금
퇴고
쾌도난마
형설지공

점입가경

　점입가경漸入佳境을 직역하면 '점진적으로 좋은 경지에 들어가다.'라는 뜻이다. 따라서 원래의 의미는 점차 바람직한 상황으로 나아가다, 또는 점점 더 깊은 곳으로 들어가다라는 용도로 쓰였다. 따라서 어떤 상황이나 일이 초기의 난관을 극복하고 점진적으로 개선되는 상황을 비유적으로 나타내는 표현이다. 그런데 언제부터인가 이처럼 긍정적인 의미가 아니라 부정적인 의미로 쓰이기 시작했으며 오늘날엔 이런 쓰임새가 더 많지 않을까. 다시 말하면 시간이 경과되면서 하는 짓이나 행동이 꼴값을 떠는 모양새로 변하는 상황을 조롱하듯 비유하는 의미로 통용되고 있다. 이 내용이 나오는 고사故事를 담고 있는 출전出典을 바탕으로 출현 배경과 의의를 살핀다.
　먼저 이 성어를 만들어낸 고개지顧愷之에 대한 요약이다. 그는 중국 동진시대東晋時代의 화가로서 인물화·산수화·불화佛畫 등에 능해 화성畫聖이라고 불리던 사람이다. 그림뿐 아니라 문학이나 서예에도 능해 당시 최고의 서예가로 알려진 왕희지王羲之와 쌍벽을 이뤘다. 그야

말로 만능 재주꾼으로 특히 재주가 많다 하여 재절才絶, 그림에 출중하다 해서 화절畵絶, 재치가 뛰어나고 언행이 독특하다고 하여 치절痴絶 등을 함축하는 삼절三絶이라고도 불렸다. 한편 화가로서 얼마나 유명했으면 육조사대가六朝四大家 중에 하나로 꼽으며 칭송했다. 여기에는 오吳나라 조불흥曹不興, 동진東晉의 고개지顧愷之, 양梁나라 장승요張僧繇, 송宋나라 육탐미陸探微 등이 포함된다. 한편 유작으로 현재 대영박물관大英博物館에 소장된 여사잠도女史蠶圖는 비단에 그림을 그린 공필화工筆畵로서 군주에게 충성하는 궁중 여인의 덕행을 널리 알리는 그림이다. 이는 중국 그림 중에서 가장 오래된 것으로 알려졌다. 그에 대한 일화이다.

난징南京에 와관사瓦棺寺 창건 때의 일화이다. 승려 중심으로 사찰 건립 추진하며 헌금을 독려했으나 취지와 달리 지지부진해 고민을 하던 무렵이었다. 어느 날 웬 젊은이가 찾아와서 "백만百萬 전錢을 시주施主하겠소!"라고 말하며 "건축공사가 끝나면 알려주시오."라는 말을 남기고 떠났다. 그 후 이런저런 어려움 속에 건축공사를 마쳤을 때 그 젊은이가 다시 찾아와서 불당佛堂의 벽에 〈유마힐소설경維摩詰所說經〉 내용을 그렸다. 그런데 어찌나 정교한지 모든 그림이 살아서 꿈틀거리는 것 같았다. 그 소문이 삽시간에 사방으로 퍼지며 불자들이 구름같이 몰려들면서 십시일반의 시주가 모여 순식간에 '백만 전'을 넘었다는 얘기가 전설처럼 전해지고 있다. 그 젊은이가 바로 고개지이었다.

유래는 동진시대 화가였던 고개지가 사탕수수를 먹던 독특한 버릇에서 비롯되었다. 한편 출전은 《진서晉書》의 〈고개지전顧愷之傳〉이다.

이의 유의어로 자경蔗境과 가경佳境이 있다. 출전의 고사를 중심으로 이의 생성에 얽힌 사연의 줄거리 간추림이다.

고개지는 다양한 방면에 누구도 따르기 어려울 정도로 비범한 재능을 지닌 천재가 분명했다. 게다가 평소에도 주위 사람들에게 과할 정도로 자기 재능을 자랑하며 괴이한 언행을 서슴지 않는 괴짜였다. 그 때문일까. 먹는 것까지도 뭇사람들의 관심을 끌었다. 그는 평소 사탕수수甘蔗를 즐겨 먹었다. 그런데 먹는 버릇이 남달라 참새 족들의 입방아에 단골 메뉴가 되었다. 왜냐하면 사탕수수를 먹을 때 항상 맨 윗부분부터 먹기 시작하여 점차 아래로 내려와 마지막에 가장 맛이 있는 뿌리 쪽을 먹었다. 그 같은 사탕수수를 먹는 버릇이 상당이 괴이하게 보였던 때문일 게다.

/ … / 사람들이 간혹 그런(먹는) 습관을 괴이하다고 말할 때 (고개지가 아무렇지도 않다는 듯이 태연자약하게) 말했다(人或怪之 云:인혹괴지 운) / 점점 좋은 경지로 들어간다(먹을수록 점점 더 단맛이 나기 때문에 그게 좋아서 그리할 뿐이다)(漸入佳境:점입가경) / … /

위의 내용에서 점입가경이 비롯되었다. 한편 초기의 쓰임새는 난관에 직면하여 고초를 겪으며 출발해 온갖 노력이나 환경의 변화를 통해 점차 바람직한 상황으로 바뀌는 긍정적인 의미로 사용했다. 이런 맥락에서 '어떤 일이나 사건, 경치나 문장 따위에서 시간이 지나거나 앞으로 나갈수록 흥미진진하게 상황이 전개됨'을 포괄적으로 적용한 개념이다. 한데, 오늘날에는 부정적으로 쓰이는 경우가 대부분이다. 즉 무엇인가 악화일로로 치닫고 있는 상황을 조롱하거나 갈수록 상황이 꼬여 나빠지는 것을 비난하는 부정적인 표현으로 쓰여 왠지 삭막하고 씁쓸하다. 그런 냉소적인 우리 사회의 분위기 자체가 싫어 그리 느낄지도 모른다.

2024년 6월 10일 월요일

중과부적

　중과부적衆寡不敵은 '적은 수로 많은 적과 대적할 수 없다.'는 뜻이다. 많이 회자되기 때문인지 적은 수효數爻로 큰 무리와 대적하지 못한다, 혹은 적은 수로 수많은 적과 대적할 수 없다 등의 엇비슷 의미의 표현이 상당히 많다. 이를 전하고 있는 고사故事를 담은 출전을 바탕으로 유래의 생성 배경과 의의 따위에 접근이다.
　왠지 모르지만 이를 대할 때마다 청개구리처럼 상식적으로 있을 수 없었던 기적 같은 역사적 사실이 먼저 떠오른다. 그것도 지난날 역사 시간에 배웠던 전쟁에 관련된 내용이다. 고구려의 을지문덕乙支文德 장군이 수隋나라의 30만 대군을 살수대첩薩水大捷에서 섬멸했던 전투를 위시해서 강감찬姜邯贊 장군이 귀주대첩龜州大捷에서 요遼나라 대군을 섬멸했던 전투, 12척의 배로 왜선 133척과 수천의 왜군을 바다에 수장시켰던 이순신李舜臣 장군의 명량대첩鳴梁大捷이 그 예이다. 아마도 거의 불가능한 성과로 찬연한 역사적 사실이 자랑스러워 나도 모르는 사이 뇌리에 선명하게 새겨진 때문이 아닐까.

출전은 《맹자孟子》의 〈양혜왕편梁惠王篇〉이다. 여기서 전하는 고사를 중심으로 중과부적이 생성된 부분의 내용을 중심으로 주요 사항을 간추려 살피기로 한다. 유래를 한마디로 요약하면 제齊나라 선왕宣王과 맹자가 나라를 다스리는 통치 철학에 대해 열띤 토론을 하는 과정에서 비롯되었다. 즉 패도정치覇道政治를 지향하는 선왕에게 인덕人德을 바탕으로 하는 왕도정치王道政治를 펼쳐야 한다고 설파하던 맹자의 말에서 중과부적이 쓰였다.

중국 전국시대戰國時代에 맹자는 여러 나라를 두루 순방하며 패도정치를 지향하던 황제들에게 왕도정치로 바꿔야 한다고 역설했다. 그런 맹자가 어느 날 제나라 선왕과 마주한 자리에서 그의 패도정치 신념에 대해서 긴 얘기를 듣다가 드디어 입을 열었다.

폐하께서 추구하는 패도정치에 대해 잘 알겠습니다. 지금 폐하의 머릿속에 그리고 있는 것은 "무력으로 영토를 넓혀 세력을 키워 군림함으로써 진秦이나 초楚 같은 막강한 나라가 받들어 모셔주기를 꿈꾸는 한편 골치 아픈 오랑캐를 발본색원해버리고 천하를 평정하고픈 마음이십니다." 하온데 "무력으로 그 꿈을 이루시려는 것은 연목구어緣木求魚와 다를 바가 없습니다." 그 얘기를 듣고 난 황제가 어이가 없어 "그토록 터무니없는 욕심이라는 얘기인지요?"라고 되물었다. 이에 맹자가 나직하지만 힘주어 말했다.

어쩌면 "연목구어보다도 더 많은 문제가 도사리고 있지요. 다시 말하면 연목구어는 혹시라도 고기魚를 구하지 못해도 훗날 아무런 재앙災이 없습니다. 그런데 무력행위로 천하를 통일한다면 언젠가는 반드시 재앙이 따르게 마련입니다."라고 말하자 계속 말씀해 달라고 했다. 이에 맹자가 황제께 기습적으로 파고들었다.

"추鄒나라와 초楚나라가 전쟁을 한다면 어느 나라가 승리한다고 생각하시는지요?"라고. 황제가 즉각 대답했다. 당연히 "초나라 이지요."라고. 이에 이렇게 맹자의 말이 이어졌다.

/… / 그렇다면 작은 것이 큰 무리와 대적할 수 없으며(然則小固不可以敵大:연즉소고불가이적대) / 적은 무리가 큰 무리를 이길 수 없고(寡固不可以敵衆:과고불가이적중) / 약한 것이 강한 것을 이길 수 없지요(弱固不可以敵强:약고불가이적강) / 바야흐로 사해四海안에 둘레가 천리千里나 되는 나라가 아홉으로(海內之地方千里者九:해내지지방천리자구) / 제齊나라는 그중에 하나일 뿐인데(齊集有其一:제집유기일) / 하나가 여덟을 복종시키는 것은(以一服八:이일복팔) / 추鄒나라가 초나라와 전쟁하는 것과 무엇이 다릅니까(何以異於鄒敵楚哉:하이이어추적초재) /… /

위의 내용은 결국 적은 나라가 큰 나라를 이길 수 없으며, 소수는 다수와 대적하는 게 불가능하다는 의미를 가짐으로써 여기서 중과부적이 생겨났다.

이와 같은 맥락에서 "지금부터는 허울 좋은 패도정치의 망상을 버리시고 인仁과 덕德을 근간으로 하는 왕도정치를 활짝 펴시기를 감히 주청奏請 드립니다. 그리 선정을 펼치신다면 천하의 모든 백성이 감읍하여 따름으로써 저절로 다음과 같은 사회가 만개할 것으로 사료되옵니다."

"천하의 모든 선비가 황제의 조정에서 벼슬을 원하옵고, 모든 농민들이 폐하의 논밭을 경작하려고 아우성칠 것이며, 온갖 장사꾼들이 제폐하의 시장에서 장사를 위해 물밀듯이 몰려올 것이며, 길을 나서야 할 모든 객훕이 황제의 길을 찾아 걸을 것이고, 세상 모든 백성들이 문제가 있으면 성상께 고告하려 들게 분명합니다. 그리된다면 만백성들이 하나같이 폐하를 부모처럼 섬기는 태평성대가 저절로 꽃필 것입니다."

중과부적은 수적으로 열세인 편이 큰 무리를 이길 수 없다는 평범한 이치를 일깨워주는 경고이자 가르침이다. 물론 앞에서 언급한 바와 같이 전혀 예상을 뒤엎은 을지문덕, 강감찬, 이순신 등은 모두의 귀감으로 역사에 길이 빛날지라도 이는 거의 기적에 가까운 사례일 뿐이다. 그러므로 경쟁에서 수적인 열세, 자원이나 장비의 열세, 두뇌집단의 열세 따위에 처하면 무모하게 도전하기보다는 신중한 행동과 전략에 따르는 자중자애가 필요하다. 세상살이에서 맞닥뜨리는 난관이 적지 않을 뿐 아니라 산전수전 두루 겪은 이무기도 때로는 하룻강아지 범 무서운 줄 모르고 덤벼들듯이 나대다가 뜨거운 꼴을 당하는 경우가 드물지 않다. 매사에 불여튼튼이라는 자세로 살아가면 별로 해가 될 리 없다. 어렵고 힘든 난관에 봉착할 고빗사위에서 중과부적이라는 평범한 일깨움에 반하는 어리석음은 너나없이 범하지 않기를 바라지만 현실은 결코 그렇지 못한 경우가 종종 발생해 가슴을 쓸어내리게도 한다.

2024년 6월 5일 수요일

중구난방

중구난방衆口難防은 본디 '많은 사람의 입은 막기 힘들다.'는 뜻이다. 여기서 '많은'을 '여러' 혹은 '뭇'으로 바꿔도 똑같은 의미가 되므로 취향에 따라 선택, 가능하다. 그러므로 많은 사람들이 각각 자신의 의견을 개진해 하나의 중론으로 모여지지 않거나, 사람들의 의견이나 말이 다양해서 예측이 불가능한 경우에 사용하고 있다. 이와 만남이다.

실제로 관련 내용을 전하고 있는 출전出典은《국어國語》의〈주어 상周語 上〉,《십팔사략十八史略》*, 사마천이 쓴《사기史記》의〈주본기周本紀〉,《좌전左傳》의〈선공宣公 2년二年〉등이다. 초기의 출전에는 중구난방이라는 어휘가 직접 나오지 않는데, 십팔사략이 출간되면서 나타나고 있다는 점을 주목할 필요가 있다. 먼저《국어國語》의〈주어 상周語 上〉에 나오는 관련 내용의 간추림이다.

서주시대西周時代 주周나라 10대 여왕厲王은 폭군으로 밀고密告 제도를 만들고 촘촘한 정보망을 구축해 나라나 자신을 비방하는 자는 모조리 추포하여 처단하는 만행을 반복했다. 그 때문에 모든 백성이 입이 있어도 말을 못하고 두려움에 떨었다. 공포 상황에서 아무도 더는 비방하지 못할 것이라면서 여러 중신들을 모아 놓고 주접을 떨었다. 그때 모두가 입을 굳게 다물고 말을 못했는데 소공邵公이 그렇지 않습니다. 이 상황은 "백성들의 입을 막은 것에 불과합니다."라고 아뢰며 다음과 같은 폭탄선언을 거침없이 쏟아냈다.

/ … / 백성들의 입을 막은 것은(防民之口:방민지구) / 내川를 막는 것보다 더 어렵습니다(甚於防川:심어방천) / … /

라고 하면서 둑을 쌓아 내를 막았다가 무너지면 엄청난 재앙이 불가피하게 됩니다. 백성들의 입을 막는 것은 이와 조금도 다를 바가 없습니다. 이어서 구구절절 백성들의 언로를 탄압하는 것은 천부당만부당하다고 입이 닳을 정도로 충간忠諫을 했다. 그럼에도 쇠귀에 경經 읽기로서 끝끝내 쓸데없는 고집을 버리지 못하고 자기 길을 갔다. 그러다가 결국은 3년 후에 민중의 봉기로 왕의 자리에서 쫓겨나 체彘로 유배되었다가 생을 마감했다. 이 고사故事의 어디에도 중구난방이라는 어휘가 없다. 그럼에도 여기서 중구난방이 비롯되는 얘기다.

한편 사마천이 쓴 《사기史記》의 〈주본기周本紀〉에도 소공이 여왕에게 충언을 간諫하는 내용이 다음처럼 나온다. 이 때 왕의 거들먹거리는 듯한 오만한 말에서도 뭔가 불안한 폭군의 냄새가 물씬 풍긴다.

"신들이 볼 때 어떤가? 과인의 통치 수단이 말일세. 지금 온 나라 어디에서도 나를 비방하는 자가 하나도 없지 않소?"라는 얘기에서 오만방자함이 엿보이고 있다. 모든 대신들이 입을 굳게 다문 채 숨을 죽이고 지켜보던 순간 소공이 나서며 감히 아뢰었다. 이는 겨우 "비방을 막

은 것에 지나지 않습니다."라고. 이어서

/ … / 백성의 입을 봉쇄한 것은(防民之口:민방지구), 내川를 막는 것보다 더 어렵습니다(甚於防川:심어방천) / … /

라는 말에 이어서 앞의 《국어國語》의 〈주어 상周語 上〉에 나오는 관련 내용과 동일한 충언 내용이 나오고 있는데 전체적으로 생략하기로 한다. 물론 여기서도 중구난방이라는 어휘는 직접 등장하지 않는다.

물론 앞의 두 내용과 다를 바 없이 동일한 고사가 《십팔사략十八史略》에서도 그대로 소개하고 있다. 결국 사실상 같은 내용이라서 통째로 생략한다.

다음의 두 역사적 사실은 앞에서 주인공이나 다름없는 주나라 여왕이 아닌 다른 인물들이 등장하는 고사故事에서 중구난방이라는 어휘가 나타나는 경우를 소개하고 있다. 출전은 물론 《십팔사략》이다.

춘추시대春秋時代 송宋나라 화원華元이라는 관리 얘기다. 그가 성城을 축조築造하는데 책임관으로 보임되어 현장에서 근무할 때였다. 화원이 한 때 적군의 포로로 잡혔었던 이력이 현장에 알려지면서 일꾼들이 조롱하고 비웃으며 헐뜯어 분위기가 흉흉해졌다. 그는 지난날 주나라 여왕의 고사를 잘 알고 있어 직접 나서 해명하거나 화를 내는 대신에 이렇게 처신했다.

/ … / 많은 사람들의 입을 막기는 어렵다 (衆口難防) / … /

라고 판단하여 아랫사람이 나서서 관리하도록 조치한 뒤에 다시는 현장에 나타나지 않고 눈에 띄지 않는 곳에서 일을 추진시켰다. 이런 화원의 속내를 간파한 사람들이 그의 인품에 반해 아무 탈 없이 성의 축조를 무사히 마쳤다. 위의 내용에서 중구난방이 직접 등장했다.

그런가 하면 진秦나라 장수 왕계王稽의 일화를 통해서도 중구난방의 얘기가 전해지고 있다. 진나라 소양왕昭襄王 시절이었다. 왕계가 조趙나라 수도 한단邯鄲을 치러왔을 때 군심軍心을 얻지 못해 몹시 고민하고 있을 무렵이었다. 그 때 어떤 보좌관 하나가 군심을 얻을 방안을 말하던 과정에서 중구난방이라는 말이 등장했다. 그 보좌관의 얘기다.

"삼인이 입을 맞추면 호랑이가 출현한다는 헛소문도 진실처럼 될 수 있으며, 열 사람이 힘을 모으면 견고한 쇠막대기도 휠 수 있고, 많은 입이 모이면衆口 날개 없는 소문도 거뜬하게 날려 보낼 수 있다고 합니다." 그러면서 이렇게 말을 이어나갔다.

/ … / 여러 사람의 말衆口이 나오기 시작하면 막기가 어렵다難防. / … /

역시 위의 내용에서 중구난방이 직접 등장했다. 재차 강조하지만 《십팔사략》이 나오기 전에는 어떤 고사에서도 중구난방이라는 어휘가 직접 등장한 예는 찾을 수 없다.

결국 중구난방은 예나 지금을 막론하고 백성의 언로言路나 생각은 어떤 무엇으로도 막을 수 없음을 웅변하는 경고이다. 더욱이 다양한 매체가 등장한 디지털 시대엔 정보의 정확성을 비롯해서 의견의 일치는 거의 불가능하다. 이제 어느 누구도 부정하게 적당히 눙치려는 이

장폐천以掌蔽天의 망상은 깡그리 버려야 한다. 그럼에도 불구하고 이따금 현실에 정면으로 배치背馳되는 대응을 하는 어리석은 경우를 볼라치면 왕정시대의 왜곡된 정의와 맞닥뜨리는 것 같은 당혹감을 지울 수 없다.

---

* 《십팔사략十八史略》: 중국 원元나라 증선지曾先之가 《십팔사十八史》를 요약하여 초학자용初學者用으로 편찬한 책이다. 이는 중국 태고太古에서 송말末末까지의 사실史實을 압축하여 기록했는데 원간본原刊本 2권으로 되어 있다.

2024년 7월 7일 일요일

중석몰촉

중석몰촉中石沒鏃은 '돌石에 화살촉鏃이 박히다沒.'라는 의미이다. 언뜻 생각하면 활弓을 쐈을 때 화살촉이 바위에 박힌다는 것은 어불성설의 괴변이다. 이는 현실적으로 불가능한 일이지만 정신을 집중하고 온갖 힘을 쏟는다면 무슨 일이라도 이룰 수 있다는 뜻으로 통용되고 있다. 예로부터 우리 사회엔 이와 유사한 의미인 정신일도하사불성精神一到何事不成이라는 말이 훨씬 널리 알려졌다. 물론 내 경우도 이 말은 어려서부터 들어왔고 중석몰촉은 대학교 교양국어 시간에 지나가는 말로 들었기 때문에 가물가물했던 존재일 뿐이었다. 이와 만남이다.

유래는 중국 전한시절前漢時節 이광李廣이라는 장군이 사냥獵을 나갔다가 숲속에서 호랑이虎를 보고 활을 쐈다. 확인해보니 호랑이와 비슷하게 생긴 돌을 쐈던 것으로 화살촉이 그 돌에 깊숙하게 박혀있었다. 그에서 비롯되었다. 출전出典은 사마천司馬遷이 펴낸《사기史記》의 〈이장군열전李將軍列傳〉이다. 유의어로서 사석위호射石爲虎, 정신일도하사불성精神一到何事不成, 중석몰시中石沒矢, 일념통암一念通巖, 금석위개金

石爲開 등이 있다. 출전에 이와 관련된 내용을 간추려 정리하는 것으로 본디의 실체와 만남이다. 먼저 이와 직접 관련된 이광 장군에 대한 면면의 요약이다.

그는 전한前漢 즉 한漢나라 초기에 활약했던 장군이면서 무장대가武將大家 출신으로 명궁수名弓手이었다. 게다가 기마술騎馬術이 남달리 출중해 명성을 날렸던 용장勇將으로 명성이 자자했다.

그는 특히 변방의 여러 성城과 요새要塞를 전전하면서 수십 차례 흉노족匈奴族과 전투에서 뛰어난 책략으로 연전연승을 거둬 사람들은 상승장군常勝將軍이라고도 불렀다. 흉노들은 그를 '한나라 비장군飛將軍'이라고 하여 두려움에 경계의 대상이었다. 그가 어느 날 사냥을 나섰다. 숲이 울창하게 우거진 산속에서 사냥감을 찾기 위해 조심스레 발길을 옮기다가 수풀에 가려져 잘 보이지 않던 돌石을 호랑이로 착각해 있는 힘을 다해 활을 당겨 쐈다. 그 화살이 번개같이 날아가서 겨눴던 대로 명중했다.

/ … / (겨냥했던) 돌石에 화살촉이 (정확히) 깊숙하게 박혔는데(石中沒鏃: 석중몰촉) / 다가가서 자세히 봤더니 (호랑이가 아닌) 돌이라는 사실을 깨달았다(視之石也 : 시지석야) / 깜짝 놀라 다시 활을 쏴봤으나(因復更射之 : 인부갱사지) / 끝끝내 화살촉이 돌에 박히게 할 수 없었다(終不能復入石矣 : 종불능부입석의) / … /

위의 고사를 통해서 석중몰촉이 유래되었다. 앞이 제대로 보이지 않을 정도로 빼곡하게 우거진 숲속에 반쯤 숨겨져 있었을 돌을 호랑이로 착각했다. 사력死力을 다해 활을 당겨 쐈던 화살이 놀랍게도 돌에 깊숙하게 박히는 불가사의한 일이 벌어졌다. 활을 쏜 장본인 이광도 믿기지 않아 다시 화살을 바위에 대고 쐈지만 모두가 튕겨나고 말아 결국은 실패했다. 이를 달리 설명할 방법이 없다. 다만 아무리 어렵고 힘든 일이라도 천지신명을 다한다면 못 이룰 일이 없다, 혹은 기적 같은 결과를 얻을 수 있다는 뜻으로 받아들여야겠다.

지도자나 감독들이 운동선수들을 독려하는 과정에서 흔히 하는 얘기다. "연습은 실전같이, 실전은 연습같이 하라."고. 살면서 매사에 이런 자세와 철학을 전제로 도전한다면 실패할 위험보다는 성공에 이를 확률이 훨씬 높아 살맛나는 환희를 듬뿍 누릴 수 있으리라. 그럼에도 요즘 조금만 어렵거나 힘들면 견디며 헤쳐 나가려는 강인한 도전 의지보다는 손쉬운 부모의 둥지로 파고드는 캥거루족(Kangaroo族), 신캥거루족, 리터루족(Returoo族), 연어족鰱魚族, 빨대족 등이 증가한다는 현실을 어떻게 받아들여야 할까. 비록 녹록하지 않은 세상일지라도 마음을 다잡고 도전에 도전을 거듭한다면 중석몰촉의 기쁨을 한껏 누릴 수 있을 터인데.

2024년 7월 15일 월요일

천고마비

가을하면 떠오르는 말이 천고마비天高馬肥이다. 직역하면 '하늘이 높고天高 말이 살찐다馬肥.'는 뜻으로 우리는 가을의 풍요로움과 청명하고 드높은 하늘을 비유하는 긍정적인 의미로 쓰고 있다. 그런데 이 말의 발상지인 중국에서는 추고새마비秋高塞馬肥로 표기하며 최초에 썼던 두심언杜審言은 '아주 좋은 가을 날씨'를 표현하는 뜻으로 사용했다. 그러나 어떤 연유인지 세월이 지나면서 매년 가을마다 북쪽 변방을 침공하던 흉노匈奴에 대한 문제와 두려움이나 공포를 지칭하는 부정적인 의미로 변용變容되었다. 이렇게 쓰였던 천고마비의 원형인 추고새마비의 유래와 의미를 위시해서 어떤 사유로 우리나라에서 천고마비로 변형되었는지에 대해 살핀다.

그 옛날 지금의 만리장성 너머의 북방의 변방 드넓은 초원에 유목민인 흉노들이 이른봄부터 광활한 초원에 말을 풀어놓아 가을에 이르면 말은 살찌고 기운이 펄펄 날았다. 매년 가을이면 흉노들은 이런 날쌘 말을 타고 중국 북쪽 변방에 질풍노도처럼 침공해 전광석화같이 가축과 곡식을 탈취해 가는 만행을 연례행사처럼 되풀이했다. 그런데 언제부터인가 추고새마비라는 말이 가을이 깊어지고 말이 살찌면 흉노가 쳐들어온다는 두려움이나 공포를 나타내는 부정적인 의미를 포함하는 뜻으로 쓰이기 시작했다. 다시 말하면 해마다 중국 북방 주민들은 가을이 무르익고 말이 살찌면 매년 침공해 오는 흉노에 제대로 대항할 대책이 없어 번번이 당했다. 그런 때문에 그 무렵이 다가오면 흉노의 침공에 대비하라는 엄중한 경고警告와 아울러 경계警戒하라는 부정적인 의미를 담아 추고새마비라는 말을 사용하기에 이르렀다. 따라서 우리처럼 순수하게 가을이라는 계절의 풍요로움만을 뜻하는 의미로 쓰였던 게 아니었다. 한편 천고마비는 본래 중국에서 유래한 추고새마비秋高塞馬肥나 추심새마비秋深塞馬肥에서 비롯되었다.

　물론 중국 역사상 북방의 이민족이 가을에 남침했던 경우는 빈번했다. 매년 가을, 툭하면 침공했던 흉노족을 위시해 당말唐末에는 돌궐족突厥族, 송宋나라 시절엔 여진족女眞族·거란족契丹族·몽골족이 노렸으며, 명明나라 때는 여진족女眞族이 그러했다. 이처럼 유독 가을이 되면 북방의 이민족이 준동蠢動하는 경우가 많아지면서 그들의 남침을 저지하기 위하여 대규모 군사훈련을 실시했었다. 이를 이름하여 방추防秋라고도 했다.

　출전出典으로는 첫째로 《전당서全唐書》의 〈증소미도贈蘇味道〉, 둘째로 《사기史記》의 〈흉노열전匈奴列傳〉, 《한서漢書》의 〈흉노전匈奴傳〉 등이다. 이들 중에서 《전당서》의 〈증소미도〉에 나타나는 추고새마비를 중심으로 그 의미를 살핀다. 작자는 당唐나라 시인으로 두보杜甫의 조부인 두심언이다. 그는 소미도蘇味道, 이교李嶠, 최융崔融 등과 함께 문장사우文章四友로 불리던 인물로서 자신의 시의 한 구절句節에서 이렇게 읊었다. 한편 동의어로 추고새마비秋高塞馬肥, 추심새마비秋深塞馬肥, 추고마비秋高馬肥 등이 있고, 유의어로 등화가친燈火可親, 신량등화新涼燈火 따위를 들 수 있겠다.

> / … / 구름은 깨끗한데 요사스런 별은 떨어지고 / 가을 하늘은 높고 말은 살이 찌누나(秋高塞馬肥:추고새마비) / 말안장에 기대어 영웅의 검을 휘두르며 / … /

이 내용은 원래 당군唐軍의 승리를 가을날에 비유한 표현으로 매우 좋은 가을 날씨를 묘사한 말이다. 이처럼 최초에는 긍정적인 의미로 사용되다가 어떤 과정을 거쳤는지 부정적인 뜻을 함께 함축하는 말로 변용되었다.

웬만한 우리나라 사람이라면 천고마비라는 말을 모르는 사람은 없다. 하지만 본디 이 말의 원형原形이 추고새마비라는 사실을 아는 사람은 극히 드물지 않을까. 그렇다면 추고새마비라는 말이 천고마비로 바뀐 사연이 궁금하지 않을 수 없다. 다양한 자료를 들춰봤지만 별다른 성과가 없었다. 그러던 차에 전해들은 내용이다. 이에 대한 내 자신의 연구가 없었기에 단언하기 어렵지만 전문가들의 연구 결과가 이렇다.

추고새마비라는 말을 일본이 수용하는 과정에서 섬나라인 때문에 흉노족의 침공을 받고 공포에 떨며 트라우마(trauma)를 겪지 않았던 까닭이었으리라. 그들은 추고새마비秋高塞馬肥에서 '새塞'를 빼고, '추秋'를 '천天'으로 바꿔 신조어인 천고마비天高馬肥를 만든 것 이란다.* 이렇게 하여 탄생한 천고마비가 '하늘이 높고 말찌는 풍요로운 가

을'로 이해하도록 만든 것은 일본의 에도시절(江戶時代:めえどじだい:1603~1867)이었다. 그렇게 만들어진 천고마비가 구한말과 일제 강점기에 우리 사회에 시나브로 스며들어 오늘날 친숙하게 쓰이고 있다.는 귀띔이다. 좀더 명확한 자료를 접했으면 했지만 희망사항일 뿐으로 내 능력 밖이라는 생각에 여기서 멈출밖에 도리가 없었다. 아직도 우리 사회 각 분야에 사용되고 있는 말 중에 일본에서 비롯된 말이 과연 얼마나 될까.

원래 중국에서 추고새마비라고 했던 성어가 일본에 전파되는 과정에서 자신들의 취향에 맞춰 만들었던 신조어가 천고마비였다는 지적이었다. 이것이 우리에게 전해졌다는 사실을 제대로 헤아리지 못한 채 사용했었다는 사실이 왠지 씁쓸하고 찜찜함은 왜일까. 지난 학창시절 교육을 담당했던 대부분의 선생님들이 일제 강점기에 교육을 받았거나 직간접적으로 많은 영향을 받았던 때문일지도 모르겠다.

---

* 정재도(1925~2015): 한말글연구회장을 역임했다. 《한말글연구》 제7호 2002년. 참고로 1925년 전남 화순에서 태어나 1944년 광주사범학교를 나왔다. 문교부 · 문화부 · 문화체육부 국어심의위원회 한글분과위원과 소년 조선일보 주간, 한국 글짓기 지도회 부회장 등을 역임했으며 한말글연구회장을 맡아 우리말을 올바르게 다듬고 쓰는 일에 매진했다. 그리고 《우리말글 이야기》, 《국어의 갈 길》, 《지명 유래집》, 《한국 신문 · 방송 말글 변천사》, 《주시경 국어사전 바로잡기》 등을 펴냈다.

《수필과비평》 2024년 10월호(통권 274호), 2024년 10월 1일
(2024년 4월 28일 일요일)

천리안과 좌시천리

멀리 본다는 의미로 쓰이는 천리안千里眼과 좌시천리坐視千里 얘기다. 둘 다 공통적으로 '눈길이 닿지 않는 멀리 떨어져 있는 삼라만상의 변화를 꿰뚫어보는 뛰어난 능력'을 지칭하는 개념으로 통용되고 있다. 이들 둘을 전하고 있는 출전出典을 바탕으로 각각의 그 생성 유래와 의미의 고찰이다.

먼저 천리안은 '천리를 내다 볼 수 있는 눈眼 혹은 능력'을 뜻한다. 이의 유래는 중국의 남북조시대南北朝時代 북위北魏 사람인 양일楊逸이라는 젊은 정치가의 통치 방법에서 유래했다. 이를 전하고 있는 출전은 《위서魏書*》의 〈양일전楊逸傳〉이다. 그는 젊은 나이인 29세에 광주지사로 부임했는데 통치 방법이 매우 독특하고 파격적이었다. 출전에서 전하고 있는 내용을 대강 요약해 정리한다.

그는 백성을 무척 아끼고 사랑하는 정치를 폈지만 권세가나 교활한 무리들에게는 서릿발같이 냉정했다. 권세가나 관리들의 폐해를 방지하기 위하여 많은 감시자를 두어 물 샐 틈 없이 지켜보게 했다. 그뿐 아니라 부하들이 타지로 출장 갈 때는 자기가 먹을 식량을 지참하도록 명령했다. 그런 이유로 혹여 백성 중에 은밀하게 음식을 대접하려고 시도하는 경우, 관리들은 모두가 하나같이 같은 말을 하며 극구 사양했다.

/… / 양일 지사에서는 천리안千里眼을 지니셨으니(楊使君有千里眼:양사군유천리안) / 어찌 그분을 속일 수 있겠습니까(那可欺之:나가기지) / (그렇게) 고을을 다스리니 (그) 치적은 한층 더 빛났다(在州政積尤美:재주정적우미) /… /

위 내용에서 천리안이 비롯되었다. 앞에서 적시摘示하고 있는 바와 같이 양일이 선정을 베푸는 데 결정적인 역할을 했던 일등공신은 "(권세가나 관리들의 폐해를 방지하기 위하여) 많은 감시자를 두어 물 샐 틈 없이 지켜보게 했다(廣設耳目:광설이목)."가 아니었을까.

한편 천리안과 유사한 의미로 좌시천리(坐視千里(천리), 입시만리立視萬里가 있다. 여기서 좌시천리는 '앉아서 천리를 본다.'는 뜻이고, 입시만리는 '서서 만리를 본다.'는 의미이다. 이를 전하고 있는 출전은 사마천司馬遷이 쓴《사기史記》의〈신릉군열전信陵君列傳〉이다. 출전에서 전하고 있는 고사故事의 줄거리를 요약하는 것으로 그 유래와 의미를 알아본다.

위魏나라 공자公子인 신릉군信陵君*이 있었다. 성품이 무척 어질고 겸손해 따르는 사람이 많아 그의 집에 식객이 3천 명에 이르렀다. 어느 날 위왕과 더불어 장기를 두고 있었다. 그 때 북쪽의 봉화대에서 봉화가 솟아오르며 "조趙나라 군사가 국경을 넘어왔다."는 보고가 날아들었다. 왕은 즉시 장기판을 접고 담당 대신을 부르려고 하는 순간에 신릉군이 아무렇지도 않다는 듯이 말했다. "조나라가 침공한 것이 아니라 조왕趙王이 사냥을 나왔을 뿐입니다."라고.

위왕이 장기에 몰두하지 못하고 심란해 하고 있던 순간에 다시 봉화가 솟아올랐다. 그 순간 신릉군이 다시 신경 쓰실 일이 아니라며 말했다. "조나라 왕의 사냥 행렬로 침공이 아니라고 자신 있게 단언했다." 도저히 믿기지 않아 왕이 물었다. "공자公子는 무엇을 근거로 그렇게 확신에 찬 단언을 하오?"라고. 왕의 하문에 "저의 식객 중에 조나라 왕의 비밀을 꿰뚫고 있는 자가 있는데, 그가 수시로 저에게 알려 준답니다."라고 답했다. 이 고사에서도 좌시천리를 가능하게 한 묘방은 첩자諜者라는 얘기이다. 한편 여기에서 좌시천리 입시만리가 비롯되었다.

앞의 천리안에서 양일 지사가 멀리 떨어져 있어도 모든 관리들의 행동을 손바닥 들여다보듯이 꿰뚫었던 것은 감시자 나쁜 말로 표현하면 첩자였다. 그런데 좌시천리 입시만리가 가능하게 한 일등공신도 첩자였다. 결국 이들 고사의 이면에는 나쁜 말로 표현하면 첩자가 있어 가능했다.

표면적으로 언뜻 보면 앞의 두 고사에서 첩자를 이용한 게 전부 같지만 내면적인 깊은 함의含意는 바둑의 위기구품圍棋九品* 중에 8단段을 뜻하는 좌조坐照의 경지와 맥과 결을 같이하고 있으리라. 바둑에서 좌조는 가만히 앉아서도 세상의 온갖 변화를 훤히 내다본다는 뜻이다. 다시 말하면 가만히 앉아서 보지도 않은 채 만물의 변화를 훤히 꿰뚫는다는 의미이기 때문에 앉아서 천 리(坐視千里:좌시천리) 서서 만 리(立視萬里:입시만리)라는 의미이다. 물론 우리의 눈眼인 육안肉眼으로는 기껏해야 현상現狀만을 볼 수 있기 때문에 이는 도저히 불가능한 일이다. 그러므로 마음 혹은 지혜의 눈이라고 일컫는 심안心眼은 이치理致를 볼 수 있기에 그를 통해서 가능하리라.

같은 무리나 집단처럼 보여도 고수高手와 하수下手 사이에는 엄청난 간극이 있음을 일깨우는 예이다. 고대 중국의 전설적인 명의名醫이었던 편작扁鵲이 《난경難經》이라는 저서에 남긴 얘기다. 의사가 (병자를) 보기만 해도 병을 알아내는 것은 신神이고, 듣기만 하고서 알아내는 것은 성聖이며, 묻고서 병을 알아내는 것은 공工이고, (환자를) 만져봐야 알아내는 것을 교巧라고 했다. 이 구분이 함축하는 바가 많고 크다.

어느 결에 여든의 문턱을 넘어섰다. 쓸데없이 시간만 갉아 먹었지 이루거나 제대로 깨우친 게 하나도 없다. 게다가 지금쯤은 대덕고승들처럼 해탈의 경지에 이르러 천 리 밖의 일을 꿰뚫을 수 있는 눈을 가졌으면 좋으련만 육안에서 한 치도 벗어나지 못해 견문이 좁디좁은 촌부일 따름이다. 세월의 흐름을 거스를 수 없는지 눈의 시력은 날로 떨어지며 점점 침침해져 가고 있다. 이런 터수에 글을 쓴답시고 컴퓨터 앞에 쭈그리고 앉았다가 고개를 돌려 아파트 뜰의 푸르른 수목과 눈길을 마주치는 시간이 훨씬 긴 내 처지가 마뜩잖고 싶다.

---

* 《위서魏書》: 중국 북제北齊 때 위수魏收가 황제의 명에 따라 편찬한 북위北魏의 사서史書이다. 중국 이십오사二十五史의 하나로서 후위後魏 일대의 역사를 기전체紀傳體로 기록하였다. 모두 130권으로 되어 있다.

* 신릉군信陵君: 전국사군자戰國四君子 중의 하나로 이름은 위무기魏無忌이며 전국시대戰國時代 위魏나라 정치가이며 장군이었다.
* 위기구품圍棋九品: 바둑의 기량을 아홉 품계인 수졸守拙, 약우若愚, 투력鬪力, 소교小巧, 용지用智, 통유通幽, 구체具體, 좌조坐照, 입신入神으로 나누어 각 단계마다 운치 있는 이름을 붙인 것으로 프로기사 단위의 별칭이다.

2024년 5월 29일 수요일

철면피

철면피鐵面皮를 곧이곧대로 풀이하면 '쇠로 된 얼굴 가죽', '쇠처럼 두꺼운 낯가죽', '쇠로 된 낯가죽' 등으로 엇비슷한 정의를 할 수 있다. 따라서 '염치가 없으며 은혜도 모르는 뻔뻔한 사람', '부끄러움도 모르는 파렴치한 사람', '어느 모로 봐도 염치없는 일을 하고도 부끄러워하지 않는 꼴 같지 않은 사람'을 낮잡아 이르는 말로 통용되고 있다. 이의 출현 배경과 관련된 고사故事를 통해 그 실체에 접근한다.

철면피의 유래는 고대 중국 송宋나라 시절, 진사進士이었던 왕광원王光遠이라는 사람이 출세를 위해서라면 염치없고 부끄러운 수모를 당해도 감수하던 괴이한 성격을 비하하던 데서 비롯되었다. 출전出典은 《북몽쇄언北夢瑣言*》이다. 유의어로는 과렴선치寡廉鮮恥, 파렴치破廉恥, 후안무치厚顔無恥, 면피후面皮厚, 강안여자强顔女子, 박면피剝面皮, 면장우피面長牛皮 등이 있다. 출전出典에 수록되어 있는 고사를 바탕으로 줄거리를 대강 요약 정리하면서 그 실체에 다가가기로 한다.

보통 사람은 상상할 수 없는 묘한 성격이었다. 그 옛날 중국의 송나라 시절에 특이한 성격을 지닌 진사 왕광원이라는 사람 얘기다. 그는 원래 학문도 상당한 수준이고 재주가 있어 과거科擧에 합격해 벼슬길에 나갔다. 하지만 출세를 위해서라면 간이나 쓸개가 없는 사람처럼 행동하여 지조라고는 찾아보기 어려운 성품이었다. 그는 자기에게 이利가 된다 싶으면 권문세도가나 토호세력의 대문턱이 닳을 정도로 드나들면서 남들이 어떻게 생각하든 개의치 않고 엽기적인 행동을 거리낌 없이 하고도 아무렇지 않게 여겼다.

약육강식의 논리가 정의처럼 통용되었던 연유이었을까, 아니면 세월 따라 인심이 고약하게 변했기 때문일까. 그는 염치가 없는 철면피의 전형으로 대변이라도 맛볼 듯이 부끄러움을 돌아보지 않고 몹시 아첨하는 사람을 낮잡아 이르는 말인 '상분도嘗糞徒'나 상전의 변을 맛보고 고름을 빨아준다는 의미인 '상분연옹嘗糞吮癰', 말똥 위에서 무릎으로 긴다는 표현인 '슬행마시膝行馬矢' 따위의 행동도 출세를 위해서라면 서슴지 않았다.

그런 그가 가당찮고 역겹다고 여겼던지 어떤 고관대작이 술을 마시다가 "내가 자네에게 매질을 하고 싶은데 괜찮겠나?"라고 말했다. 그 말에 왕광현은 "대감님께서 하사하는 매라면 기꺼이 맞겠습니다."라고 답했다. 그러자 고관은 "있는 힘을 다해 사정없이 매질을 했지만 그는 고통을 참아내며 그의 비위를 맞추기에 급급했다." 그 괴이한 광경을 지인들이 지켜보고 있었다.

다음날 친구들이 그에게 진지하게 나무랐다. "여보게나! 여러 사람 앞에서 그 망신과 모욕侮辱을 자초하다니 자네 지금 제 정신인가?"라고 따졌다. 그 말에 천연덕스럽게 "그 대감에게 잘 보여 나쁠 게 무엇이란 말인가?"라고 답해 주위의 모두를 유구무언의 상태로 만들었다. 훗날 그 대답을 전해들은 사람들은 그를 이렇게 평했다.

/ … / 광원의 낯짝은 10겹의 철갑처럼 두껍다(光源顏厚如十中鐵甲: 광원안후여십중철갑) / … /

여기서 광원의 낯가죽은 비굴하고 야비한 철면피라는 성어가 비롯되었다. 한편 《송사宋史》의 〈열전칠십오列傳七十五〉에 철면피와 닮은 철면鐵面이라는 말이 등장한다. 하지만 철면피와는 맥락과 성격이 완전히 다른 개념이다.

송나라 시절 조변趙抃이라는 사람이 진사시進士試에 합격하고 벼슬길에 들어서 관리들의 비리를 조사하고 적발하는 관직으로 오늘날 우리의 감사원 유사한 직종인 전중시어사殿中侍御史 소임을 맡았다. 동료를 비롯해 높은 재상까지 감시했던 관계로 바람이 심한 자리였다. 그럼에도 그는 공평무사하고 서릿발같이 법을 적용하며 빈틈없이 직무를 수행해 말 많고 탈 많은 황실이나 외척外戚을 비롯해 환관宦官의 문제까지 깔끔하게 처리했다. 심지어 나는 새도 떨어뜨린다는 재상宰相까지도 탄핵했던 전설적인 인물이었다. 사람들은 대쪽 같은 그를 이렇게 불렀다.

/ … / 도읍의 뭇사람들이 (그를) 보고서 철면어사鐵面御史라고 불렀다(京師目爲鐵面御史: 경사목위철면어사) / … /

VI. 철면피 | 307

여기서 철면이 비롯되었으며 철가면을 쓴 것처럼 냉정하고 공정하다는 뜻으로 결국은 공명정대하며 냉철하고 강직하다는 의미이다. 당시 조비는 판관判官 포청천包靑天 포승包拯과 함께 대표적인 철면어사이었다. 이 같은 맥락에서 볼 때 철면은 긍정적인 의미로 쓰였으며 부정적인 의미로 사용된 철면피와는 맥과 결을 달리하고 있다.

〈승무僧舞〉라는 시로 유명한 동탁東卓 조지훈趙芝薰 님은 철면피 같은 아첨을 세 가지로 나뉘어 가름했다. 가련한 아첨으로 굴신지족(屈身舐足:몸을 굽혀 발을 핥음), 가증스러운 아첨인 반신가공(反身假攻:몸을 뒤집어 거짓으로 공격함), 가소可笑로운 아첨인 번신일침(飜身一針:몸을 날려 일침을 놓음) 등이 그 유형이다.

세상에 질애蛭艾*를 막론하고 기회주의자나 무책임한 후안무치厚顔無恥들이 우글거리고 있다. 그 무리들은 권력자나 강자의 주위를 맴돌다가 기회를 포착하면 교언영색巧言令色으로 좋은 말을 줄줄이 쏟아내는데 내칠 사람이 과연 얼마나 있을까. 그들이 수시로 쏟아내는 말의 성찬盛饌에 현혹되어 섣불리 맞장구를 치다가는 큰 낭패를 당할 위험이 도처에 도사리고 있다.

사사로운 이利를 챙기거나 보신保身 혹은 영달을 위해 시도 때도 없이 환심을 사거나 잘 보이려고 알랑거림을 일삼는 철면피들은 전형적인 아첨쟁이다. 그들은 도처에서 호시탐탐 기회를 엿보며 여기저기를 기웃거리고 있다. 이 같은 철면피들이 완벽하게 사라질 세상을 기대함은 황소가 바늘구멍으로 빠져 나가는 것보다 어려운 화두일지 모른다.

* 《북몽쇄언北夢瑣言》: 고대 중국 송宋나라 사람인 손광헌孫光憲은 시사詩詞에 능하고 경사經史에도 능했다고 전해진다. 그가 당말唐末 오대五代의 사회 풍속과 문인들의 일화를 모아 편찬한 책이다. 여기서 언급하는 오대는 둘로 가름할 수 있다. 먼저 전오대前五代는 동진東晉이 망한 뒤부터 당나라 건국 이전까지의 과도기에 흥망興亡했던 다섯 왕조王朝로서 남조南朝의 송宋·제齊·양梁·진陳·남북을 통일한 수隋 등이다. 한편 후오대後五代는 당나라가 망한 뒤부터 송나라 건국 이전까지의 과도기에 중원中原에 흥망했던 다섯 왕조인 후량後梁·후당後唐·후진後晉·후한後漢·후주後周이다.

* 질애耋艾: 늙은이와 젊은이

《수필과비평》 2024년 9월호(통권 275호), 2024년 9월 1일
(2022년 6월 29일 수요일)

충신불사이군

 충신불사이군忠臣不事二君은 충신은 두 임금을 섬기지 않는다는 뜻이다. 말은 쉬울지 모르지만 난세엔 결코 녹록지 않다. 지난 역사를 돌이켜 생각할 때 적지 않은 사람들이 훼절했거나 정당하지 못한 권력의 편에 서서 일신의 영달을 위해 정의나 영혼을 팔며 부역附逆했던 경우가 부지기수였던 사실을 목도했었다는 맥락에서의 얘기다. 유래의 요약이다.
 중국 전국시대戰國時代에 제齊나라 정벌을 지휘했던 연燕나라 사령관 악의樂毅가 제나라의 현자賢者 왕촉王蠋을 회유하려고 주고받던 대화에서 왕촉이 송죽松竹같이 곧은 충절을 곧이곧대로 개진하는 과정에서 비롯되었다. 역사적인 고사를 전해 주고 있는 출전出典은 사마천의 《사기史記》에서 나오는 〈전단열전田單列傳〉이다. 이 출전에서 관련된 고사故事 내용을 부분을 대략적으로 요약 정리한다.

 연나라가 제나라 정벌에 나설 때 사령관 악의는 제나라 화읍畫邑이라는 고을에 현자인 왕충이 살고 있다는 정보를 이미 정확하게 파악하고 있었다. 이 전쟁에서 연나라는 대대적인 승리를 거둬 제나라의 70여 개의 성城을 비롯해 수도인 임치臨淄까지 평정하여 제나라는 멸망 직전으로 절체절명의 위기에 처해 있었다. 그래도 신의 가호가 있었기 때문일까. 질풍노도 같이 몰아쳤음에도 연나라는 거성莒城과 즉묵卽墨은 함락시키지 못했다. 그 위기의 순간에 제나라 민왕湣王이 거성으로 피난 와서 겨우 목숨을 부지하고 있었다. 죽고 죽여야 했던 전쟁에도 악의는 화읍을 중심으로 사방 30리 이내엔 침공하지 말라는 특명을 내렸다. 화읍 땅을 털끝 하나도 다치지 않게 보호하려 했던 까닭은 현자인 왕충의 마음을 돌려 연나라 신하로 만들려는 욕심 때문이었다.

대대적인 승리를 거둔 악의 장군은 왕충과 마주하여 "대부분 제나라 사람들이 그대(왕충)의 의義로움에 존경하고 있음을 감안하여 장수로 명하고 일생 동안 먹고살 재물과 노비를 내리려는데 어찌 생각하시오."라고 했다. 하지만 왕충은 단호했다. 이 대답을 듣고 나서 만일 내 제의를 끝끝내 거절하면 "삼군三軍을 이끌고 가서 화읍을 처참하게 도륙할 것이오."라고 겁박을 했다. 그런 협박에도 눈 하나 깜짝하지 않고 곧바로 답했다.

/ … / 충신은 두 임금을 섬기지 않으며(忠臣不事二君:충신불사이군) / 정숙한 여인은 남편을 바꾸지 않소(貞女不更二部夫:정녀불경이부) / … /

위의 내용에서 충신불사이군이 비롯되었다. 그는 이어지는 말에서 제나라 황제가 자기의 간諫을 들어주지 않아 초야에 묻혀 농사를 지어왔었다고 실토했다. 그러면서 이제는 나라가 망해 더 살아야 할 명분이 없어졌다고 탄식했다. 그러면서 지금 내게 당신(악의)의 장군이 되라 하셨는데 이는 "하夏나라 폭군인 걸왕桀王을 도와 포악한 짓을 하라는 것과 다를 바가 없지요. 이렇게 비루하게 살 바에 끓는 물에 삶겨烹 죽는 게 차라리 낫겠소."라고 말한 뒤 끝내 나무에 목을 매 자살을 했다.

한편 충신불사이군과 정녀불경이부貞女不更二部夫라는 내용에 대해 오늘날엔 날 선 비판이 따르기도 한다. 여기에는 전제 군주시대에 신하의 충성을 강조해 왕권을 강화하고, 가부장적인 사회에서 여성의 복종과 수절을 미덕으로 삼으려는 의도가 불손하다는 지적이다. 특히 그 옛날 여인들에게 삼종지의三從之義나 여필종부女必從夫를 강요하려는 올가미 역할을 많이 했다는 주장이다.

왕충의 곧은 충절을 빼닮은 사례가 우리 선조들 중에도 있었다. 예를 들면 조선조에 따르지 않고 고려에 대한 충절을 지키기 위해 하나뿐인 목숨을 초개같이 던졌던 〈단심가丹心歌〉의 정몽주, 역시 조선을 따를 수 없다며 두문동杜門洞으로 들어가 은거를 시작한 뒤에 다시는 풍진에 찌든 세상 밖으로 걸어 나오지 않았던 두문동칠십이현杜門洞七十二賢이 그들이다. 한편 단종端宗을 폐위시켰던 세조世祖에 대해 반기를 들고 죽음으로 항거했던 사육신死六臣의 뜻이 무척 숭고하고 존경스럽게 투영된다. 이들 중 정몽주의 〈단심가〉는 언제 대해도 절로 숙연해진다. 내가 그런 상황에 처했다면 어찌 처신했을까. 아마도 이방원의 하여가何如歌에 적당히 응대해 환심을 사고 현실에 타협하며 일신의 영달을 꾀하지 않을까.

/ 이 몸이 죽고 죽어(此身死了死了:차신사료사료) / 일백 번 고쳐 죽어

(一百番更死了:일백번갱사료) / 백골이 진토 되어(白骨爲塵土:백골위진토) / 넋이라도 있고 없고(魂魄有也無:혼백유야무) / 임 향한 일편단심이야 (向主一片丹心:향주일편단심) / 가실 줄이 있으랴(寧有改理與之:영유개리여지) /

그렇다면 다음의 경우 충신불사이군이라는 관점에서 어떻게 설명하고 정당화 시킬 수 있을까. 과문寡聞하기 때문인지 동서고금을 막론하고 많은 나라의 여러 임금을 모셨다는 얘기 중에서 중국의 풍도馮道를 능가했다는 기록을 본 적이 없다. 그는 중국 당唐나라 말기부터 오대십국시대五代十國時代에 걸쳐 활약했던 인물이다. 군벌 정권으로 혼란했던 시대의 후당後唐, 후진後晉, 요遼, 후한後漢, 후주後周 등의 '오조팔성십일군五朝八姓十一君'*을 섬기며 늘 재상宰相 노릇을 했다 하여 후세에서 무절제, 파렴치의 표본으로 폄하하기도 한다. 어떻게 그런 처신했을까. 간도 쓸개도 모두 빼놓고 모셨던 주군主君을 위해 끝 모를 용비어천가龍飛御天歌를 읊어댔던 아부의 화신이거나 상황에 따라 마음대로 변신하는 처세의 달인이 아니었을까. 정말 대단하다. 그가 자기 자신에게 이르고 일렀던 철학을 담았지 싶은 내용이 《전당서全唐書》의 〈설시편舌詩篇〉에 사행시四行詩로 전해지고 있다.

/ 입은 재앙을 불러들이는 문이요(口是禍之門:구시화지문) / 혀는 몸을 자르는 칼이로다(舌是斬身刀:설시참신도) / 입을 닫고 혀를 깊이 감추면(閉口深藏舌:폐구심장설) / 가는 곳마다 몸이 평안하리라(安身處處牢:안신처처뢰) /

확실한 소신이나 철학에 따라 충신불사이군의 신조를 바탕으로 하는 삶에 대해 누구나 박수와 응원을 보내며 심정적으로 동의할 것이다. 하지만 요즘 우리 사회의 도처에서 자기와 반대 의견을 갖거나 집단에 대해서 결사항쟁하듯 '너 죽고 나 살자.'는 식의 극단적인 편 가르기 풍조의 만연은 왠지 섬뜩하고 모골이 송연하다. 지나친 편견과 극단적인 사고가 넘쳐나는 현실에서 과유불급이 자꾸 떠오름은 나이 듦과 연관이 있을까?

---

* 오조팔성십일군五朝八姓十一君: 풍도馮道가 다섯(5) 왕조를 통해 8가지 성姓을 가졌던 11명의 군주를 모시고 재상을 했다는 믿겨지지 않는 얘기다.

《시와 늪》 2025년 봄호(통권 67집), 2025년 3월 31일
(2024년 5월 26일 일요일)

칠종칠금

칠종칠금七縱七擒은 본디 일곱 차례 놓아주고七縱 일곱 차례 잡는다七擒는 뜻이다. 이는 상대방과 대적하는 과정에서 상대가 되지 않을 만큼 호락호락하여 마음대로 조정이 가능할 경우에 쓰이는 수법을 나타낼 때 통용되는 말이다. 하지만 현실적으로는 세상에서 다양한 인간관계나 대적對敵 상황이 결코 어린아이들의 숨바꼭질이나 술래잡기 놀이가 아니다. 실제로 그 같이 일방적인 관계는 극히 드물기 때문이다. 그 옛날 남만南蠻을 정벌征伐하던 전투 과정에서 제갈량諸葛亮과 남만왕南蠻王인 맹획孟獲 사이에서 밀고 당기며 발생했던 성어이다. 그 배경과 유래를 출전出典을 바탕으로 살피는 나들이다.

먼저 제갈량이 남만정벌에 나섰던 해가 255년이었고, 진수陳壽가 타계했던 해(280)를 감안할 때 정사正史 《삼국지三國志*》는 255~280년 사이에 집필되었다는 얘기다. 그런데 그 《삼국지》에는 제갈량이 남만 정벌을 나선다는 기록은 보여도 남만에서 전투과정이나 남만 왕인 맹획이나 칠종칠금에 대한 내용은 어디에서도 보이지 않는다. 그런데 백百여 년이라는 세월이 흐른 후(355)에 상거常璩가 쓴《화양국지華陽國志*》나 습착치習鑿齒가 펴낸《한진춘추漢晉春秋*》를 비롯해서 429년 배송지裴松之가《삼국지》를 이해하기 쉽도록 주석을 붙인《삼국지三國志배송지주裴松之注*》와 1084년 사마광司馬光이 쓴《자치통감資治通鑑*》, 14세기에 나관중羅貫中의《삼국지연의三國志演義*》등에는 제갈량의 남만전투, 맹획, 칠종칠금 등에 대해 상세하게 나타난다. 이상과 같은 일련의 상황을 종합할 때 최초에 저술했던 원본《삼국지》에 없다. 그런데 대략 백여 년 뒤의 몇몇 책을 비롯해서 8백 년을 넘어 저술된 역사책 나아가서는 천 년을 훌쩍 지난 뒤에 쓴 소설책에서 새로운 사실이 추가되었다. 이는 재미를 위해 구전설화口傳說話나 꾸며낸 가공 사실을 의도적으로 삽입한 게 아닐까.

앞에서 간략히 언급했지만《삼국지》원본에는 제갈량의 남만 평정을 위한 출정에서 맹획이나 칠종칠금에 대한 내용이 없음에도 백여 년 후에 저술된《화양국지》를 필두로 이어지는 책들에는 판박이처럼 나타나는 출전出典들이 꽤 많다. 이는 누군가 앞선 사람이 기술한 내용에 대해 사실 확인이나 고증考證 없이 전재轉載했기 때문이리라. 이 같은 까닭인지 칠종칠금에 대한 기술은 생각보다 꽤나 많다. 이들 책에는 대동소이한 형태로 나타난다. 이들 중에서《삼국지연의》에 나타나는 내용을 바탕으로 한 유래를 대강 요약 정리한다. 한편 동의어 혹은 유의어로는 칠금칠종七擒七縱, 칠금팔종七擒八縱, 칠금七擒 따위가 있다.

촉蜀의 황제 유비劉備가 승하한 뒤에 태자 유선劉禪이 왕위를 승계했던 무렵 느슨해진 분위기 때문이었던지 여러 곳에서 반기를 들고 일어서 혼란스러웠다. 이에 단호하게 대처하려는 의도에서 제갈량이 직접 오랑캐인 남만의 정벌에 나섰다. 그 시절 남만 왕은 맹획이었는데 백성들의 절대적인 신임을 받고 있었다. 그런 정황을 매구같이 꿰뚫었던 제갈량은 그의 목을 베는 쪽보다 생포하여 항복을 받아내는 게 효과적이라고 판단했다. 이런 이유에서 부하들에게 맹획을 사살하지 말고 생포하라는 엄명을 내렸다. 명을 내린 뒤 전투에서 그를 사로잡아 심문할 때마다 다양한 핑계를 대며 곱게 항복하지 않고 뻗댔다. 그럴 때마다 풀어주고 다시 전투를 벌여 잡기를 일곱 차례째에도 똑같은 반응을 보여 이번에도 풀어주라고 명을 내리고 돌아서려는 찰나 돌변하면서 전혀 예상치 못한 태도를 보였다.

/ … / 맹획孟獲이 눈물을 흘리며垂淚 말했다(孟獲垂淚言曰:맹획수루언왈) / 일곱 차례 잡고七擒 일곱 차례 풀어준 (예는)(七擒七縱:칠금칠종) / 일찍이 고래로 이렇게 했던 적이 없지요(自古來嘗有也:자고래상유야) / … /

라고 말하며 자기는 황제의 덕행이 미치지 않는 화외化外* 즉 변방에 살지라도 예의에 대해 조금은 알고 있다. 분명 이런 조치(일곱 차례 잡았다가 일곱 차례 풀어주는)는 유례를 찾을 수 없는 수치스러운 일이다. 자기 일가를 살려준 은혜에 보답하기 위해 다시는 배신하지 않을 것이라며 자발적으로 무릎을 꿇고 납작 엎드려 충성 맹세를 했다. 진정으로 뉘우친 맹획에게 촉나라 벼슬이 내려졌고 훗날 어사중승御史中丞의 자리까지 승직昇職했다. 위의 과정에서 칠종칠금이 비롯되었다.

  세상 이치에 밝지 못한 단견에서 생각할 때 칠종칠금을 곱씹을수록 의문이 꼬리를 문다. 먼 변방으로 대규모의 군사를 이끌고 많은 군수

물자를 조달받아 치르는 토벌에서 아무리 힘없고 지략이 모자란다고 해도 그렇다. 그 이유를 여러 가지를 생각할 수 있다. 그렇다고 하더라도 첫째로 과연 남만왕을 일곱 차례나 생포할 수 있었을까. 둘째로 집에서 기르던 토끼를 밖에 풀어놓고 생포하는 놀이도 아닌데 한가하게 반군의 괴수를 그렇게 대하면 상당히 긴 시간을 뺏길 위험이 도사리고 있을 게 자명하다. 따라서 그에 따른 군량과 소요되는 경비의 막대한 지출의 문제가 발생한다는 사실을 무시할 수 없었으리라. 어찌되었든지 이에 대해 아직까지 허구인가 아니면 실화인가로 갈라져 갑론을박이 이어지고 있다. 그럴지라도 이 성어를 대하며 제갈량의 남다른 혜안이 무척 부럽고 돋보이며 샛별같이 빛났다는 생각이 들었다.

  보통 장수나 지략가라면 일거에 무력으로 제압하고 괴수를 처단하는 손쉬운 방법으로 속전속결 방안을 택했으리라. 하지만 제갈량은 비록 어렵고 적지 않은 문제가 따르더라도 인간적인 감화를 통해 항복을 받으면 영원한 내 편 혹은 우방이나 진정한 내 사람을 얻을 수 있다는 소신에 따라 그리 대처했을 게다. 보통 사람과 뛰어난 영웅호걸 사이에 존재하는 간극間隙은 메꾸기 어렵다는 맥락에서 "참새는 봉황의 뜻을 헤아리거나 따를 수 없다는 말"로 나처럼 아둔한 이들을 일깨워 주는 걸까.

---

* 《삼국지三國志》: 중국 삼국시대 촉한蜀漢과 서진西晉에서 활동한 진수(陳壽: 233~297)가 2세기말~3세기말(184~280년까지의 역사를 다룸)의 후한後漢 말기와 삼국시대 서진西晉을 배경으로 한 정사正史를 기록한 역사서이다.

* 《화양국지華陽國志》: 중국 동진東晉 영화永和 11년(355년)에 상거(賞璩: 291~361)가 편찬한 화양華陽 즉 파巴·촉蜀·한중漢中의 지리지地理志이다. 고대로부터 진晉나라까지의 역사가 단편적으로 쓰여 있고, 연혁과 산물産物의 기록을 전하고 있다.

* 《한진춘추漢晉春秋》: 중국 동진東晉의 습착치(習鑿齒:?~384)가 지은 역사서이다. 후한後漢부터 서한西漢의 민제愍帝까지 약 300년의 역사가 서술되어 있으며, 삼국시대에서 촉한蜀漢을 전통으로 삼는 촉한정통론蜀漢正統論이 주창되었다. 권수는 54권이다.
* 《삼국지三國志》 배송지주裴松之注: 서기 429년 유송(劉宋:南宋)의 문황제文皇帝가 배송지(裴松之:372~451)에게 명해 진수陳壽의 《삼국지三國志》를 읽기 쉽도록 주석注釋을 붙인 버전(version)이다.
* 《자치통감資治通鑑》: 북송北宋의 사마광(司馬光: 1019~1086)이 1084년 집필한 역사책이다. 북송의 5대 황제 영종英宗의 명으로 펴낸 책으로 기원전 403년부터 오대십국시대五代十國時代 후주後周의 제2대 황제 세종世宗 때인 959년까지 역사를 1년씩 묶어 편찬했다. 고대 중국 16개 조朝 1362년의 역사를 다뤘고 모두 16기紀 294권이다.
* 《삼국지연의三國志演義》: 14세기에 원元나라 나관중(羅貫中:1330(?)~1400)이 진수陳壽가 남긴 역사서를 바탕으로 창작한 소설이다.
* 화외化外: 교화教化가 미치지 못하는 곳.

2024년 5월 6일 월요일

퇴고

 퇴고推敲는 본디 미느냐推 (아니면) 두드리냐敲,라는 뜻이다. 그러므로 직역하면 현실에서 통용되고 있는 글을 쓰면서 다듬고 고치는 행위, 다시 말하면 글을 반복해서 고치고 다듬는 교정 행위라는 의미가 아니다. 그렇다면 어떤 과정을 거쳐서 오늘날과 같은 의미로 통용되었는지 그 유래를 담고 있는 고사故事를 바탕으로 접근한다.

 중국 당唐나라 승려僧侶 시인 가도賈島*가 말을 타고 가면서 떠오른 시상詩想을 정리하여 작품으로 만들다가 결구結句에 한 글자를 확정하지 못했다. 그 점에 대해서 골똘히 생각에 잠겨 무심코 뚜벅뚜벅 앞으로 가다가 당송팔대가唐宋八大家*로 알려진 경조윤京兆尹*인 한유韓愈*의 행차를 가로막았다. 무례를 범했던 사실을 사과하는 과정에서 퇴고라는 성어가 생겨났다. 유의어로 개고改稿, 윤문潤文, 고퇴敲推가 있다.

 이 고사를 전하는 출전은 《당시기사唐詩紀事》, 《시화총구詩話總龜》,

《상소잡기湘素雜記》 등이다. 여기서는 《상소잡기》를 바탕으로 퇴고가 비롯된 유래와 고사 등을 간추려 정리한다.

어느 날 가도가 친구 이응李凝을 만날 요량으로 장안성 교외에 자리한 은거지를 찾았을 때 날이 저물어 이미 어둠이 짙게 드리워졌었다. 그런데 고요한 밤하늘에 휘영청 밝은 달이 떠올랐다. 문을 두드렸지만 주인인 이응은 부재중이었고 그런 소란스러운 와중에 새들이 놀라 잠을 깨어 이리저리 날았다.

그 뒤 어느 날인가 가도가 과거에 응시하기 위해 과장科場인 왕성王城으로 말을 타고 가던 도중에 불현듯 친구인 이응의 집에 찾아갔던 날 밤의 정경에 관련된 시상詩想이 생생하게 떠올라 시제詩題를 〈이응의 유거幽居에 제함(題李凝幽居:제이응유거)〉으로 정하고 초안草案을 다음과 같이 잡았다.

　　이웃이 드물어 한적한 초려草廬(閑居少隣竝:한거소린병)
　　풀이 무성한 좁은 길 거친 뜰로 이어졌구나(草徑入荒園:초경입황원)
　　새는 연못가의 나무에 잠들었는데(鳥宿池邊樹:조숙지변수)
　　스님이 달빛 속에 문을 두드리네(僧敲月下門:승고월하문) /

위와 같이 시상을 거의 정리하고 마지막 구句에서 '밀 퇴推 자'로 할 것인가 아니면 '두드릴 고敲'고로 할 것인가를 확정하지 못해 이럴까 저럴까 온갖 궁리를 하며 말이 이끄는 대로 무심코 따라 갔었다. 그러다가 하늘같이 지체 높은 한유의 행차를 겁 없이 가로막는 불상사가 일어났다. 이름 없는 무지렁이가 경조윤 어른 행차를 가로막은 불경죄로 인해 가도가 한유 앞에 끌려가 조아리고 자초지종을 미주알고주알 고했다. 시의 마지막 글귀에서 '퇴推'로 할 것이냐 아니면 '고敲'로 할 것인가.를 곰곰이 생각하는 중에 저지른 실수임을 듣고 난 한유는 한동안 생각에 잠겼다가 대문장가답게 "고敲로 하는 게 좋지 않겠소?"라고 말했다. 이 얘기에서 퇴고가 비롯되었다. 친절하게도 그 이유를 간단히 설명했다.

"물론 퇴推와 고敲 둘 다 부족함 없이 좋소. 하지만 '퇴推'로 정하면 그냥 문을 밀고 들어가는 것이니 집주인과 미리 약속되었다는 의미가 되지 않겠소! 한편, '고敲'로 정하면 남의 집에 방문하여 노크하는 꼴이기 때문에 불시에 방문한다는 뜻이 아니겠소! 그래서 고가 더 좋겠다는 생각이라오."

길거리에서 시담詩談을 진지하게 나누던 둘은 말을 나란히 몰아 한유의 집으로 가서 여러 날 시에 대해 토론하는 돈독한 사이가 되었다. 그리하여 둘은 신분이나 지위를 초월한 사이인 포의지교布衣之交로 발전하여 때를 가리지 않고 시를 논할 막역한 시우詩友가 됐다.

글을 쓰는 사람이라면 누구나 글을 다듬어 고치는 퇴고推敲 과정을 거치게 마련이다. 이는 사색의 힘을 단련시키고, 글쓰는 집중력을 높이며, 문장력 수련을 목적으로 한다. 퇴고는 다음과 같이 여섯 가지 목적으로 실시한다.

첫째로 부족한 부분을 채우는 첨가添加, 둘째로 주제와 다르거나 중심 소재와 불일치하는 소재나 군더더기 수식어를 없애는 삭제削除, 셋째로 문장을 이동시켜 내용과 내용, 문장과 문장, 내용과 문장 사이의 상관성을 제고시키는 이동移動, 넷째로 전달효과를 높이기 위해 적절한 어휘나 표현으로 바꾸는 대체代替, 다섯째로 퇴고와 퇴고 사이에 충분한 시간적 간격을 두었다가 수정해야 효과적이라는 휴지休止, 여섯째로 매번 퇴고할 때는 여러 가지를 동시에 하지 않고 특정한 한 가지 종류만 선택해 집중적으로 검토해야 효과적이라는 일회일사一回一事 원칙 등으로 갈래지을 수 있다.

 글을 쓸 때마다 다짐을 한다. 완벽한 글을 써 오탈자나 논리적 모순 따위를 없애겠다고. 하지만 타고난 능력이 부족한데다가 후천적인 노력이나 다짐을 제대로 지키지 못한 채 적당히 시늉만 하거나 꼬리를 내리기 때문일 게다. 이제까지 적지 않은 글이나 책을 써왔어도 만족했던 적이 전혀 없다. 그 옛날 여불위가 천하 제일가는 문객들에게 시켜서 집필했던 《여씨춘추呂氏春秋》와 '황금 천냥'을 수도인 장안長安 성루城樓에 걸어놓고 대대석으로 선전했었다. "누구라도 《여씨춘추》에서 단 한 자라도 첨삭添削한다면 황금 천냥 모두를 상으로 주겠노라."고. 그처럼 큰소리치며 '일자천금一字千金'의 호기를 부렸듯이 내 글이나 책에서 퇴고할 내용이 없이 완벽하다는 자긍심을 가질 수 있다면 얼마나 뿌듯하고 행복할까.

---

* 가도賈島: '퇴고推敲'라는 말의 유래가 된 일화의 주인공으로 중국 중당中唐 때 시인으로서 《장강집長江集》, 《시격詩格》 따위의 저서가 있다. 집안이 가난하여 일찍이 출가하여 승려僧侶가 되었으며 법명은 무본無本이다.
* 당송팔대가唐宋八大家: 한유韓愈, 유종원柳宗元, 구양수歐陽修, 소순蘇洵, 소식蘇軾, 소철蘇轍, 증공曾鞏, 왕안석王安石 등을 일컫는다.
* 경조윤京兆尹: 중국 한나라 때에 수도인 장안과 그 동부를 관리하던 벼슬이다.

* 한유韓愈: 중국 당唐나라의 문인·정치가(768~824)이다. 자字는 퇴지退之이고 호號는 창려昌黎이다. 당송팔대가唐宋八大家의 한 사람으로서 변려문騈儷文*을 비판하고 고문古文을 주장하였다. 시문집에 《창려선생집》 따위가 있다.
* 변려문騈儷文: 중국의 오吳, 동진東晉, 송宋, 제齊, 양梁, 진陳 등육조六朝와 당唐나라 때 성행한 한문 문체文體이다. 문장 전편이 대구對句로 구성되어 읽는 이에게 아름다운 느낌을 준다. 4자로 된 구句와 6자로 된 구를 배열하기 때문에 사륙문四六文이라고도 한다.

《수필과비평》 2024년 12월호(통권 278호), 2024년 12월 1일
(2024년 5월 18일 토요일)

쾌도난마

쾌도난마快刀亂麻는 본디 '예리한 칼로 얽히고설킨 삼麻을 베다.'는 뜻이다. 현실에서는 매우 복잡하게 헝클어지고 뒤섞여 풀기 어려운 일이나 상황을 신속 정확하게 처리함 또는 그런 행동이나 존재를 지칭하는 개념으로 통용되고 있다. 이 성어가 비롯된 고사故事를 전하고 있는 출전出典을 토대로 유래와 의의 따위에 대한 살핌이다. 먼저 쾌도난마가 비롯된 유래를 대강 요약하면 이렇다.

동위東魏의 효정제孝靜帝 시절 승상丞相이었고 훗날 북제北齊의 고조高祖로 추존追尊*되었던 고환高歡의 아들이며 북제의 초대 황제로 즉위했던 문선제文宣帝 즉 고양高洋이 취했던 고사에서 비롯되었다.

관련된 고사 내용을 전하는 출전은《북제서北齊書》의〈문선제기文宣帝紀〉이다. 이와 관련된 내용을 중심으로 간추린 대강이다.

원래 고환은 한족漢族에 동화된 선비족鮮卑族* 출신으로 동위의 승상으로 재직할 때 여러 아들들의 재능을 시험하고 싶었다. 그래서 아들들을 모두 한자리에 불러 모아 놓고 얽히고설킨 삼실麻絲 뭉치 하나씩 던져주고 그것을 풀어 보라고 했다. 모두가 뒤엉킨 삼실을 풀기 위해 낑낑대며 기를 쓰고 달려들었지만 묘수는 없었다. 그 때 둘째 아들이며 훗날 북제의 초대 황제로 등극한 문선제, 즉 고양이 한 치의 망설임도 없이 일어서서 칼刀을 찾아 손에 들더니 삼실 뭉치를 내리쳤다.

 / … / 문선제文宣齊가 혼자 칼을 뽑아抽刀 그것(삼실 뭉치)을 일거에 자르면서(齊獨抽刀斬之 曰:제독추도참지 왈) / 어지러운 것은 마땅히 베어야 하느니(亂者須斬:난자수참) / … /

위 내용에서 쾌도난마가 비롯되었다. 한편 이 광경을 지켜보던 고환은 둘째 아들인 고양이 매우 영특하며 올바른 행동을 취했다고 흐뭇하게 생각하면서 앞으로 큰 인물이 되리라는 확신을 했다.

다른 형제에 비해 독특한 성품을 지녔던 고양은 훗날 동위의 효정제로부터 선양禪讓을 받아 북제北齊를 세워 황제로 즉위함으로써 그가 바로 문선제이다. 그런데 고양 즉 문선제는 자기 아버지인 고환이 예견했던 바와 같이 큰 재목이 아니었던 모양이다. 즉위 당시에는 선정을 펼치는 듯했으나 시간이 지나면서 점점 폭군으로 변해 폭정暴政을 일삼았다. 게다가 술 취한 것을 빙자하여 무고한 사람을 베는 잔인한 면모를 보이기도 해 충신들의 애를 태우기도 했다. 이 같은 연유 때문이었으리라. 그 시절에는 권력이나 통치의 힘으로 백성을 억압해 문제를 해결한다는 의미로 쾌도참난마快刀斬亂麻라는 말이 부정적인 의미로 통용되었다. 그 후에 이르러 복잡하게 얽히고설켜 해결하기 어려운 일이나 사건을 과감하고 명쾌하게 처리한다는 긍정적인 뜻으로 쾌도난마快刀亂麻가 쓰였다. 이 과정에서 원래 포함되었던 '벨 참斬 자'가 생략되었다.

삐딱한 마음과 눈 때문일까? 우리는 지금 선조들에 비해 가장 문화가 발달한 사회에서 교육을 많이 받고 물질적으로 풍요로운 삶을 누리고 있다. 그럼에도 경쟁은 더욱 치열해지고 불신과 갈등의 골은 점점 깊고 넓어져 삭막함이 날로 더해가는 기분이라면 지나친 편견일지 모르겠다. 사회적 풍조 때문일 게다. 거의 모든 분야에서 전부全部 아니면 전무全無(All or Nothing)에 모두 걸기를 하려는 분위기가 만연하고 있다면 지나치게 부정적인 시각일까. 조금은 손해 보더라도 함께, 즉 상생을 지향하는 여유가 무척 그립다. 공생과 상생이 그리도 이룩하기 어려운 화두인지 진지하게 생각해 볼 일이다.

쾌도난마! 말만 들어도 오래된 체증滯症이 일거에 뻥 뚫려 내려가는 통쾌함으로 인식되는 말이다. 우리 사회의 다양한 분야에 적체되어 숨통을 조여오고 있는 난제와 계층 간의 심각한 갈등을 일거에 확 뚫어 시원하게 해결해 줄 쾌도난마 같은 정책을 펴줄 현자賢者나 솔로몬의 지혜는 어디에도 없는 걸까. 좁고 작은 나라가 이리저리 패거리 지어 끝 모를 대립과 갈등으로 날이 새고 해가 저무는 꼴이 아닌지 작은 가슴 좁은 단견에 차라리 눈을 꼭 감고 외면하고픈 마음이다. 이 또한 더 높은 단계로 도약을 위해 감내하고 건너야 할 숙명의 강이며 담금질 같은 시련이라면 기꺼이 받아들이겠지만 말이다.

---

* 추존追尊: 왕위에 오르지 못하고 죽은 이에게 임금의 칭호를 주던 일.
* 《북제서北齊書》: 중국 당唐나라 때 이백약李百藥이 황제의 명에 따라 지은 북제北齊의 역사책이다. 《이십오사二十五史》의 하나이다. 636년에 간행되었으며 50권으로 되어 있다.

* 선비족鮮卑族: 만주, 내몽골, 대흥안령산맥大興安嶺山脈 서쪽, 일부 러시아 극동 남부지역에 분포했던 동호계東胡系 민족으로 유목 · 수렵 · 목축 · 농업 등을 영위하고 살았다. 이후 일부는 한족漢族에 동화되었다.

2024년 5월 30일 목요일

형설지공

개똥벌레螢와 눈雪의 빛으로 책을 읽을 수 있을까. 그게 가능하다는 말이 중국에서 생겨난 형설지공螢雪之功이다. "개천에서 용이 난다."는 말과 형설지공은 맥脈과 결을 같이한다. 눈이나 개똥벌레의 빛으로 어렵게 공부를 해야 하는 경우라면 극복하기 쉽지 않은 환경으로 여간해서는 공부에 뜻을 두기 힘든 처지가 분명하다. 역경을 극복하고 학문에 전념하여 성공을 거두고 나서 신분의 수직상승 사다리를 이용해 상류사회로 이동하는 게 개천에서 용이 탄생하는 것만큼이나 어렵고 힘든 일이다. 세상에 절대 불가능이란 없는 걸까. 다반사처럼 흔치는 않지만 그런 경우가 발생해 뭇사람들의 선망의 대상이 되어 얘깃거리로 뭇사람들의 입에 회자膾炙되기도 한다.

열악하기 그지없는 환경에서 독학으로 누구나 원하는 자리에 올라 세인들의 귀감으로 회자되는 형설지공 얘기다. 그 옛날 중국의《진서晉書》인〈차윤전車胤傳〉과〈손강전孫康傳〉에 전해오는 내용이다. 가난했지만 학문에 뜻을 두고 열성을 다한 끝에 성공해 모든 이들의 사표가 되었다는 관점에서 둘의 체험을 바탕으로 '형설지공'이라는 성어가 탄생했다. 이를 좁게 정의하면 빈한한 집에서 태어난 자식이 훌륭한 인물이 되었다는 의미가 된다. 좀더 넓게 생각한다면 시골이나 지방 출신이 어떤 분야에서 크게 성공을 거둬 큰 부富를 이룩한 경우도 포함된다고 이해하더라도 무리가 없다.

　동진東晉 사람인 차윤車胤은 청운에 꿈을 학문에 걸기로 했다. 그렇지만 가난하여 칠흑 같은 밤에 불을 밝힐 기름을 살 형편이 안 되었다. 극심한 가난에도 굴하지 않고 여름엔 반딧불이(개똥벌레)를 많이 잡아 명주 주머니에 넣고 그 빛으로 공부를 했다. 지성이면 감천이라 했던가. 그는 훗날 이부상서吏部尚書를 거쳐 상서랑尚書郎에까지 승직함으로써 말 그대로 개천에서 용이 난 상징적인 본보기가 되었다.
　손강孫康 역시 차윤과 엇비슷한 시대 인물로 학문에 뜻을 두었다. 하지만 가난해 밤을 밝힐 기름을 사지 못할 형편이었다. 여일치 못한 처지에도 포기하지 않고 살을 에는 엄동의 추위에도 굴하지 않고 흰 눈에 반사되는 달빛을 이용해 책을 읽으며 공부를 해서 어사대부御史大夫라는 장관직에 오르는 기적을 일궈냈다. 불우한 역경을 거뜬하게 이겨내고 민초들의 경우 언감생심인 지위에 오름으로써 결국 개천에서 용이 난 각별한 사례로 꼽히고 있다.

　불과 몇 년 전 우리 사회를 달궜던 우울한 이슈(issue)의 일부 내용 소환이다. 지성인으로 알려진 그는 "모두가 용이 될 필요는 없으며 게나 가재 혹은 붕어로 살아도 만족하는 사회 운운"하며 제법 호기롭게 일갈해댔다. 그러면서 자기 자식은 각종 위조 서류를 만들어 좋은 학교에 진학시켜 용으로 만들기에 혈안이 되었던 표리부동한 언행의 웃픈 현실을 어떻게 받아들여야 할까. 또 다른 인사의 얘기에 이르면 더욱 자괴감은 크고 무거워진다. 자기는 강남에 살면서 "모두가 강남에 살 필요가 없다."고 매스컴에 불어대던 잠꼬대가 우리를 슬프게 하고 절망의 수렁으로 몰아넣기도 했다.

6,70년 전쯤의 회상이다. 6·25 전쟁 이후 어려움 때문에 어둠침침하고 석유 냄새가 코를 찌르는 호롱불로 밤을 밝히던 시절이 있었다. 그 시절에 비해 지금 우리 집 모든 전등은 LED(light-emitting diode:발광 다이오드)로 바꿔 밤이 낮처럼 밝고 환하다. 올해 중3인 손주가 있다. 서재에서 혼자 공부할 수 있도록 컴퓨터까지 갖춰 환경을 꾸며줬다. 그러나 노는 데 정신이 팔려 공부와 담을 쌓고 지내기 때문에 "신선놀음(게임)에 도낏자루 썩는지 모른다."는 말이 실감남에도 뾰족한 묘책이 없어 잠자코 지켜볼 따름으로 답답하기 짝이 없다.

옛날에는 개천에서 용이 나는 경우가 더러 발생했기 때문에 평지돌출平地突出·어변성룡魚變成龍이라는 말이나 '개똥밭에 인물 난다.' '시궁창에서 용이 났다.' '누더기 속에서 영웅 난다.' 따위의 속담이 꽤나 널리 전파되기도 했다. 한데, 문화가 발달하고 선진국 반열에 들어섰다는 요즈음은 절대로 개천에서 용이 나기 어렵고 형설지공의 전설을 이룩하기 어려운 현실이다. 그런 사실을 우리 집 손주는 아는지 모르는지 세상만사 그 무엇에도 무사태평이다.

2022년 5월 15일 일요일

수필로 만나는 고사성어

인쇄 | 2025년 7월 05일
발행 | 2025년 7월 10일

지은이 | 한판암
펴낸이 | 서정환
펴낸곳 | 수필과비평사
주소 | 서울특별시 종로구 삼일대로 32길 36(운현신화타워) 305호
전화 | (02) 3675-3885 (063) 275-4000
팩스 | (063) 274-3131
이메일 | essay321@hanmail.net
출판등록 | 제300-2013-133호
인쇄·제본 | 신아문예사

저작권자 ⓒ 2025, 한판암
이 책의 저작권은 저자에게 있습니다. 서면에 의한 저자의 허락없이 내용의 일부를 인용하거나 발췌하는 것을 금합니다.
COPYRIGHT ⓒ 2025, by Han Panam
All rights reserved including the right of reproduction in whoel or in part in any form.
잘못된 책은 바꿔 드립니다.

ISBN 979-11-5933-596-9 (03810)
값 18,000원

Printed in KOREA